Altersdiskriminierung im
Versicherungsprivatrecht?

Europäische Hochschulschriften

European University Studies

Publications Universitaires Européennes

Reihe II **Rechtswissenschaft**

Series II Law

Série II Droit

Band/Volume **5847**

Joachim Frhr. von Wrangel

Altersdiskriminierung im Versicherungsprivatrecht?

Über die Berücksichtigung des Alters als Risikomerkmal in der Privatversicherung

PL ACADEMIC RESEARCH

Bibliografische Information der Deutschen Nationalbibliothek
Die Deutsche Nationalbibliothek verzeichnet diese Publikation in der Deutschen Nationalbibliografie; detaillierte bibliografische Daten sind im Internet über http://dnb.d-nb.de abrufbar.

Zugl.: Osnabrück, Univ., Diss., 2015

D 700
ISSN 0531-7312
ISBN 978-3-631-67493-2 (Print)
E-ISBN 978-3-653-06775-0 (E-Book)
DOI 10.3726/978-3-653-06775-0

PL Academic Research ist ein Imprint der Peter Lang GmbH.
Peter Lang – Frankfurt am Main · Bern · Bruxelles · New York · Oxford · Warszawa · Wien

Diese Publikation wurde begutachtet.

www.peterlang.com

Vorwort

Die vorliegende Arbeit wurde im Sommersemester 2015 durch die juristische Fakultät der Universität Osnabrück als Dissertation angenommen.

Mein herzlicher Dank gebührt in diesem Zusammenhang meinem Doktorvater Herrn Professor Dr. Dr. h.c. Fryderyk Zoll für die Unterstützung, Förderung und Motivation während der Erstellung dieser Arbeit sowie Herrn Professor Dr. Hans Schulte-Nölke für die Erstellung des Zweitgutachtens.

Auch danke ich meiner Familie sowie meiner Freundin Anne Kattner von ganzem Herzen für jederzeitigen Zuspruch und großartige Unterstützung bei diesem Vorhaben. Ohne sie wäre diese Dissertation nicht möglich gewesen.

Ihnen ist diese Arbeit gewidmet.

Bremen, im Februar 2016 Joachim Frhr. von Wrangel

Inhaltsübersicht

Inhaltsverzeichnis

§ 1 Einleitung, Gegenstand der Untersuchung

Versicherungsunternehmen vollziehen aufgrund ihres Geschäftsmodells einen wahren Balanceakt. Zum einen müssen sie die Prämien und Leistungen der Versicherungsnehmer so kalkulieren, dass ein Gewinn erwirtschaftet werden kann. Die Kalkulation bzw. die Gewinnrealisierung gestaltet sich dabei von Natur aus schwierig, da die Versicherer nicht wissen können, wie oft bzw. in welcher Höhe sie Leistungen zukünftig zu gewähren haben. Zum anderen gibt es Wettbewerber, die ihrerseits die Prämien und Leistungen bestimmen, was ebenfalls auf die Preisgestaltung Einfluss nimmt. Die Schwierigkeit der Berechnung von Prämien und Leistungen ist dem Geschäftsmodell der Versicherer daher immanent.

Neben diesen grundlegenden Bestimmungsproblemen für die Prämien und Leistungen rückt seit einigen Jahren ein weiteres Kriterium mehr und mehr in den Vordergrund, welches auf die Tarifierung ebenfalls nicht unwesentliche Auswirkungen hat: das (Anti-)Diskriminierungsrecht. So sah noch vor Einführung des AGG[1] § 81e VAG[2] a.F. vor, dass Tarifbestimmungen und Prämienkalkulationen, die auf die Zugehörigkeit eines Versicherungsnehmers zu einer ethnischen Gruppe abstellen, als Missstand anzusehen sei, gegen den die BaFin einschreiten konnte. Nach der europarechtlich gebotenen Einbeziehung von privaten Versicherungen in das AGG[3], hatten sich die von den Versicherern zu beachtenden Diskriminierungsmerkmale mit der Einführung desselben im Jahre 2006 vervielfältigt. Unter einem Diskriminierungsmerkmal ist ein personenbezogenes Merkmal zu verstehen, welches dazu dient, Menschen in Gruppen unterteilen zu können. Das AGG setzt sich zum Ziel, Benachteiligungen nicht lediglich aus Gründen der Rasse oder wegen der ethnischen Herkunft zu verhindern oder zu beseitigen, sondern auch wegen des Geschlechts, der Religion oder Weltanschauung, einer Behinderung, des Alters oder der sexuellen Identität.[4]

Hinter dem neu eingeführten Gesetz stehen vor allem politisch-historische Erwägungen. Die Politik in Europa sieht sich berufen, den in der Vergangenheit

---

1 Allgemeines Gleichbehandlungsgesetz (AGG) v. 14. August 2006 (BGBl. I S. 1897), zuletzt geändert durch Art. 8 SEPA-Begleitgesetz v. 3. April 2013 (BGBl. I S. 610).

2 Gesetz über die Beaufsichtigung der Versicherungsunternehmen (Versicherungsaufsichtsgesetz - VAG) v. 1. April 2015 (BGBl. I S. 434), in Kraft getreten am 01.01.2016, zuletzt geändert durch Gesetz vom 20.11.2015 (BGBl. I S. 2029).

3 Vgl. *Thüsing*, in: MüKo – AGG, 7. Aufl. 2015, § 19 Rn. 48.

4 Vgl. § 1 AGG.

aufgekommenen Gedanken der Gleichheit aller Menschen gesetzlich zu konkretisieren. Bestimmte Merkmale, die nach den bisherigen gesellschaftlichen Erfahrungen besonders häufig zu Benachteiligungen bzw. Diskriminierungen führten, sollen gesetzlich verboten werden. In Westeuropa setzte sich im Zeitalter der Aufklärung zunehmend die Erkenntnis durch, dass es nicht gerecht sein könne, Menschen nach bestimmten Merkmalen zu kategorisieren. Am Ende der Aufklärung stand die Französische Revolution, die mit ihrer Parole „Freiheit, Gleichheit, Brüderlichkeit" Menschen- und Bürgerrechte proklamierte und damit aufklärerische Ideen vertrat. Dennoch führte die Französische Revolution nicht zu einer Verankerung der Gedanken der Aufklärung. Vielmehr verfestigte sich im 19. Jahrhundert der Gedanke, dass bestimmte Personengruppen, sei es wegen ihrer Herkunft oder wegen ihrer Religion, für die eigene schlechte Lebenssituation verantwortlich seien – nationalistische Ideen rückten wieder in den Vordergrund. Es sollte somit mehr als ein Jahrhundert vergehen bis die durch die Aufklärung erlangten Erkenntnisse in Gesetzesform gegossen wurden. Erst die Abkehr vom Nationalismus nach dem Ende des 1. Weltkrieges führte zu einer ersten gesetzlich kodifizierten Abkehr von Benachteiligungen aufgrund von bestimmten personenbezogenen Merkmalen.[5] Nach dem Ende des 2. Weltkrieges wurden derartige Abwendungen auch im deutschen Grundgesetz verankert. Bereits die ursprüngliche Fassung vom 23. Mai 1949 sprach in Art. 3 Abs. 3 GG[6] ein grundsätzliches Verbot von Benachteiligungen und Bevorzugungen aufgrund der personenbezogenen Merkmale Geschlecht, Abstammung, Rasse, Sprache, Heimat und Herkunft, Glauben sowie religiöse und politische Anschauungen aus. Diese Merkmale dienten als Wegbereiter für weitere Diskriminierungsmerkmale, die sich im juristischen Kontext im Laufe der Zeit etablieren konnten. Im Jahre 1994 wurde der Merkmalskatalog aus Absatz 3 mit der Hinzufügung eines zweiten Satzes dahingehend erweitert, dass niemand wegen einer Behinderung benachteiligt werden dürfe.[7] Auch außerhalb des Grundgesetzes wurden vergleichbare Merkmalskataloge geschaffen. Diese Kataloge sowie Normen und Verträge, die sich lediglich auf eines der Merkmale beziehen, finden sich im Europarecht, in völkerrechtlichen Verträgen und auch in nationalen einfachen Gesetzen. Tendenziell lässt sich festhalten, dass neuere Vorschriften einen umfassenderen Merkmalskatalog aufweisen als ältere Normen und Verträge. So beinhaltet die Charta der

5 Als Beispiel kann genannt werden, dass in Deutschland im Jahre 1918 das Wahlrecht für Frauen gesetzlich vorgeschrieben wurde.

6 Grundgesetz für die Bundesrepublik Deutschland (GG) v. 23. Mai 1949 (BGBl. S. 1), zuletzt geändert durch Art. 1 ÄndG (Art. 91b) v. 23. Dezember 2014 (BGBl. I S. 2438).

7 *Krieger*, in: Schmidt-Bleibtreu/Hofmann/Henneke – GG, 13. Aufl. 2014, Art. 3 Rn. 4.

Grundrechte der Europäischen Union[8] 17 Diskriminierungsmerkmale, darunter moderne personenbezogene Merkmale wie die Genetik einer Person, aufgrund derer grundsätzlich niemand benachteiligt werden darf. Die gesetzliche Manifestierung von Diskriminierungsverboten soll damit auch das gesellschaftliche Meinungsbild prägen und vergangene Errungenschaften festigen.

Die dargestellte historische Entwicklung rechtfertigt es, dass das Diskriminierungsrecht einen in zweifacher Hinsicht breiten Anwendungsbereich inne hat.[9] Gegenstand der Untersuchung ist jedoch lediglich der Bereich des Privatversicherungsrechts im Hinblick auf das Diskriminierungsmerkmal Alter. Im Gegensatz zum Merkmal Rasse/ ethnische Herkunft, bei dem in der Rechtswissenschaft und auf gesellschafts-politischer Ebene ein allgemeiner Konsens herrscht, dass die Rasse bzw. ethnische Herkunft einer Person grundsätzlich zu keinerlei Benachteiligungen führen darf und dem Diskriminierungsmerkmal Geschlecht, bei dem sich mehr und mehr die gesellschafts-politische Meinung durchsetzt, dass Geschlechterdiskriminierungen ebenso grundsätzlich unzulässig sein sollten, ist die Diskussion um das Diskriminierungsmerkmal Alter in vollem Gange – dies gilt sowohl für die Rechtswissenschaft als auch auf der gesellschafts-politischen Ebene. Das Alter rückt nicht nur im Arbeitsrecht, sondern auch im allgemeinen Zivilrecht immer weiter in den Fokus des (Anti-)Diskriminierungsrechts. Hierzu beigetragen hat u.a. auch die Rechtsprechung des EuGH, der mit seinem Urteil in der Rechtssache „Test-Achats“[10], in dem er die unterschiedliche Berechnung von Prämien und Leistungen für mit den europarechtlichen Vorgaben unvereinbar erklärte, den Anstoß zur Ausarbeitung des vorliegenden Werkes gab. Die Arbeit beschäftigt sich daher mit der Berücksichtigung des Alters von Versicherungsnehmern bei der Berechnung von Prämien und Leistungen in ausgewählten Privatversicherungen und deren Vereinbarkeit mit höherrangigem Recht. Hierbei nimmt sowohl das erwähnte Urteil des EuGH als auch die GRCh eine hervorgehobene Stellung ein. Die GRCh ist seit dem Vertrag von Lissabon europäisches Primärrecht und muss daher zwingend bei der Umsetzung von europäischen Richtlinien beachtet werden. In diesem Zusammenhang widmet sich die Arbeit

8 Charta der Grundrechte der Europäischen Union (GRCh) v. 12. Dezember 2007 (ABl. Nr. C 303 S. 1).

9 Zum einen gilt es sowohl für das Arbeitsrecht als auch in ausgewählten Bereichen des allgemeinen Zivilrechts; zum anderen betrifft es die bereits oben genannten sechs Diskriminierungsmerkmale.

10 EuGH, Urteil v. 01.03.2011 – Rs. C-236/09; Slg. 2011, I-773 ff., (Association belge des Consommateurs Test Achats ASBL, Yann van Vugt, Charles Basselier/ Conseil des ministres; nachfolgend kurz: Test-Achats).

insbesondere der Frage, ob die vom deutschen Gesetzgeber vorgenommene überschießende Umsetzung der Antidiskriminierungsrichtlinien im Hinblick auf das Merkmal Alter bei privaten Versicherungsverträgen tatsächlich dazu führt, dass der überschießende Teil des AGG nicht am europäischen Recht zu messen ist. Diese These wird in der rechtswissenschaftlichen Literatur wohl mehrheitlich angenommen.[11]

11 Vgl. *Däubler*, in: Däubler/Bertzbach – AGG-Hk., 2. Aufl. 2008, Einleitung Rn. 84; *Mayer/ Schürnbrand*, JZ 2004, 545, 549. Diese Autoren streifen jedoch nur die Thematik der Vereinbarkeit der überschießenden Umsetzung mit europäischem Recht. Bei ihnen geht es vielmehr um Frage der einheitlichen Auslegung des AGG, d.h. einer insgesamt europarechtlichen Auslegung des Gesetzes, die sie ablehnen.

§ 2 Das Diskriminierungsmerkmal Alter

A. Vorbemerkung

Das Diskriminierungsmerkmal Alter spielt im Gegensatz zu anderen Diskriminierungsmerkmalen wie die Rasse bzw. ethnische Herkunft[12] oder das Geschlecht bislang eine untergeordnete Rolle. Dies dürfte vornehmlich an der Tatsache liegen, dass das Diskriminierungsmerkmal Alter erst in der jüngeren Vergangenheit mit Gleichheitsaspekten in Verbindung gebracht wurde.[13] *Fredman* gibt als Grund für die nachrangige Bedeutung an, dass es an einer klaren Grenzziehung von Personen, die sich auf dieses Diskriminierungsmerkmal berufen können, und anderen, die sich im konkreten Falle nicht auf das Merkmal[14] berufen können, fehle.[15] Diese These erscheint nach der Auffassung des Verfassers nicht hinreichend einleuchtend, da sich jeder Mensch unabhängig von seinem Alter auf das Merkmal berufen kann. Denn das Diskriminierungsmerkmal Alter erfasst seinem Wortlaut zufolge jede Altersstufe, sodass jedes Lebensalter geschützt wird. Auch ist nicht entscheidend, ob die Vergleichsperson, die vermeintlich bevorzugt wird, ein Jahr oder 50 Jahre älter ist als diejenige Person, die sich auf eine Benachteiligung aufgrund des Alters beruft. Auch im erstgenannten Fall liegt eine Benachteiligung aufgrund des Alters vor. Vielmehr dürften die Gründe für die untergeordnete Stellung des Merkmals Alter vielfältig sein. Zum einen machen sich Menschen in ihrer Kindheit und Jugend in aller Regel keine Gedanken über das Thema Diskriminierung. Sie sind somit nicht in der gleichen Art und Weise in der Lage ihre Interessen in der Öffentlichkeit zu vertreten wie erwachsene Personen. Zum anderen sind ältere Menschen meist nicht bereit, die Interessen der Jüngeren zu vertreten, da die gleiche Art von Benachteiligung bereits in ihrer Kindheit bzw. Jugend gegeben war und sie damit selbst von der gleichen Benachteiligung betroffen waren. Diese Gleichgültigkeit im Hinblick auf Benachteiligungen aufgrund des Alters dürfte primär darin liegen, dass die große Mehrheit von Menschen bei

---

12 Nachfolgend werden die Diskriminierungsmerkmale Rasse und ethnische Herkunft als ein einheitliches Merkmal behandelt. Diese einheitliche Behandlung stimmt, wie noch zu zeigen sein wird, mit der auf europäischer und nationaler Ebene vorgenommenen Behandlung überein.

13 *Fredman*, Discrimination Law, S. 101.

14 Wird nachfolgend von einem Merkmal gesprochen, so sind damit stets Diskriminierungsmerkmale gemeint.

15 *Fredman*, Discrimination Law, S. 101.

natürlichem Fortgang mehrere Altersstufen durchläuft und diese Tatsache stets im Hinterkopf behält. Eine Diskriminierung im jungen Alter wird oftmals als nicht besonders benachteiligend empfunden oder angesehen, da man davon ausgeht, dass einem selbst zukünftig, gerade diese Diskriminierung zugutekommt, sobald man eine fortgeschrittene Altersstufe erreicht. Ähnliche Überlegungen lassen sich problemlos auf die entgegengesetzte Konstellation übertragen. Insbesondere diese Erwägungen zeigen in anschaulicher Weise den Unterschied zu den Diskriminierungsmerkmalen Rasse/ ethnische Herkunft und Geschlecht auf. Diese Merkmale zeichnen sich grundsätzlich durch ihre lebenslange Beständigkeit aus. Insofern kann durchaus vertreten werden, dass die stigmatisierende Wirkung des Diskriminierungsmerkmals Alter geringer ist als bei anderen Merkmalen.[16]

Nachfolgend soll zunächst das Diskriminierungsmerkmal Alter ausschließlich dahingehend beleuchtet werden, inwiefern das europäische und nationale Recht Regelungen zum Merkmal Alter enthalten, die auch das deutsche allgemeine Zivilrecht beeinflussen können. Das Arbeitsrecht als Teil des Zivilrechts soll grundsätzlich nicht näher betrachtet werden. Jedoch spielt gerade im Bereich des Arbeitsrechts das Merkmal Alter eine große praktische Rolle, sodass auf die jüngere Rechtsprechung im Hinblick auf dieses Merkmal nicht gänzlich verzichtet werden kann.

B. Das Diskriminierungsmerkmal Alter im Europarecht

I. Die politische Dimension

Wie noch im Einzelnen zu zeigen sein wird, hat das Europarecht das personenbezogene Diskriminierungsmerkmal Alter weitgehend in seine Merkmalskataloge aufgenommen. Für die Aufnahme dürften mehrere Gründe anzuführen sein. Als ein Grund wird der generelle demografische Wandel in Europa angesehen.[17] Das Durchschnittsalter der Einwohner der Europäischen Union wird in den kommenden Jahrzehnten stark steigen. Im Jahre 2009 betrug das durchschnittliche Lebensalter in der EU noch 40,6 Jahre; es wird jedoch Hochrechnungen zufolge bis zum Jahre 2060 auf 47,9 Jahre steigen.[18] Der Bevölkerungsanteil der

---

16 So *Reichhold/Hahn/Heinrich*, NZA 2005, 1270, 1275. Vgl. zu diesen Erwägungen auch die Schlussanträge der Generalanwältin *Kokott* v. 30.09.2010 – Rs. C-236/09; Slg. 2011, I-773, 781, Tz. 50, Fn. 37 (Test-Achats).

17 *Fredman*, Discrimination Law, S. 102.

18 EU-Kommission und Europäisches Statistikamt Eurostat, Demografiebericht aus dem Jahre 2010, unter http://ec.europa.eu/social/main.jsp?langId=de&catId=502&newsId=1007&furtherNews=yes, S. 8, zuletzt abgerufen am 09. Januar 2016.

über 65-jährigen lag im Jahre 2010 bei ca. 17,4 % und wird im Jahre 2050 auf ca. 28,8 % steigen.[19] Ältere Personen rücken bereits aufgrund dieser demografischen Erkenntnisse immer weiter in den Fokus der Politik. Die Bedeutung der alternden Bevölkerung ist insbesondere im Bereich der Wirtschafts- und Arbeitsmarktpolitik nicht zu verkennen. Ihre Arbeitskraft wird in Zukunft ein wichtiger Faktor im Hinblick auf den Erhalt der derzeitigen Wirtschaftsleistung Europas sein. Damit sind ältere Arbeitnehmer auch einem besonderen Diskriminierungsrisiko ausgesetzt. Zum einen werden sie oftmals in Auswahlverfahren und Weiterbildungsveranstaltungen benachteiligt[20], zum anderen haben sie größere Schwierigkeiten wieder in den Arbeitsmarkt zu gelangen, wenn sie zuvor aus selbigem ausgeschieden waren.[21] Vorstehende Erwägungen zeigen, warum das Diskriminierungsmerkmal Alter zuerst im Bereich des Arbeitsrechts als relevant betrachtet wurde. Jedoch scheint sich zusehends die Ansicht durchzusetzen, dass das Merkmal auch im allgemeinen Zivilrecht und sogar im Verfassungsrecht neben den bereits kodifizierten Diskriminierungsmerkmalen wie die Rasse/ ethnische Herkunft oder das Geschlecht zu implementieren ist. Dies zeigen gerade die in jüngerer Zeit in Kodifikationen erlassenen Merkmalskataloge.

II. Vertrag über die Arbeitsweise der Europäischen Union

1. Art. 19 AEUV

a) Tatbestand

Das Diskriminierungsmerkmal Alter findet sich zunächst im europäischen Primärrecht wieder. Art. 19 Abs. 1 AEUV[22] bestimmt, dass der Rat unbeschadet der sonstigen Bestimmungen der Verträge im Rahmen der durch die Verträge auf die Union übertragenen Zuständigkeiten gemäß einem besonderen Gesetzgebungsverfahren und nach Zustimmung des Europäischen Parlaments einstimmig geeignete Vorkehrungen treffen kann, um u.a. Diskriminierungen aus Gründen des Alters zu bekämpfen. Unter den für die Bekämpfung von verbotenen

---

19 Bundeszentrale für politische Bildung unter http://www.bpb.de/nachschlagen/zahlen-und-fakten/europa/70503/altersstruktur, zuletzt abgerufen am 28. Februar 2016.

20 *Fredman*, Discrimination Law, S. 104.

21 *Fredman*, Discrimination Law, S. 104; Zeit online, Artikel v. 3. Juni 2013 unter http://www.zeit.de/wirtschaft/2013-06/aeltere-arbeitslose-arbeitsmarkt, zuletzt abgerufen am 28. Februar 2016.

22 Vertrag über die Arbeitsweise der Europäischen Union (AEUV) in der Fassung der Bekanntmachung v. 9. Mai 2008, (ABl. Nr. C 115 S. 47), zuletzt geändert durch Art. 2 ÄndBeschl. 2012/419/EU v. 11. Juli 2012 (ABl. Nr. L 204 S. 131).

Diskriminierungen geeigneten Vorkehrungen ist – wie schon bei der Vorgängernorm des Art. 13 EGV[23] – der Erlass von verbindlichen Rechtsakten, also vor allem der Erlass von Verordnungen, Richtlinien und Beschlüssen, aber auch die Abgabe unverbindlicher Empfehlungen und Stellungnahmen, zu verstehen.[24] Folglich können Maßnahmen, die auf Art. 19 Abs. 1 AEUV gestützt werden, auch zu einer Harmonisierung der Rechts- und Verwaltungsvorschriften der Mitgliedstaaten führen. Bei dem Erlass einer Verordnung, die gemäß Art. 288 AEUV unmittelbare Anwendung findet, geschieht diese Harmonisierung auf direktem, beim Erlass einer Richtlinie, die von den Mitgliedstaaten zunächst umgesetzt werden muss, auf indirektem Wege.

Art. 19 Abs. 2 AEUV[25] sieht abweichend von Abs. 1 vor, dass das Europäische Parlament und der Rat gemäß dem ordentlichen Gesetzgebungsverfahren die Grundprinzipien für Fördermaßnahmen der Union – unter Ausschluss jeglicher Harmonisierung der Rechts- und Verwaltungsvorschriften der Mitgliedstaaten – zur Unterstützung der Maßnahmen festlegen können, die die Mitgliedstaaten treffen, um zur Verwirklichung der Ziele nach Abs. 1 beizutragen. Art. 19 Abs. 2 AEUV statuiert damit eine sog. Beitragskompetenz[26], die sich potentiell auch auf Antidiskriminierungsmaßnahmen aufgrund des Alters bezieht. Beitragskompetenz bedeutet, dass Art. 19 Abs. 2 AEUV lediglich die Zuständigkeit begründet, Beiträge zu mitgliedstaatlichem Handeln leisten zu können, die sich jedoch in der Festlegung von Grundprinzipien für europäische Fördermaßnahmen erschöpfen. Der Erlass von Fördermaßnahmen selbst kann nicht auf Art. 19 Abs. 2 AEUV gestützt werden. Beide Absätze unterscheiden sich neben dem Gesetzgebungsverfahren[27] vor allem dadurch, dass nach Absatz 2 lediglich Grundprinzipien für

---

23 Vertrag zur Gründung der Europäischen Gemeinschaft (EGV) v. 25. März 1957(BGBl. II S. 766) in der Fassunyg bis 30. November 2009, Internationale Quelle UNTS Bd. 298 S. 11, zuletzt geändert durch Art. 2 Vertrag von Lissabon v. 13. Dezember. 2007 (ABl. Nr. C 306 S. 1).

24 *Grabenwarter*, in: Grabitz/Hilf/Nettesheim – Das Recht der EU, Bd. I – EUV/AEUV, Stand: September 2014, Art. 19 AEUV Rn. 44; *Streinz*, in: ders. – EUV/AEUV, 2. Aufl. 2012, Art. 19 AEUV Rn. 20; *Holoubek*, in: Schwarze – EU-Kommentar, 3. Aufl. 2012, Art. 19 AEUV Rn. 20.

25 Art. 19 Abs. 2 AEUV wurde als Art. 13 Abs. 2 EGV durch den Vertrag von Nizza in die Verträge eingeführt und trat demzufolge am 1. Februar 2003 in Kraft.

26 *Streinz*, in: ders. – EUV/AEUV, 2. Aufl. 2012, Art. 19 AEUV Rn. 21.

27 Art. 19 Abs. 2 AEUV sieht ein ordentliches Gesetzgebungsverfahren, d.h. ein Verfahren unter Mitentscheidung des Europäischen Parlaments gemäß Art. 289 Abs. 1 i.V.m. Art. 294 AEUV, vor, während Art. 19 Abs. 1 AEUV ein besonderes Gesetzgebungsverfahren vorsieht.

Fördermaßnahmen der Union festgelegt werden können, die jedoch nicht zu einer Harmonisierung der Rechts- und Verwaltungsvorschriften der Mitgliedstaaten führen dürfen. Gerade aufgrund dieses Harmonisierungsausschlusses dürfte die Bedeutung des zweiten Absatzes als gering einzuschätzen sein[28], sodass nachfolgend auf diesen nicht weiter eingegangen wird.

b) Rechtsnatur von Art. 19 Abs. 1 AEUV

Vor Inkrafttreten des Lissabon-Vertrages im Jahre 2009 wurde in der Literatur vereinzelt die Ansicht vertreten, dass Art. 19 Abs. 1 AEUV nicht lediglich eine Rechtsgrundlage für den Erlass von Antidiskriminierungsmaßnahmen darstelle, sondern zudem ein unmittelbar anwendbares Diskriminierungsverbot enthalte.[29] Diese Auffassung wurde vornehmlich dahingehend begründet, dass eine Ermächtigung zur Bekämpfung von bestimmten Diskriminierungen ein entsprechendes Diskriminierungsverbot voraussetze.[30] Mit der durch den Vertrag von Lissabon verbundenen Einfügung von Art. 21 GRCh, der ausdrücklich ein Diskriminierungsverbot enthält,[31] in das Primärrecht der Union dürfte sich diese Ansicht wohl erübrigt haben.[32]

Die weit überwiegende Ansicht in der Literatur ist hingegen nach wie vor der Auffassung, dass Art. 19 Abs. 1 AEUV lediglich eine Kompetenz zum Erlass von Antidiskriminierungsmaßnahmen verleihe.[33] Art. 19 Abs. 1 AEUV begründe keine subjektiven Rechte und Pflichten des Einzelnen.[34] Sollte Art. 19 Abs. 1 AEUV unmittelbar Rechte und Pflichten begründen, würde das geregelte einstimmige Zustimmungserfordernis des Europäischen Parlaments leerlaufen, da nach der Konzeption der Norm, erst eine solche Zustimmung zu der Begründung von subjektiven Rechten führen sollte.[35] Auch der EuGH hat sich ausdrücklich für eine

---

28 Wie hier: *Epiney*, in: Calliess/Ruffert – EUV/AEUV, 4. Aufl. 2011, Art. 19 AEUV Rn. 9.

29 *Holoubek*, in: Schwarze – EU-Kommentar, 3. Aufl. 2012, Art. 19 AEUV Rn. 4.

30 *Holoubek*, in: Schwarze – EU-Kommentar, 3. Aufl. 2012, Art. 19 AEUV Rn. 4.

31 Ausführliche Erläuterungen zu Art. 21 GRCh, siehe sogleich unter III.3.

32 Auf diesen Umstand weist auch *Holoubek* selbst hin, vgl. *Holoubek*, in: Schwarze – EU-Kommentar, 3. Aufl. 2012, Art. 19 AEUV Rn. 4 a.E.

33 *Streinz*, in: ders. – EUV/AEUV, 2. Aufl. 2012, Art. 19 AEUV Rn. 19; *Epiney*, in: Calliess/Ruffert – EUV/AEUV, 4. Aufl. 2011, Art. 19 AEUV Rn. 1; *Grabenwarter*, in: Grabitz/Hilf/Nettesheim – Das Recht der EU, Bd. I – EUV/AEUV, Stand: September 2014, Art. 19 AEUV Rn. 6.

34 *Grabenwarter*, in: Grabitz/Hilf/Nettesheim – Das Recht der EU, Bd. I – EUV/AEUV, Stand: September 2014, Art. 19 AEUV Rn. 6; *Rust*, in: von der Groeben/Schwarze/Hatje (Hrsg.) – EUV/AEUV/GRC, 7. Aufl. 2015, Art. 19 AEUV Rn. 100.

35 *Epiney*, in: Calliess/Ruffert – EUV/AEUV, 4. Aufl. 2011, Art. 19 AEUV Rn. 1.

bloße Kompetenznorm ausgesprochen.[36] Daher ist richtigerweise davon auszugehen, dass Art. 19 Abs. 1 AEUV ausschließlich eine Kompetenzvorschrift darstellt und aus ihr keine weiteren subjektiven Rechte abgeleitet werden können.

c) Ausgestaltung der Kompetenznorm

Nachdem festgestellt wurde, dass man Art. 19 Abs. 1 AEUV zumindest nach dem Inkrafttreten des Lissabon-Vertrages kein unmittelbares Diskriminierungsverbot entnehmen kann, muss dennoch sein Anwendungsbereich geklärt werden. Nach umstrittener, aber richtiger Ansicht ist Art. 19 Abs. 1 als subsidiäre Rechtsgrundlage für spezifische Antidiskriminierungsmaßnahmen zu behandeln.[37] Art. 19 Abs. 1 AEUV ist gegenüber allen anderen vertraglichen Rechtsgrundlagen subsidiär, mit der Maßgabe, dass er nur anwendbar ist, wenn spezifische Maßnahmen zur Bekämpfung von Diskriminierungen erlassen werden sollen.[38] Das von der Gegenansicht vorgebrachte Argument, dass aus der zu Art. 18 abweichenden Formulierung[39] zu schließen sei, dass Art. 19 Abs. 1 AEUV gleichrangig neben andere Kompetenztitel aus dem AEUV trete[40], ist zurückzuweisen. Denn die unterschiedliche Formulierung von Art. 18 AEUV, der unstreitig subsidiär ist, ist vielmehr darauf zurückzuführen, dass Art. 18 AEUV lediglich gegenüber anderen speziellen Diskriminierungsverboten aus Gründen der Staatsangehörigkeit subsidiär sein soll.[41]

d) Anwendungsbereich von Art. 19 Abs. 1 AEUV

Des Weiteren kann der Rat gemäß Art. 19 Abs. 1 AEUV lediglich *„im Rahmen der durch die Verträge auf die Union übertragenen Zuständigkeiten“* handeln. Zur Bestimmung des materiellen Inhalts der Vorschrift ist wiederum ein Vergleich

---

36 EuGH, Urteil v. 11.07.2006 – Rs. C-13/05; Slg. 2006, I-6467, 6507, Tz. 55 (Chacón Navas).

37 *Grabenwarter*, in: Grabitz/Hilf/Nettesheim – Das Recht der EU, Bd. I – EUV/AEUV, Stand: September 2014, Art. 19 AEUV Rn. 18.

38 *Grabenwarter*, in: Grabitz/Hilf/Nettesheim – Das Recht der EU, Bd. I – EUV/AEUV, Stand: September 2014, Art. 19 AEUV Rn. 18.

39 Gemäß Art. 18 AEUV ist im Anwendungsbereich der europäischen Verträge unbeschadet besonderer Bestimmungen jede Diskriminierung aus Gründen der Staatsangehörigkeit verboten. Aus dem Wortlaut, der von *„besondere(n) Bestimmungen“* spricht, wird die Subsidiarität des Art. 18 AEUV gefolgert.

40 Vgl. hierzu *Holoubek*, in: Schwarze – EU-Kommentar, 3. Aufl. 2012, Art. 19 AEUV Rn. 7.

41 So auch *Grabenwarter*, in: Grabitz/Hilf/Nettesheim – Das Recht der EU, Bd. I – EUV/AEUV, Stand: September 2014, Art. 19 AEUV Rn. 17; *Epiney*, in: Calliess/Ruffert – EUV/AEUV, 4. Aufl. 2011, Art. 19 AEUV Rn. 3.

mit dem Wortlaut des Art. 18 AEUV hilfreich. Art. 18 AEUV spricht vom „*Anwendungsbereich der Verträge*“ in dem Diskriminierungen aufgrund der Staatsangehörigkeit verboten sind. Aus dem unterschiedlichen Wortlaut wird abgeleitet, dass zur Begründung der Kompetenz aus Art. 18 AEUV lediglich ein Bezug zum bzw. ein Zusammenhang mit dem Unionsrecht gegeben sein müsse.[42] Denn sobald ein grenzüberschreitender Sachverhalt vorliegt, ist der Anwendungsbereich der Verträge eröffnet. Hingegen muss im Hinblick auf Art. 19 AEUV zur Begründung einer Kompetenz die Materie, welche geregelt werden soll, auch in dem Kompetenzbereich der Union liegen.[43] Im Bereich der Zuständigkeit der Mitgliedstaaten scheiden damit auf Art. 19 AEUV gestützte Maßnahmen aus.[44] Art. 19 Abs. 1 AEUV knüpft damit an andere Regelungskompetenzen der Union an. Die Anforderungen an eine Anwendbarkeit von Art. 19 AEUV sind damit höher einzustufen als Anforderungen an eine Anwendbarkeit von Art. 18 AEUV. Dieser akzessorische Charakter von Art. 19 Abs.1 AEUV[45] hat bspw. zur Folge, dass die Union – gestützt auf Art. 18 AEUV – eine strafprozessuale Regelung treffen darf, die eine Ungleichbehandlung aufgrund der Staatsangehörigkeit verbietet. Hingegen, wäre eine strafprozessuale Norm, die eine Ungleichbehandlung aufgrund des Alters verbietet, auf der Grundlage des Art. 19 Abs. 1 AEUV nicht möglich, da die Union auf dem Gebiet des Strafprozessrechts keinerlei Kompetenzen inne hat.

e) Zwischenergebnis

Art. 19 Abs. 1 AEUV beinhaltet zwar eine Referenz auf das Diskriminierungsmerkmal Alter, jedoch ist die Norm lediglich als subsidiäre Zuständigkeitsvorschrift

---

42 EuGH, Urteil v. 02.10.2003 – Rs. C-148/02; Slg. 2003, I-11613, 11645, Tz. 25 (Garcia Avello), zu Art. 12 EGV, der Vorgängernorm des Art. 18 AEUV; *Holoubek*, in: Schwarze – EU-Kommentar, 3. Aufl. 2012, Art. 19 AEUV Rn. 9.

43 *Grabenwarter*, in: Grabitz/Hilf/Nettesheim – Das Recht der EU, Bd. I – EUV/AEUV, Stand: September 2014, Art. 19 AEUV Rn. 12; *Wernsmann*, JZ 2005, 224 (230). Im Hinblick auf den EGV wurde früher vertreten, dass die Norm so zu lesen sei, dass die in Art. 3 Abs. 1 EGV aufgezählten generellen Kompetenzen den Rahmen beschreiben, innerhalb dessen Maßnahmen gegen Diskriminierungen ergriffen werden können, vgl. *Schiek*, in: dies. – AGG, Einl AGG Rn. 33 sowie *Däubler*, in: Däubler/Bertzbach – AGG-Hk., 2. Aufl. 2008, Einleitung Rn. 104. Diesem Gedanken folgend müssten nunmehr die den Art. 3 Abs. 1 EGV ersetzenden Art. 3–6 AEUV als Maßstab zur näheren Bestimmung herangezogen werden.

44 *Holoubek*, in: Schwarze – EU-Kommentar, 3. Aufl. 2012, Art. 19 AEUV Rn. 9.

45 So *Epiney*, in: Calliess/Ruffert – EUV/AEUV, 4. Aufl. 2011, Art. 19 AEUV Rn. 6; *Streinz*, in: ders. – EUV/AEUV, 2. Aufl. 2012, Art. 19 AEUV Rn. 13 f.

ausgestaltet und wirkt nicht unmittelbar zur Begründung von subjektiven Rechten. Subjektive Rechte, die Diskriminierungen aufgrund des Lebensalters ausschließen sollen, können nur durch Vorschriften geschaffen werden, die auf der Grundlage von Art. 19 Abs. 1 AEUV erlassen werden bzw. auf dessen Vorgängernorm – Art. 13 EGV – erlassen worden sind. Diejenigen Vorschriften, die aufgrund von Art. 19 Abs. 1 AEUV erlassen werden bzw. auf dessen Vorgängernorm erlassen worden sind, müssen eine Materie erfassen, die auch im Zuständigkeitsbereich der Union liegt.

2. Art. 10 AEUV

Neben Art. 19 AEUV beinhaltet auch Art. 10 AEUV eine Referenz auf das Diskriminierungsmerkmal Alter. Art. 10 AEUV bestimmt, dass bei der Festlegung und Durchführung ihrer Politik und ihrer Maßnahmen, die Union darauf abzielt, u.a. Diskriminierungen aus Gründen des Alters zu bekämpfen. Art. 10 AEUV wurde durch den Vertrag von Lissabon neu eingefügt und ist als sog. Querschnittsklausel ausgestaltet. Das Charakteristikum einer Querschnittsklausel ist, dass sie grundsätzlich für alle Politikbereiche maßgebend ist.[46] Insoweit statuiert Art. 10 AEUV nicht eine tiefe Inanspruchnahme der auf die Union übertragenen Kompetenzen, sondern eine breite Inanspruchnahme derselben ohne dabei mit dem in Art. 5 EUV[47] statuiertem Prinzip der begrenzten Einzelermächtigung in Konflikt zu geraten.[48] Adressaten von Art. 10 AEUV sind primär die Union und ihre Organe; die einzelnen Mitgliedstaaten sind lediglich mittelbar als Adressaten konkretisierenden Sekundärrechts betroffen.[49] Eine zusätzliche Kompetenz begründet Art. 10 AEUV hingegen nicht; vielmehr soll der Artikel bei jeglichen Handlungen der Union Berücksichtigung finden.[50] Auch begründet Art. 10 AEUV, seiner Konzeption zufolge, keine subjektiven Rechte.[51]

---

46 *Rebhahn*, in: Schwarze – EU-Kommentar, 3. Aufl. 2012, Art. 9 AEUV Rn. 2.

47 Vertrag über die Europäische Union (EUV) in der Fassung des Vertrags von Lissabon vom 13. Dezember 2007 (ABl. Nr. C 306 S. 1, ber. ABl. 2008 Nr. C 111 S. 56, ABl. 2009 Nr. C 290 S. 1, ABl. 2011 Nr. C 378 S. 3), zuletzt geändert durch Art. 13, 14 Abs. 1 EU-Beitrittsakte 2013 v. 9 Dezember 2011 (ABl. 2012 Nr. L 112 S. 21).

48 *Krebber/Rossi*, in: Calliess/Ruffert – EUV/AEUV, 4. Aufl. 2011, Art. 10 AEUV Rn. 4.

49 *Schorkopf*, in: Grabitz/Hilf/Nettesheim – Das Recht der EU, Bd. I – EUV/AEUV, Stand: September 2013, Art. 10 AEUV Rn. 15.

50 *Epiney*, in: Vedder/Heintschel von Heinegg – Europ. Unionsrecht-Hk., Art. 10 AEUV Rn. 2, die von einer materiellen Zielbestimmung spricht.

51 *Krebber/Rossi*, in: Calliess/Ruffert – EUV/AEUV, 4. Aufl. 2011, Art. 10 AEUV Rn. 5 f.

Aus den aufgeführten Gründen kann geschlossen werden, dass Art. 10 im Normengefüge insgesamt eine untergeordnete Stellung einnimmt. Daher wird er nachfolgend nicht weiter Gegenstand der Untersuchung sein.

III. Europäische Grundrechte-Charta

1. Historischer Hintergrund

Zum Ende des 20. Jahrhunderts fassten die europäischen Staats- und Regierungschefs gemeinsam mit dem Präsidenten der Europäischen Kommission Beschlüsse zur Ausarbeitung einer europäischen Grundrechte-Charta. Zu diesem Zweck wurde im Dezember 1999 ein Konvent unter dem Vorsitz des ehemaligen deutschen Bundespräsidenten *Roman Herzog* gebildet. Nach etwa einem Jahr, am 7. Dezember 2000, wurde der Entwurf der Grundrechte-Charta feierlich verkündet.[52] In der Folgezeit zogen europäische und nationale Gerichte den ausgearbeiteten Entwurf vermehrt als Rechtserkenntnisquelle zur Bestimmung des Inhalts der ungeschriebenen allgemeinen Rechtsgrundsätze der Gemeinschaft heran.[53] Aufgrund der Tatsache, dass der ausgearbeitete Entwurf jedoch keine rechtliche Verbindlichkeit hatte[54], wurden anschließend Schritte veranlasst, die eine solche Rechtsverbindlichkeit herbeiführen sollten. Hierzu wurde der ausgearbeitete Charta-Entwurf in den Entwurf über den Europäischen Verfassungsvertrag integriert. Mit den ablehnenden Referenden über eine europäische Verfassung in den Niederlanden und in Frankreich im Jahre 2005 scheiterte zunächst die Herstellung einer rechtlichen Verbindlichkeit der Grundrechte-Charta. Die angestrebte Rechtsverbindlichkeit der Grundrechte-Charta wurde erst zu einem späteren Zeitpunkt, mit dem Inkrafttreten des Vertrages von Lissabon im Jahre 2009 erreicht.

2. Rechtliche Einordnung der Grundrechte-Charta

Der Vertrag von Lissabon stellte die Grundrechte-Charta auf eine neue rechtliche Ebene. Art. 6 Abs. 1 Unterabs. 1 EUV besagt im ersten Halbsatz, dass die Union die Rechte, Freiheiten und Grundsätze, die in der Charta niedergelegt sind, anerkennt. Im zweiten Halbsatz folgt die Aussage, dass die Charta und die Verträge rechtlich gleichrangig sind. Diese Formulierungen beinhalten eine Geltungsanordnung und

---

52 *Jarass*, EU-Grundrechte, § 1 Rn. 23.

53 *Haratsch/Koenig/Pechstein*, Europarecht, 8. Aufl. 2012, Rn. 659.

54 *Kühling*, in: von Bogdandy/Bast – Europ. Verfassungsrecht, 2. Aufl. 2009, S. 593.

eine Rangzuweisung.[55] Die Geltungsanordnung in Halbsatz 1 führt dabei lediglich zu einer verbindlichen Anwendbarkeit der Charta.[56] Erst die Rangzuweisung führt dazu, dass die Charta neben die Verträge, d.h. den EUV und den AEUV, tritt, damit einen Bestandteil des Primärrechts darstellt und somit notwendigerweise auch unmittelbar anwendbar ist.[57]

3. *Art. 21 Abs. 1 GRCh*

a) *Systematik und Wortlaut*

Art. 21 Abs. 1 GRCh wurde unter dem Titel Gleichheit in der Grundrechte-Charta verortet und besagt, dass insbesondere Diskriminierungen wegen des Geschlechts, der Rasse, der Hautfarbe, der ethnischen oder sozialen Herkunft, der genetischen Merkmale, der Sprache, der Religion oder der Weltanschauung, der politischen oder sonstigen Anschauung, der Zugehörigkeit zu einer nationalen Minderheit, des Vermögens, der Geburt, einer Behinderung, des Alters oder der sexuellen Ausrichtung verboten sind.[58] Allen genannten Diskriminierungsmerkmalen ist gemein, dass sie dem Menschen unveränderlich anhaften bzw. nur unter Schwierigkeiten verändert werden können.[59] Im Rahmen der Auslegung von Art. 21 Abs. 1 GRCh ist stets zu beachten, dass selbiger Artikel in engem Zusammenhang mit dem in Art. 1 GRCh geregelten Schutz der Würde des Menschen steht.[60] Welchen genauen Regelungsinhalt diese als Verbotsnorm ausgestaltete Vorschrift hat bzw. welche Rechtsfolgen aus ihr erwachsen, kann dem Wortlaut des Art. 21 Abs. 1 GRCh jedoch nicht unmittelbar entnommen werden. Daher bedarf es einer anderweitigen Bestimmung des genauen Regelungsinhaltes.

b) *Regelungsinhalt*

i. Subjektives Recht

Aus der Gestaltung der Vorschrift als Verbotsnorm wird eine Unterlassungspflicht des Adressaten der Regelung gefolgert.[61] Neben der Union samt ihrer

---

55 *Haratsch/Koenig/Pechstein*, Europarecht, 8. Aufl. 2012, Rn. 660.

56 *Hatje*, in: Schwarze – EU-Kommentar, 3. Aufl. 2012, Art. 6 EUV Rn. 5.

57 *Folz*, in: Vedder/Heintschel von Heinegg – Europ. Unionsrecht-Hk., Art. 6 EUV Rn. 3.

58 Im Hinblick auf die Thematik der vorliegenden Arbeit wird nachfolgend verständlicherweise lediglich auf das Diskriminierungsmerkmal Alter eingegangen.

59 *Rossi*, in: Calliess/Ruffert – EUV/AEUV, 4. Aufl. 2011, Art. 21 GRCh Rn. 3. Dies vermag im Hinblick auf das Diskriminierungsmerkmal Vermögen fraglich erscheinen.

60 *Jarass*, EU-Grundrechte, § 25 Rn. 2.

61 *Streinz*, in: ders. – EUV/AEUV, 2. Aufl. -2012, Art. 21 GRCh Rn. 6.

Organe sind auch die Mitgliedstaaten als Adressaten der Regelung anzusehen, soweit sie i.S.d. Art. 51 GRCh Unionsrecht durchführen.[62] Private Personen werden durch Art. 21 Abs. 1 GRCh nicht unmittelbar verpflichtet, können aber durch Regelungen zur Konkretisierung des Art. 21 GRCh, die z.B. auf Art. 19 AEUV gestützt sind, gebunden werden.[63] Die Unterlassungspflicht der Union und der Mitgliedstaaten, soweit sie Unionsrecht durchführen, gilt unmittelbar. Art. 21 Abs. 1 GRCh beinhaltet ein einklagbares Recht und nicht lediglich einen bloßen Grundsatz.[64]

ii. Tatbestand

Als echtes Tatbestandsmerkmal spricht Art. 21 Abs. 1 GRCh zunächst von Diskriminierungen. In Anlehnung an die ständige Rechtsprechung des EuGH liegt eine Diskriminierung vor, wenn unterschiedliche Vorschriften auf gleiche Sachverhalte angewandt werden oder wenn dieselbe Vorschrift auf ungleiche Sachverhalte angewandt wird.[65] Eine Diskriminierung beinhaltet demzufolge lediglich eine Ungleichbehandlung; diese muss nicht bereits ungerechtfertigt sein.[66] Art. 21 Abs. 1 GRCh enthält ein Diskriminierungsverbot, welches sowohl für unmittelbare (offene) als auch für mittelbare (versteckte) Diskriminierungen gilt.[67] Eine unmittelbare Diskriminierung liegt vor, wenn im Tatbestand einer Norm an ein Diskriminierungsmerkmal angeknüpft wird und eine Person, die dieses Merkmal erfüllt, in einer vergleichbaren Situation eine weniger günstige Behandlung als eine andere Person erfährt.[68] Eine mittelbare Diskriminierung liegt vor, wenn zwar nicht formal an ein Diskriminierungsmerkmal angeknüpft wird, die fragliche Regelung aber im Ergebnis zu einer tatsächlichen Benachteiligung von Personen führt, die ein bestimmtes Merkmal aufweisen.[69] Im Hinblick auf das Thema der vorliegenden Arbeit ist es demzufolge unbeachtlich, ob eine Regelung direkt oder faktisch an das Lebensalter anknüpft. Eine Diskriminierung liegt in

62 *Jarass*, in: ders. – GRCh, 2. Aufl. 2013, Art. 21 Rn. 4; *Sachs*, in: Tettinger/Stern – GRCh, Art. 21 Rn. 17.

63 *Rossi*, in: Calliess/Ruffert – EUV/AEUV, 4. Aufl. 2011, Art. 21 GRCh Rn. 5.

64 *Streinz*, in: ders. – EUV/AEUV, 2. Aufl. -2012, Art. 21 GRCh Rn. 6; *Jarass*, in: ders. – GRCh, 2. Aufl. 2013, Art. 21 Rn. 3.

65 EuGH, Urteil v. 27.10.1998 – Rs. C-411/96; Slg. 1998, I-6401, 6455, Tz. 39 (Boyle u.a.).

66 Zur Rechtfertigungsebene sogleich.

67 *Folz*, in: Vedder/Heintschel von Heinegg – Europ. Unionsrecht-Hk., Art. 20 GRCh Rn. 4; *Jarass*, EU-Grundrechte, § 25 Rn. 7.

68 *Hölscheidt*, in: Meyer – GRCh, 4. Aufl. 2014, Art. 21 Rn. 37.

69 *Hölscheidt*, in: Meyer – GRCh, 4. Aufl. 2014, Art. 21 Rn. 38.

beiden Fällen vor. Im Hinblick auf das Merkmal selbst, bleibt festzuhalten, dass jede Altersstufe erfasst wird.[70] Damit betrifft das Diskriminierungsverbot sowohl die älteren als auch die jüngeren Generationen und kommt auch sämtlichen Generationen zugute.

iii. Rechtfertigung

Fraglich ist, ob ein Verstoß gegen das Diskriminierungsverbot gerechtfertigt werden kann. Nach überwiegender Ansicht enthält Art. 21 Abs.1 GRCh keine absoluten, sondern lediglich relative Diskriminierungsverbote, was dazu führt, dass Diskriminierungen durch objektive Erwägungen gerechtfertigt sein können.[71] Diese Rechtfertigungsmöglichkeit gilt sowohl für unmittelbare als auch für mittelbare Diskriminierungen.[72] Im Hinblick auf Art. 52 Abs. 1 S. 1 GRCh, der besagt, dass jede Einschränkung der Ausübung der in der Charta anerkannten Rechte und Freiheiten gesetzlich vorgesehen sein muss, wird für eine Rechtfertigungsmöglichkeit jedenfalls bei unmittelbaren Diskriminierungen eine gesetzliche Grundlage gefordert.[73] Die Tatsache, dass Einschränkungen von Rechten aus der Charta möglich sein sollen, führt somit zwangsläufig zu dem Ergebnis, dass Diskriminierungen grundsätzlich gerechtfertigt werden können.

Einen Aufschluss darüber, welchen Maßstab die Rechtfertigung haben muss, gibt wiederum Art. 52 Abs. 1 GRCh. Gemäß Art. 52 Abs. 1 S. 2 GRCh dürfen Einschränkungen unter Wahrung des Grundsatzes der Verhältnismäßigkeit nur vorgenommen werden, wenn sie erforderlich sind und den von der Union anerkannten dem Gemeinwohl dienenden Zielsetzungen oder den Erfordernissen des Schutzes der Rechte und Freiheiten anderer tatsächlich entsprechen. Diese Formulierung bedeutet nichts anderes als eine Verhältnismäßigkeitsprüfung, d.h.

---

70 *Streinz*, in: ders. – EUV/AEUV, 2. Aufl. 2012, Art. 21 GRCh Rn. 4.

71 *Rossi*, in: Calliess/Ruffert – EUV/AEUV, 4. Aufl. 2011, Art. 21 GRCh Rn. 9; *Jarass*, in: ders. – GRCh, 2. Aufl. 2013, Art. 21 Rn. 26; *Folz*, in: Vedder/Heintschel von Heinegg – Europ. Unionsrecht-Hk., Art. 20 GRCh Rn. 6. Dies gilt grundsätzlich auch für Fälle, in denen Unterscheidungen aufgrund der Rasse oder Hautfarbe vorgenommen werden, obwohl sich bei diesen Merkmalen kaum eine Rechtfertigung konstruieren lässt, vgl. *Graser*, in: Schwarze – EU-Kommentar, 3. Aufl. 2012, Art. 21 GRCh Rn. 8.

72 *Hölscheidt*, in: Meyer – GRCh, 4. Aufl. 2014, Art. 21 Rn. 36; *Graser*, in: Schwarze – EU-Kommentar, 3. Aufl. 2012, Art. 21 GRCh Rn. 7, mit dem Verweis auf Regelungen zum Wahlalter; a.A. *Folz*, in: Vedder/Heintschel von Heinegg – Europ. Unionsrecht-Hk., Art. 20 GRCh Rn. 6, der davon ausgeht, dass unmittelbare Diskriminierungen nicht gerechtfertigt werden können.

73 *Streinz*, in: ders. – EUV/AEUV, 2. Aufl. -2012, Art. 21 GRCh Rn. 7; *Jarass*, in: ders. – GRCh, 2. Aufl. 2013, Art. 21 Rn. 26.

die Diskriminierung muss zur Erreichung des mit der Ungleichbehandlung verfolgten Ziels geeignet, erforderlich und angemessen sein.[74] Die durchzuführende Verhältnismäßigkeitsprüfung ist jedoch insofern besonders, da sie strengeren Anforderungen unterliegen muss als eine gewöhnliche Verhältnismäßigkeitsprüfung. Dies ergibt sich aus folgender Überlegung: Bei sachbezogenen Fällen von Ungleichbehandlungen ist der allgemeine Gleichheitssatz gemäß Art. 20 GRCh anwendbar, der ebenfalls eine Verhältnismäßigkeitsprüfung im Rahmen der Rechtfertigung vorsieht.[75] Die Tatsache, dass Art. 21 Abs. 1 GRCh stets an personenbezogene Merkmale anknüpft, die in engem Zusammenhang mit dem Grundsatz der Unverletzlichkeit der Menschenwürde stehen, zeigt, dass die Verhältnismäßigkeitsprüfungen in Art. 20 und 21 GRCh nicht einheitlich beurteilt werden können. Aus dem Bezug zur Menschenwürde folgt, dass – im Gegensatz zur Rechtfertigungsprüfung i.R.d. allgemeinen Gleichheitsgrundsatzes – gesteigerte Anforderungen an die Rechtfertigung von Diskriminierungen zu stellen sind.[76] Teilweise wird zudem angenommen, dass den in Art. 21 Abs. 1 GRCh genannten personenbezogenen bzw. genetischen Merkmalen eine Vermutung der Sachwidrigkeit der Diskriminierung zukommt.[77] Letztere Erwägung lässt sich auf rechtsphilosophische Grundsätze zurückführen, auf die noch näher eingegangen wird.

Zudem muss im Rahmen der Prüfung der Verhältnismäßigkeit nicht nur beachtet, werden, dass ein strengerer Maßstab als beim allgemeinen Gleichheitssatz angesetzt werden muss. Vielmehr hat sich die Prüfung der Verhältnismäßigkeit auch auf das konkrete Diskriminierungsmerkmal auszurichten. Angesichts der Vielzahl und Heterogenität der aufgelisteten Merkmale ist diese weitere Differenzierung unbedingt geboten.[78] Geht es bspw. um das Merkmal Rasse/ ethnische Herkunft im Bereich des allgemeinen Zivilrechts kann eine Rechtfertigung für eine Diskriminierung gänzlich ausgeschlossen sein. Beim Merkmal Geburt dürfte davon auszugehen sein, dass an den Verhältnismäßigkeitsgrundsatz höhere Anforderungen zu stellen sind als beim Merkmal Vermögen. Das Merkmal Alter dürfte in der „Leiter“ der Diskriminierungsmerkmale etwas unterhalb des Merkmals Geschlecht, aber wohl oberhalb des Merkmals Vermögen anzusiedeln

---

74 *Jarass*, in: ders. – GRCh, 2. Aufl. 2013, Art. 21 Rn. 28.

75 *Graser*, in: Schwarze – EU-Kommentar, 3. Aufl. 2012, Art. 20 GRCh Rn. 1 ff.

76 *Graser*, in: Schwarze – EU-Kommentar, 3. Aufl. 2012, Art. 21 GRCh Rn. 7; *Sachs*, in: Tettinger/Stern – GRCh, Art. 21 Rn. 23.

77 *Sachs*, in: Tettinger/Stern – GRCh, Art. 21 Rn. 21.

78 *Graser*, in: Schwarze – EU-Kommentar, 3. Aufl. 2012, Art. 21 GRCh Rn. 8; *Rossi*, in: Calliess/Ruffert – EUV/AEUV, 4. Aufl. 2011, Art. 21 GRCh Rn. 9.

sein. Jedenfalls wird eine Zwangsversetzung in den Ruhestand bei Erreichung eines bestimmten Lebensalters zur Bekämpfung der Arbeitslosigkeit als verhältnismäßig und damit gerechtfertigte Diskriminierung angesehen.[79]

c) *Zwischenergebnis*

Das Diskriminierungsverbot in Art. 21 Abs. 1 GRCh enthält eine unmittelbar anwendbare Vorschrift, welche auch für die Mitgliedstaaten verbindlich ist, sofern diese im Anwendungsbereich des Unionsrechts handeln. Es gilt unabhängig vom Lebensalter und sowohl bei unmittelbaren als auch bei mittelbaren Diskriminierungen. Diskriminierungen können jedoch gerechtfertigt werden. Im Rahmen der Rechtfertigungsprüfung ist jedoch zu beachten, dass die Anwendung des Grundsatzes der Verhältnismäßigkeit zum einen eher restriktiv auszufallen hat und zum anderen maßgeblich vom dem jeweiligen Diskriminierungsmerkmal abhängt.

4. *Art. 25 GRCh*

Art. 25 GRCh normiert, dass die Union das Recht älterer Menschen auf ein würdiges und unabhängiges Leben und auf Teilnahme am sozialen und kulturellen Leben anerkennt und achtet. Der Grund für die Schaffung der Vorschrift liegt darin, dass erst in jüngerer Zeit das Alter als eigenständiger Lebensabschnitt gesehen wird, in dem besondere Bedürfnisse und Einschränkungen auftreten.[80] Im Gegensatz zu Art. 21 Abs. 1 GRCh handelt es sich nach allgemeiner Ansicht nicht um ein einklagbares subjektives Recht, sondern lediglich um einen Grundsatz.[81] Grundsätze können gemäß Art. 52 Abs. 5 GRCh vor Gericht nur bei der Auslegung von Akten der Mitgliedstaaten zur Durchführung des Rechts der Union und bei Entscheidungen über deren Rechtmäßigkeit herangezogen werden. In gewisser Weise geht Art. 25 GRCh auch über den Aspekt der Diskriminierung hinaus, da er generell auf die besondere Schutzbedürftigkeit älterer Menschen hinweist.[82] Sowohl letzteres als auch die Tatsache, dass lediglich ein zu berücksichtigender Grundsatz festgelegt wird, zeigen, dass Art. 25 GRCh im Hinblick auf die Thematik der Arbeit zu vernachlässigen ist.

---

79 Dieses Beispiel nennt *Jarass*, in: ders. – GRCh, 2. Aufl. 2013, Art. 21 Rn. 29.

80 *Kingreen*, in: Calliess/Ruffert – EUV/AEUV, 4. Aufl. 2011, Art. 25 GRCh Rn. 1.

81 *Ross*, in: Schwarze – EU-Kommentar, 3. Aufl. 2012, Art. 25 GRCh Rn. 1; *Jarass*, in: ders. – GRCh, 2. Aufl. 2013, Art. 25 Rn. 3.

82 *Mann*, in: Tettinger/Stern – GRCh, Art. 25, Rn. 10.

IV. Richtlinie 2000/78/EG

Das Diskriminierungsmerkmal Alter hat auch im europäischen Sekundärrecht seine Verankerung gefunden. Die Richtlinie 2000/78/EG[83], die sog. Rahmen-RL Beschäftigung/ Beruf[84], benennt neben anderen Diskriminierungsmerkmalen auch dasjenige des Alters. In materieller Hinsicht erfasst die Richtlinie lediglich den Bereich des Arbeitsrechts. Das allgemeine Zivilrecht wird hingegen nicht berührt. Ebenso wie Art. 21 GRCh statuiert auch die Rahmen-RL Beschäftigung/ Beruf subjektive Rechte. Diese Rechte basieren zwar auf den in der Richtlinie erwähnten Diskriminierungsverboten; sie haben jedoch genau wie im Rahmen des Art. 21 GRCh keinen absoluter Charakter. Die Richtlinie sieht also die Möglichkeit der Rechtfertigung von Diskriminierungen vor. Bei der Rechtfertigung kommt wiederum dem Grundsatz der Verhältnismäßigkeit entscheidendes Gewicht zu. Auf die Rahmen-RL Beschäftigung/ Beruf wird noch vertieft zurückzukommen sein.

V. Rechtsprechung des EuGH

Noch bevor das primärrechtliche Verbot von Altersdiskriminierungen in Art. 21 Abs. 1 GRCh kodifiziert wurde, ergingen im Hinblick auf das Verbot der Altersdiskriminierung viel beachtete Entscheidungen des EuGH.

1. Rechtssache „Mangold“

In der Rechtssache „Mangold“[85] ging es um die Vereinbarkeit der damaligen Regelung des § 14 Abs. 3 S. 1 und 4 TzBfG[86] mit dem europäischen Primärrecht. § 14 Abs. 3 S. 1 und 4 TzBfG sahen vor, dass eine Befristung des Arbeitsvertrages ohne sachlichen Grund zulässig war, sofern der Arbeitnehmer bei Beginn des befristeten Arbeitsverhältnisses ein bestimmtes Lebensalter vollendet hatte. In

---

83 Richtlinie 2000/78/EG des Rates vom 27. November 2000 zur Festlegung eines allgemeinen Rahmens für die Verwirklichung der Gleichbehandlung in Beschäftigung und Beruf.

84 Im Folgenden wird zum leichteren Verständlichkeit sowohl bei Artikelangaben als auch im Fließtext der jeweilige Kurzname der Richtlinie, z.B. Rahmen-RL Beschäftigung/ Beruf, Antirassismus-RL u.a., angegeben. Ferner steht die Abkürzung RL für Richtlinie.

85 EuGH, Urteil v. 22.11.2005 – Rs. C-144/04; Slg. 2005, I-9981 ff. (Mangold).

86 Gesetz über Teilzeitarbeit und befristete Arbeitsverträge (Teilzeit- und Befristungsgesetz – TzBfG) v. 21. Dezember 2000 (BGBl. I S. 1966), zuletzt geändert durch Art. 23 Gesetz zur Verbesserung der Eingliederungschancen am Arbeitsmarkt v. 20. Dezember 2011 (BGBl. I S. 2854).

Umsetzung der Richtlinie 1999/70/EG[87], die sich im Wesentlichen auf die Umsetzung einer Rahmenvereinbarung über befristete Arbeitsverträge der europäischen Sozialpartner EGB, UNICE[88] und CEEP bezog, wurde diese Altersgrenze zunächst von 60 auf 58 Jahre gesenkt. Diese erste Absenkung erfolgte innerhalb der Umsetzungsfrist bis zum 10. Juli 2001.[89] Nach Ablauf der Umsetzungsfrist beschloss der Gesetzgeber im Jahre 2002 eine weitere Absenkung der Altersgrenze von 58 auf 52 Jahre.[90] Die weitere Absenkung erlaubte es, mit Arbeitnehmern, die das 52. Lebensjahr vollendet haben, uneingeschränkt befristete Arbeitsverträge abzuschließen. Das Arbeitsgericht München hatte im Oktober 2003 über einen Fall zu entscheiden, in dem ein Rechtsanwalt einen 56 Jahre alten Arbeitnehmer befristet ohne sachlichen Grund eingestellt hatte. Im Rahmen dieses Verfahrens legte das Gericht dem EuGH im Wege des Vorabentscheidungsverfahrens u.a. die Fragen vor, ob § 14 Abs. 3 S. 1 und 4 TzBfG gegen die Richtlinie 1999/70/EG oder gegen die Rahmen-RL Beschäftigung/ Beruf verstößt.[91] Zu beachten war dabei, dass im Jahre 2002 die Frist für die Umsetzung der Rahmen-RL Beschäftigung/ Beruf noch nicht abgelaufen war.[92]

Der EuGH stellte zunächst fest, dass die Regelung des § 14 Abs. 3 TzBfG nicht gegen die Richtlinie 1999/70/EG verstößt.[93] Im Rahmen der Prüfung, ob § 14 Abs. 3 TzBfG gegen die Rahmen-RL Beschäftigung/ Beruf verstößt, führte der EuGH aus, dass § 14 Abs. 3 TzBfG an der Rahmen-RL Beschäftigung/ Beruf zu messen sei und eine unmittelbar auf dem Alter beruhende Ungleichbehandlung begründe.[94] Im Anschluss an diese Feststellung wies er auf die Möglichkeit einer Rechtfertigung hin.[95] Der Gerichtshof kam jedoch zu dem Schluss, dass § 14 Abs. 3

---

87 Richtlinie 1999/70/EG v. 28. Juni 1999 zu der EGB-UNICE-CEEP-Rahmenvereinbarung über befristete Arbeitsverträge.

88 Mittlerweile firmiert dieser europäische Arbeitgeberverband unter BUSINESSEUROPE.

89 Die Umsetzungsfrist ergibt sich aus Artikel 2 RL 1999/70/EG.

90 Angefügt durch § 14 Abs. 3 S. 4 mit Wirkung v. 1. Januar 2003 durch Gesetz v. 23. Dezember 2002 (BGBl. I S. 4607).

91 ArbG München, Vorlagebeschluss v. 29.10.2003 – 26 Ca 14314/03; NZA-RR 2005, 43 ff.

92 Gemäß Art. 18 Rahmen-RL Beschäftigung/ Beruf mussten die Mitgliedstaaten die Richtlinie bis zum 2. Dezember 2003 umsetzen.

93 Dies begründete der EuGH zum einen damit, dass sich die Richtlinie lediglich auf Mehrfachbefristungen beziehe; im zu entscheidenden Fall enthielt der Arbeitsvertrag jedoch eine erstmalige Befristung. Zum anderen sei die Herabsetzung des Alters aufgrund der Beschäftigungsförderung gerechtfertigt, vgl. EuGH, Urteil v. 22.11.2005 – Rs. C-144/04; Slg. 2005, I-9981, 10032 ff.,Tz. 40 ff. (Mangold).

94 EuGH, Urteil v. 22.11.2005 – Rs. C-144/04; Slg. 2005, I-9981, 10035 f.,Tz. 57 (Mangold).

95 EuGH, Urteil v. 22.11.2005 – Rs. C-144/04; Slg. 2005, I-9981, 10036.,Tz. 58 (Mangold).

TzBfG nicht aufgrund der Regelungen der Rahmen-RL Beschäftigung/ Beruf gerechtfertigt werden könne, da das Lebensalter als einziges Abgrenzungskriterium ohne Ausnahmebestimmungen für einzelne Arbeitnehmer zur Erreichung des Ziels der Richtlinie, d.h. der Förderung der Eingliederung von älteren Arbeitnehmern[96], nicht erforderlich und angemessen sei.[97] Im Übrigen führte der EuGH aus, dass die zu dem Zeitpunkt noch laufende Umsetzungsfrist diesem Ergebnis nicht entgegen stehe. Denn zum einen dürften die Mitgliedstaaten aufgrund der bisherigen Rechtsprechung des EuGH während der Umsetzungsfrist einer Richtlinie keine Vorschriften erlassen, die geeignet sind, die Erreichung des in der Richtlinie vorgeschriebenen Ziels ernstlich in Frage zu stellen.[98] Zum anderen sei das Verbot der Diskriminierung wegen des Alters als ein allgemeiner Grundsatz des Gemeinschaftsrechts anzusehen, sodass es gar nicht entscheidend auf die Rahmen-RL Beschäftigung/ Beruf ankomme.[99] Dieser allgemeine Grundsatz wurde aus verschiedenen völkerrechtlichen Verträgen und den gemeinsamen Verfassungstraditionen der Mitgliedstaaten hergeleitet.[100]

Damit äußerte sich der EuGH erstmals zu einem bestehenden ungeschriebenen allgemeinen Rechtsgrundsatz des Verbots der Altersdiskriminierung. Die judikative Manifestation dieses Rechtsgrundsatzes wurde in der Folge des Urteils teils scharf kritisiert.[101] Ausgangspunkt der Kritik war dabei stets die Herleitung des Rechtsgrundsatzes aus völkerrechtlichen Verträgen und den gemeinsamen Verfassungstraditionen der Mitgliedstaaten.[102] Im Hinblick auf die

---

96 Vgl. Art. 6 Abs. 1 lit. a) der Rahmen-RL Beschäftigung/ Beruf.

97 EuGH, Urteil v. 22.11.2005 – Rs. C-144/04; Slg. 2005, I-9981, 10037 f., Tz. 65 (Mangold).

98 EuGH, Urteil v. 18.12.1997 – Rs. C-129/96; Slg. 1997, I-7411, 7449 Tz. 45 (Inter-Environnement Wallonie).

99 EuGH, Urteil v. 22.11.2005 – Rs. C-144/04; Slg. 2005, I-9981, 10039 f., Tz. 74 f. (Mangold). Der EuGH spricht in dieser Entscheidung richtigerweise noch vom Gemeinschaftsrecht, da die Entscheidung vor Inkrafttreten des Vertrags von Lissabon erging. Richtigerweise muss vor dem Inkrafttreten des Vertrags von Lissabon von Gemeinschaftsrecht und seitdem von Unionsrecht gesprochen werden. Nachfolgend wird in der Weise verfahren, dass grds. der Begriff Unionsrecht verwendet wird, es sei denn, es wird auf Entscheidungen oder Werke Bezug genommen, die vor dem Inkrafttreten des Vertrages von Lissabon erschienen sind.

100 EuGH, Urteil v. 22.11.2005 – Rs. C-144/04; Slg. 2005, I-9981, 10039 f., Tz. 74 (Mangold).

101 So *Streinz/Herrmann*, RdA 2007, 165, 168 f.; *Preis*, NZA 2006, 401, 404 ff.

102 *Körner*, NZA 2005, 1395 (1396); *Streinz/Herrmann*, RdA 2007, 165, 168 f.; *Preis*, NZA 2006, 401, 406; a.A. *Temming*, NJW 2008, 3404, 3404 f. der den Begründungsansatz des EuGH verteidigt.

gemeinsamen Verfassungstraditionen wurde vielfach darauf hingewiesen, dass lediglich die finnische und die portugiesische Verfassung, letztere lediglich im Hinblick auf das Arbeitsrecht, ein solches Verbot statuierten.[103] Es gab jedoch auch Literaturstimmen, die das Urteil im Hinblick auf den damaligen Art. 13 EGV und den noch nicht verbindlichen, aber zum damaligen Zeitpunkt bereits existierenden Art. 21 GRCh als naheliegend befürworteten.[104] Jedenfalls sah das BVerfG in der Mangold-Entscheidung keine Überschreitung der in der Maastricht-Entscheidung des BVerfG[105] aufgestellten kompetenzrechtlichen Grenzen des EuGH.[106] Auch spricht vieles dafür, dass sich der EuGH der Tragweite seiner Entscheidung durchaus bewusst war. Dies zeigen die weiteren Entscheidungen, in denen der neu akzentuierte Rechtsgrundsatz bestätigt wurde.

2. *Weitere Entscheidungen*

Nach der Mangold-Entscheidung wurde die Frage nach dem Bestehen eines primärrechtlichen Altersdiskriminierungsverbots zunächst in der Rechtssache „Palacios"[107] relevant. In dieser Rechtssache ging es um die Zulässigkeit einer spanischen Regelung, die vorsah, dass aufgrund einer gesetzlichen Ermächtigung der Eintritt des Rentenalters den Tarifvertragsparteien überlassen werden konnte. Mit Blick auf die Mangold-Entscheidung ist zu betonen, dass der Generalanwalt *Mazák* am Ende seiner Schlussanträge beantragte, einen allgemeinen Grundsatz des Verbots der Altersdiskriminierung unberücksichtigt zu lassen.[108] Zwar äußerte sich der EuGH in dem Urteil nicht ausdrücklich zu diesem Antrag des Generalanwalts, was in der Literatur jedoch nicht als eine Abkehr von der Mangold-Entscheidung angesehen, sondern vielmehr auf die Unterschiedlichkeit der beiden Sachverhalte zurückgeführt wurde.[109] Jedoch sprach der EuGH – unbeirrt vom Antrag des Generalanwalts – davon, dass in der Richtlinie 2000/78/EG das Verbot

103 *Preis*, NZA 2006, 401, 406; *Pötters/Traut*, ZESAR 2007, 267, 272; *Streinz/Herrmann*, RdA 2007, 165, 168.

104 *Huster*, EuR 2010, 325, 335 f., der auch die Frage stellt, ob es nicht ein größerer Affront gegenüber dem europäischen Gesetzgeber gewesen wäre, wenn der EuGH die Rechtsentwicklung in der Europäischen Union hinsichtlich der Problematik von Altersgrenzen völlig außen vor gelassen hätte.

105 BVerfG, Urteil v. 12.10.93 – 2 BvR 2134, 2159/92; BVerfGE 89, 155 ff. (Maastricht).

106 BVerfG, Beschl. v. 06.07.2010 – 2 BvR 2661/06; BVerfGE 126, 286 ff. (Honeywell).

107 EuGH, Urteil v. 16.10.2007 – Rs. C-411/05; Slg. 2007, I-8531 ff. (Palacios de la Villa).

108 Schlussanträge des Generalanwalts *Mazák* v. 15.02.2007 – Rs. C-411/05; Slg. 2007, I-8531, 8564, Tz. 138 (Palacios de la Villa).

109 *Thüsing*, RdA 2008, 51, 52.

jeglicher Diskriminierung wegen des Alters konkretisiert sei.[110] Damit bestätigte der Gerichtshof zumindest mittelbar ein primärrechtliches Verbot der Altersdiskriminierung.[111]

In der Rechtssache „Kücükdeveci“[112] wurde der EuGH deutlicher: In dieser Rechtssache ging es um die Vereinbarkeit des § 622 Abs. 2 S. 2 BGB[113] mit dem Europarecht. § 622 Abs. 2 S. 2 BGB sieht vor, dass vor Vollendung des 25. Lebensjahres liegende Beschäftigungszeiten des Arbeitnehmers bei der Berechnung der allgemeinen Kündigungsfrist des Arbeitgebers nicht berücksichtigt werden. Der EuGH bestätigte zunächst den in der Mangold-Entscheidung aufgestellten Ansatz, dass ein Verbot der Altersdiskriminierung bestehe, welches als ein allgemeiner Grundsatz des Unionsrechts anzusehen sei.[114] Zudem weist er auf Art. 21 GRCh hin, der ein Verbot der Altersdiskriminierung beinhalte[115] ohne dabei jedoch konkreter auf das Verhältnis von Art. 21 GRCh zum dem angesprochenen allgemeinen Unionsgrundsatz einzugehen. In materieller Hinsicht stellte der Gerichtshof fest, dass die Regelung des § 622 Abs. 2 S. 2 BGB gegen jenes primärrechtliche Verbot der Altersdiskriminierung verstoße.[116]

VI. Verhältnis der GRCh zur Rechtsprechung des EuGH

Nach Inkrafttreten der GRCh mit dem Vertrag von Lissabon stellt sich nunmehr die Frage des Verhältnisses vom vor der Charta durch den EuGH anerkannten allgemeinen Rechtsgrundsatz des Verbots der Altersdiskriminierung zu Art. 21 GRCh. Art. 6 Abs. 3 EUV besagt, dass die Grundrechte, wie sie in der EMRK[117]

---

110 EuGH, Urteil v. 16.10.2007 – Rs. C-411/05; Slg. 2007, I-8531, 8594, Tz. 77 (Palacios de la Villa).

111 *Ziegenhorn*, NVwZ 2010, 803, 805; a.A. *Temming*, NZA 2007, 1193, 1197 und *Pötters/Traut*, ZESAR 2007, 267, 270, die fälschlicherweise von einer Nichterwähnung des primärrechtlichen Verbots der Altersdiskriminierung sprechen.

112 EuGH, Urteil v. 19.01.2010 – Rs. C-555/07; Slg. 2010, I-365 ff. (Kücükdeveci).

113 Bürgerliches Gesetzbuch (BGB) in der Fassung der Bekanntmachung v. 2. Januar 2002 (BGBl. I S. 42, ber. S. 2909 und BGBl. 2003 I S. 738), zuletzt geändert durch Art. 1 Gesetz zur Änderung des Unterhaltsrechts und des Unterhaltsverfahrensrechts sowie zur Änderung der ZPO und kostenrechtlicher Vorschriften v. 20. November 2015 (BGBl. I S. 2018).

114 EuGH, Urteil v. 19.01.2010 – Rs. C-555/07; Slg. 2010, 365, 407, Tz. 21 (Kücükdeveci).

115 EuGH, Urteil v. 19.01.2010 – Rs. C-555/07; Slg. 2010, 365, 408, Tz. 22 (Kücükdeveci).

116 EuGH, Urteil v. 19.01.2010 – Rs. C-555/07; Slg. 2010–1, 365, 411 f., Tz. 43 (Kücükdeveci).

117 Konvention zum Schutz der Menschenrechte und Grundfreiheiten (Europäische Menschenrechtskonvention – EMRK) v. 4. November 1950 (BGBl. 1952 II S. 685,

gewährleistet sind und wie sie sich aus den gemeinsamen Verfassungsüberlieferungen der Mitgliedstaaten ergeben, als allgemeine Grundsätze Teil des Unionsrechts sind. Damit wird auf die ungeschriebenen, durch die Judikatur des EuGH bereits vor Inkrafttreten der Charta anerkannten Grundrechte Bezug genommen.[118] Somit wird auch das Verbot der Altersdiskriminierung als allgemeiner Rechtsgrundsatz erfasst. Aufgrund der Tatsache, dass dieses Verbot nunmehr ausdrücklich in der GRCh benannt ist, dürfte der in Art. 21 GRCh geschriebene Rechtsgrundsatz dem ungeschriebenen vom EuGH zuvor entwickelten Rechtsgrundsatz vorgehen.[119] Der Verweis auf die bisherige Rechtsprechung des EuGH in Art. 6 Abs. 3 EUV dürfte zum einen so zu verstehen sein, dass der Gerichtshof nach wie vor in der Lage sein soll, den Grundrechtekatalog der Charta anpassen und erweitern zu können.[120] Zum anderen soll wohl die bisherige Rechtsprechung die Grundlage für die Auslegung der Charta bilden.[121]

VII. Zwischenergebnis

Insbesondere die Rechtsprechung in der Entscheidung „Mangold" zeigt, dass der EuGH bereits mehrere Jahre bevor die GRCh durch den Lissabon-Vertrag auf die Ebene des Primärrechts gehoben wurde, von einem Verbot der Altersdiskriminierung im europäischen Primärrecht ausging. Dies wurde zunächst heftig kritisiert. Die auf das Mangold-Urteil folgende kontrovers geführte Debatte hat sich mittlerweile jedoch aus gutem Grunde gelegt. Die generelle Statuierung eines Verbots der Altersdiskriminierung in Art. 21 Abs. 1 GRCh hat der Diskussion um die umstrittene Mangold-Entscheidung den Nährboden entzogen. Auch eine Auffassung dahingehend, dass das vom EuGH festgelegte Verbot der

---

ber. S. 953), von der Bundesrepublik Deutschland gemäß Bekanntmachung v. 15. Dezember 1953 (BGBl. 1954 II S. 14) am 23. November 1953 in Kraft getreten und am 5. Dezember 1952 ratifiziert, in der Fassung der Bekanntmachung v. 22. Oktober 2010 (BGBl. II S. 1198), zuletzt geändert durch 15. EMRK-Protokoll v. 24. Juni 2013 (BGBl. II S. 1034).

118 *Hatje*, in: Schwarze – EU-Kommentar, 3. Aufl. 2012, Art. 6 EUV Rn. 16.

119 So auch *Kingreen*, in: Calliess/Ruffert – EUV/AEUV, 4. Aufl. 2011, Art. 6 EUV Rn. 17; i.E. auch *Hatje*, in: Schwarze – EU-Kommentar, 3. Aufl. 2012, Art. 6 EUV Rn. 17, der jedoch fälschlicherweise eine Norm der Charta als *„speziellere Norm"* ansieht.

120 Entwurf des Europäischen Verfassungskonvents für Artikel des Vertrags über eine Verfassung für Europa – CONV 528/03 v. 6. Februar 2003, S. 13, unter http://european-convention.europa.eu/pdf/reg/de/03/cv00/cv00528.de03.pdf, zuletzt abgerufen am 09. Januar 2016.

121 *Kingreen*, in: Calliess/Ruffert – EUV/AEUV, 4. Aufl. 2011, Art. 6 EUV Rn. 18.

Altersdiskriminierung lediglich für den Bereich des Arbeitsrechts gelte, da die Entscheidungen „Mangold", „Palacios" und „Kücükdeveci" allesamt dem Arbeitsrecht zuzuordnen sind, kann mit der Einbeziehung des Diskriminierungsmerkmals Alter in den Katalog von Art. 21 GRCh nicht länger gefolgt werden. Das Verbot der Altersdiskriminierung in seiner richterrechtlichen Ausprägung gilt daher für jegliche Rechtsbereiche.

C. Das Diskriminierungsmerkmal Alter im nationalen Recht

I. Kodifiziertes Recht

1. Grundgesetz

Das Grundgesetz führt das Diskriminierungsmerkmal Alter im Gegensatz zu anderen Diskriminierungsmerkmalen nicht explizit auf. Art. 3 Abs. 3 S. 1 GG bestimmt, dass niemand wegen seines Geschlechtes, seiner Abstammung, seiner Rasse, seiner Sprache, seiner Heimat und Herkunft, seines Glaubens oder wegen seiner religiösen oder politischen Anschauungen benachteiligt oder bevorzugt werden darf. Art. 3 Abs. 3 S. 2 GG besagt, dass niemand wegen seiner Behinderung benachteiligt werden darf. Die unterlassene Erwähnung des Merkmals Alter in Art. 3 GG dürfte sich aus dem Umstand ergeben, dass eine Differenzierung nach dem Lebensalter erst in der jüngeren Vergangenheit in die Diskriminierungsdebatte einbezogen wurde. Auch wenn von einzelnen Stimmen in der Literatur in Reaktion auf das Mangold-Urteil des EuGH dafür plädiert wurde, den Merkmalskatalog im Grundgesetz zu ergänzen[122], scheidet eine erweiternde Auslegung des Merkmalkatalogs in der Hinsicht, dass auch das Merkmal Alter erfasst ist, aus. Art. 3 Abs. 3 S. 1 GG ist nämlich im Hinblick auf die erwähnten Merkmale als abschließend anzusehen.[123]

Das Diskriminierungsmerkmal Alter könnte jedoch über den allgemeinen Gleichheitssatz Anwendung finden.[124] Gemäß Art. 3 Abs. 1 GG sind alle Menschen vor dem Gesetz gleich. Grundsätzlich besteht jedenfalls die Möglichkeit weitere Merkmale, die nicht von Art. 3 Abs. 3 GG erfasst sind, in den Anwendungsbereich des allgemeinen Gleichheitssatzes einzubeziehen, was zu sog.

---

122 Diesen Vorschlag unterbreitet *Preis* in NZA 2006, 401, 410.

123 *Dürig*, in: Maunz-Dürig – GG; Stand: Oktober 1996; Art. 3 Abs. 3 Rn. 27; *Kischel*, in: Beckscher Online-Kommentar – GG, Stand: 1. März 2014, Art. 3 Rn. 231.

124 *Heun*, in: Dreier – GG, 3. Aufl. 2013, Art. 3 Rn. 126.

Quasi- Diskriminierungsverboten führt.[125] Jedoch kann aus dem Umstand, dass das personenbezogene Merkmal Alter in den letzten Jahren zunehmend in den Fokus der Rechtswissenschaft gerückt ist, nicht zwangsläufig geschlossen werden, dass mit der begonnenen Debatte nunmehr das Merkmal Alter automatisch in den Anwendungsbereich von Art. 3 Abs. 1 GG fällt. Dennoch wird vereinzelt vertreten, das Diskriminierungsmerkmal Alter falle unter den allgemeinen Gleichheitssatz, woraus ein Verbot der Altersdiskriminierung resultiere.[126] Diese Aussage dürfte in der konkret geäußerten Form problematisch sein. Zwar ist sie nicht per se unzutreffend, denn jeder Lebenssachverhalt und damit auch ein Lebenssachverhalt, in dem z.B. zwei Personen gleichen Alters ungleich behandelt werden oder zwei Personen ungleichen Alters gleich behandelt werden, kann am allgemeinen Gleichheitssatz aus Art. 3 Abs. 1 GG gemessen werden. Der allgemeine Gleichheitssatz soll gerade allgemein, d.h. umfassend gelten. Dennoch suggeriert diese Aussage, dass das Diskriminierungsmerkmal Alter bereits in der Dogmatik des Art. 3 Abs. 1 GG ein fester Bestandteil ist, was bislang jedoch nicht der Fall ist. Diskriminierungsmerkmale, die nicht in Art. 3 Abs. 3 S. 1 GG genannt sind, den genannten Merkmalen aber strukturell ähnlich sind, bzw. daraus resultierende Diskriminierungsverbote müssen erst durch die Rechtsprechung geschaffen werden und wohnen damit dem allgemeinen Gleichheitssatz nicht automatisch inne.[127] Solange das BVerfG durch seine Rechtsprechung das Diskriminierungsmerkmal Alter nicht auf der deutschen Verfassungsebene verankert oder der Wortlaut im Grundgesetz entsprechend verändert wird, hat das Merkmal Alter folglich keinen Verfassungsrang.

2. *Allgemeines Gleichbehandlungsgesetz*

Mit der Einführung des AGG in die deutsche Gesetzessystematik im Jahre 2006 fanden sich plötzlich Diskriminierungsmerkmale im Zivilrecht wieder. Neben dem Diskriminierungsmerkmal Alter, findet das AGG auch auf die Diskriminierungsmerkmale Rasse/ ethnische Herkunft, Geschlecht, Religion, Behinderung und sexuelle Identität[128] Anwendung. Dabei wird infolge der Einführung des AGG nicht lediglich das Arbeitsrecht als besonderes Teilgebiet des Zivilrechts

---

125 *Dürig*, in: Maunz-Dürig – GG; Stand: Oktober 1996; Art. 3 Abs. 3 Rn. 27; *Kischel*, in: Beckscher Online-Kommentar – GG, Stand: 15. Mai 2013, Art. 3 Rn. 139 f., 231.

126 So *Pötters/Traut*, ZESAR 2007, 267, 272.

127 Siehe unten unter C.II.

128 Teilweise wird als Synonym auch von sexueller Orientierung oder sexueller Ausrichtung gesprochen.

vom Anwendungsbereich der Diskriminierungsmerkmale, sondern auch das allgemeine Zivilrecht erfasst. Aufgrund der Tatsache, dass das AGG in seinem Anwendungsbereich sowohl das Diskriminierungsmerkmal Alter als auch private Versicherungen erfasst, bilden die gesetzlichen Vorschriften des AGG den zentralen Ausgangspunkt für die vorliegende Arbeit. Aus diesem Grund wird an dieser Stelle nicht weiter auf das AGG eingegangen. Eine dezidierte Darstellung der Regelungen des AGG erfolgt an späterer Stelle.[129]

3. *Sonstiges einfaches Bundesrecht*

In einfachen Bundesgesetzen spielt eine Differenzierung nach dem Lebensalter überwiegend bei diversen gesetzlichen Höchstaltersgrenzen für den Zugang zu einem Beruf oder die zwangsweise Aufgabe der Ausübung eines Berufs eine Rolle. Im Hinblick auf den Zugang zum Beruf kommen etwa Altershöchstgrenzen für die Einstellung in den Öffentlichen Dienst als Beamtin bzw. Beamter in Betracht.[130] Hinsichtlich einer zwangsweisen Aufgabe der beruflichen Tätigkeit lässt sich § 48a BNotO[131] anführen. Diese Norm bestimmt, dass ein Notar mit dem Erreichen des 70. Lebensjahres die Altersgrenze erreicht, was zur Folge hat, dass er die Tätigkeit als Notar von Gesetzes wegen nicht mehr ausüben darf. Derartige Altersregelungen spielen jedoch vorrangig auf dem Gebiet des Arbeitsrechts eine Rolle. Auch im Bereich des allgemeinen Zivilrechts sind Differenzierungen nach dem Alter relativ häufig. Sie betreffen u.a. die Geschäfts- und Deliktsfähigkeit, die Adoption und die Testierfähigkeit. Diese Altersgrenzen beruhen auf der wachsenden Selbstbestimmung junger Menschen.[132] Diese Bereiche sind jedoch nicht Gegenstand der vorliegenden Arbeit und sollen daher nicht näher untersucht werden.

II. Rechtsprechung der deutschen Gerichtsbarkeit

Die deutsche Rechtsprechung hält sich im Hinblick auf die Statuierung eines Verbots der Altersdiskriminierung zurück. Eine mögliche Prüfung von Altersregelungen am Maßstab des allgemeinen Gleichheitssatzes nach Art. 3 Abs. 1 GG hat das BVerfG bislang abgelehnt. Als Quasi-Diskriminierungsverbot hat es

129 Siehe hierzu insbesondere §§ 5 und 6 der Arbeit.

130 Zu diesem Themenkomplex: *Kühling/Bertelsmann*, NVwZ 2010, 87 ff.

131 Bundesnotarordnung (BNotO) in der Fassung der Bekanntmachung v. 24. Februar 1961 (BGBl. I S. 97), zuletzt geändert durch Art. 1 Gesetz zur Abwicklung der staatlichen Notariate in Baden-Württemberg v. 23. November 2015 (BGBl. I S. 2090).

132 *Mager*, FS für Franz Jürgen Säcker, 1075, 1080.

bisher lediglich das Merkmal der sexuellen Identität an Art. 3 Abs. 1 GG gemessen, wobei es in Anlehnung an die in Art. 3 Abs. 3 S. 1 GG genannten Merkmale eine strenge Rechtfertigungsprüfung durchführte.[133]

Altersregelungen wurden in der bislang ergangenen Rechtsprechung des BVerfG stets an der Berufsfreiheit gemäß Art. 12 Abs. 1 GG gemessen.[134] Dies war auch bei dem soeben erwähnten § 48a BNotO der Fall, in dem das BVerfG konstatierte, dass die Höchstaltersgrenze zur Wahrung einer funktionstüchtigen Rechtspflege durch eine geordnete Altersstruktur notwendig sei.[135] Auch andere Höchstaltersgrenzen hat das BVerfG stets als gerechtfertigt angesehen.[136] Zuletzt vermied das BVerfG in einem Fall, in dem es um die Zulässigkeit von Höchstaltersgrenzen für öffentlich bestellte und vereidigte Sachverständige ging, abermals eine Prüfung am Maßstab des allgemeinen Gleichheitssatzes.[137] Diese Weigerung erfolgte obwohl sich der Beschwerdeführer in seinem Antrag ausdrücklich auf eine Verletzung von Art. 3 Abs. 1 GG berief. Dies zeigt, dass das BVerfG (bislang) nicht gewillt ist, Altersdiskriminierungen am Maßstab des allgemeinen Gleichheitsgrundsatzes zu prüfen.

III. Zwischenergebnis

Bislang hat sich das BVerfG nicht dazu durchringen können, Differenzierungen anhand des Lebensalters am Maßstab des Art. 3 Abs. 1 GG zu prüfen. Solange dies nicht geschieht, kann ein Verbot der Altersdiskriminierung nicht als verfassungsrechtlicher Grundsatz angesehen werden. Die einfachgesetzlichen Bestimmungen, die an das Lebensalter als Differenzierungsmerkmal anknüpfen, betreffen zumeist das Arbeitsrecht und werden zudem vom BVerfG als gerechtfertigt angesehen.

D. Das Diskriminierungsmerkmal Alter in völkerrechtlichen Verträgen

Völkerrechtliche Verträge bedürfen zu ihrer Wirksamkeit eines Transformationsaktes. Gemäß Art. 59 Abs. 2 S. 1 GG ist dies bei Verträgen, die die politischen

---

133 Zuletzt BVerfG, Beschl. v. 07.05.2013 – 2 BvR 909/06, 2 BvR 1981/06 und 2 BvR 288/07 (Ausschluss eingetragener Lebenspartnerschaften vom Ehegattensplitting).

134 *Kischel*, in: Beckscher Online-Kommentar – GG, Stand: 1. März 2014, Art. 3 Rn. 139.

135 BVerfG, Beschl. v. 29.10.1992 – 1 BvR 1581/91; NJW 1993, 1575 f.

136 BVerfG, Beschl. v. 16.06.1959 – 1 BvR 71/57 in: BVerfGE 9, 338 ff. (Höchstaltersgrenze bei Hebammen), BVerfG, Beschl. v. 26.01.2007 – 2 BvR 2408/06 in: EuGRZ 2007, 231 ff. (Höchstaltersgrenze bei Piloten).

137 BVerfG, Beschl. v. 24.10.2011 – 1 BvR 1103/11; NVwZ 2012, 297 ff. (Höchstaltersgrenze für öffentlich bestellte und vereidigte Sachverständige).

Beziehungen des Bundes regeln oder sich auf Gegenstände der Bundesgesetzgebung beziehen[138], eine Zustimmung oder Mitwirkung der jeweils für die Bundesgesetzgebung zuständigen Körperschaften in der Form eines Bundesgesetzes. Die Transformation in Form eines Bundesgesetzes ist auch der Grund dafür, dass völkerrechtliche Verträge gegenüber nationalen Rechtsvorschriften keinen Vorrang genießen, sondern im Rang an gleicher Stelle wie einfache Bundesgesetze einzuordnen sind.[139]

Im Völkerrecht findet sich das Merkmal Alter bislang nicht ausdrücklich wieder. Weder die UN-Charta[140], die in Art. 1 Nr. 3 als Ziel der Vereinten Nationen die Förderung und Festlegung der „*Achtung vor den Menschenrechten und Grundfreiheiten für alle ohne Unterschied der Rasse, des Geschlechts, der Sprache oder der Religion*" vorsieht, noch die EMRK und der IPbpR[141] sehen eine ausdrückliche Bezugnahme auf das Merkmal Alter vor. Dies bedeutet jedoch nicht zwangsläufig, dass eine Einbeziehung des Merkmals Alter bei den genannten völkerrechtlichen Verträgen nicht in Betracht kommt. Eine Einbeziehung scheidet lediglich in Bezug auf Art. 1 Nr. 3 UN-Charta aus, da nach dessen Wortlaut, die Aufzählung der genannten Merkmale als abschließend anzusehen sein dürfte. Hingegen sind die Merkmalskataloge in der EMRK und im IPbpR abweichend konzipiert. Sowohl in Art. 14 EMRK als auch in Art. 2 Abs. 1 sowie in Art. 26 IPbpR verpflichten sich die Vertragsstaaten, die anerkannten Rechte des Vertrages ohne Unterschied insbesondere wegen des Geschlechts, der Rasse, der Hautfarbe, der Sprache, der Religion, der politischen oder sonstigen Anschauung, der nationalen oder sozialen Herkunft, der Zugehörigkeit zu einer nationalen Minderheit, des Vermögens, der Geburt oder eines sonstigen Status zu gewährleisten.[142] Sowohl die Verwendung des Wortes „insbesondere" als auch die Nennung eines „sonstigen Status" zeigt die Ausgestaltung der Artikel als Regelbeispiele bzw. offene Tatbestände.

---

138 Hierunter fallen sowohl die UN-Charta, als auch die EMRK und der IPbpR.

139 *Stein/v. Buttlar*, Völkerrecht, 13. Aufl. 2012, § 16 Rn. 213.

140 Charta der Vereinten Nationen (UN-Charta) v. 26. Juni 1945 (BGBl. 1973 II S. 430 – dt. Übersetzung, ber. BGBl. 1980 II S. 1252), von der der Bundesrepublik Deutschland gemäß Gesetz v. 6. Juni 1973 (BGBl. 1973 II S. 430) am 18. September 1973 in Kraft getreten und am 17. Dezember 1973 ratifiziert, zuletzt geändert durch Bekanntmachung über die Änderung des Art. 61 UN-Charta v. 22. April 1974 (BGBl. II S. 769).

141 Internationaler Pakt über bürgerliche und politische Rechte (IPbpR) v. 19. Dezember 1966 (BGBl. 1973 II S. 1533), von der Bundesrepublik Deutschland gemäß Bekanntmachung v. 14. Juni 1976 (BGBl. 1976 II S. 1068) 23. März 1976 in Kraft getreten und bereits am 17. Dezember 1973 ratifiziert.

142 Der IPbpR nennt im Gegensatz zur EMRK nicht das Merkmal der Zugehörigkeit zu einer nationalen Minderheit.

Demzufolge wird neben den genannten gängigen Merkmalen nach allgemeiner Ansicht auch das Merkmal Alter von der EMRK und dem IPbpR erfasst.[143]

E. Fazit

Das Diskriminierungsmerkmal Alter gewinnt innerhalb der Rechtsetzung und Rechtsprechung zunehmend an Bedeutung. Ältere Merkmalskataloge führen das Merkmal meist nicht auf, wohingegen neuere Kodifikationen es zunehmend enthalten. Grundlegend für den „Durchbruch" des Diskriminierungsmerkmals war sicherlich der Vertrag von Amsterdam aus dem Jahre 1999, mit dem Art. 13 EGV (jetzt: Art. 19 AEUV) in das europäische Primärrecht eingefügt wurde. Dieser Kompetenztitel ermöglicht ausdrücklich Regelungen, die Diskriminierungen aufgrund des Alters entgegentreten sollen. Mit der Rahmen-RL Beschäftigung/ Beruf aus dem Jahre 2000 wurde ein Instrument geschaffen, das einzelnen Personen ermöglichte, Rechte aufgrund von Altersdiskriminierungen im Bereich des Arbeitsrechts geltend zu machen. Mit seinem Urteil in der Rechtssache „Mangold" im Jahre 2005 wagte der EuGH den nächsten Schritt, in dem er das Verbot der Altersdiskriminierung als allgemeinen Rechtsgrundsatz ansah und damit dieses Verbot über den Bereich des Arbeitsrechts auf das gesamte Recht, also auch das allgemeine Zivilrecht, erstreckte. Diese Rechtsprechung wurde mit dem Inkrafttreten des Vertrags von Lissabon im Jahre 2009 kodifiziert. Denn Art. 21 Abs. 1 GRCh, der ein Verbot von Altersdiskriminierung als Grundrecht ansieht, ist seit dem Vertrag von Lissabon primäres Unionsrecht. Diese im europäischen Recht verankerte Entwicklung wirkt sich zwangsläufig auch auf das nationale Recht aus. Mit Inkrafttreten des AGG im Jahre 2006 findet sich das Diskriminierungsmerkmal Alter auch im kodifizierten Bundesrecht wieder. Auch völkerrechtliche Verträge, die auf derselben Ebene wie das Bundesrecht stehen, enthalten das Diskriminierungsmerkmal Alter. Nur der „Sprung" auf die nationale Verfassungsebene blieb dem Merkmal bislang verwehrt.

---

143 *Peukert*, in: Frowein/Peukert – EMRK, 3. Aufl. 2009, Art. 14 Rn. 33. Zwar bezieht sich *Peukert* lediglich auf die EMRK, jedoch kann davon ausgegangen werden, dass beide Verträge aufgrund ihres sehr ähnlichen Wortlauts einheitlich auszulegen sind (vgl. *Esser*, in: Löwe-Rosenberg – StPO, Bd. 11 – EMRK, IPbpR, 26. Aufl. 2012, Vorwort S. LXXV).

§ 3 Rechtsphilosophische Grundlagen des Diskriminierungsrechts

A. Der Begriff der Diskriminierung

Beschäftigt man sich aus rechtsphilosophischer Sicht mit dem Begriff Diskriminierung, so stellt man alsbald fest, dass in der Rechtsphilosophie dieser Begriff so gut wie nicht existent ist. Selbst neuere Schriften und Lehrbücher verwenden den Begriff nicht oder nur am Rande.[144] Dies bedeutet jedoch nicht, dass sich die Philosophen aus früherer Zeit Diskriminierungen nicht bewusst waren oder gar, dass es früher keinerlei Diskriminierungen gab. Vielmehr liegt es vordergründig an der Tatsache, dass das Wort Diskriminierung, wie wir es in heutiger Zeit verstehen, zu früheren Zeiten nicht verwendet wurde.

I. Semantischer Ursprung des Begriffs

Ursprünglich leitete sich das Wort Diskriminierung vom lateinischen Verb „*discriminare*" ab, welches trennen bzw. unterscheiden bedeutet.[145] Dies zeigt eine originäre wertneutrale Bedeutung des Wortes auf. Aus diesem Blickwinkel ist es durchaus verständlich, dass zu früherer Zeit das Wort Diskriminierung nicht in (rechts-)philosophischen Texten verwendet wurde. Das Augenmerk der früheren Philosophen galt vielmehr den Begriffen Gleichheit und Gerechtigkeit. Wie bzw. wann der Begriff der Diskriminierung zu seiner heute verstandenen Bedeutung kam, lässt sich nicht sicher feststellen. Es erscheint jedoch naheliegend, dass sich eine negativ besetzte Bedeutung des Wortes erst in jüngerer Vergangenheit im deutschen Sprachgebrauch durchgesetzt hat.[146]

II. Umgangssprachliche Verwendung des Begriffs

Heutzutage denkt man gemeinhin an eine schlechte Behandlung, wenn man den Begriff Diskriminierung hört. Das Wort löst zweifelsohne eine negative Assoziation

---

144 Einer der wenigen Philosophen aus jüngerer Zeit, die den Begriff der Diskriminierung verwenden, ist *Ernst Tugendhat*. Auf seine rechtsphilosophischen Ansätze im Hinblick auf die Diskriminierung bzw. Antidiskriminierung wird im Laufe des Kapitels noch Bezug genommen, siehe D.III.

145 *Altwicker*, Menschenrechtlicher Gleichheitsschutz, S. 99.

146 So auch *Altwicker*, Menschenrechtlicher Gleichheitsschutz, S. 99, der explizit vom 20. Jahrhundert spricht.

aus. Neben eine schlechte Behandlung treten jedoch weitere Attribute, damit eine Diskriminierung im heute verstandenen Sinne vorliegt. Fühlt sich eine Person diskriminiert, so fühlt sie sich im Vergleich zu anderen Personen schlecht behandelt. Eine bloße schlechte Behandlung führt damit für gewöhnlich nicht zu einer Diskriminierung. Entscheidend ist vielmehr, dass die Behandlung im Vergleich zu anderen Personen schlecht ist, die ihrerseits logischerweise besser behandelt werden. Dies zeigt sogleich die enge Verwandtschaft des Begriffs Diskriminierung mit dem Begriff Gleichheit. Von Gleichheit kann immer nur dann gesprochen werden, wenn mehrere Personen ins Blickfeld genommen werden. Doch sind auch in heutiger Zeit durchaus Fallgestaltungen denkbar, in denen eine schlechtere Behandlung zu anderen nicht als Diskriminierung verstanden wird. Eine Person, die für ein Konzertticket der besten Kategorie an der Abendkasse mehr Geld zahlen muss, als eine Person, die bereits zwei Wochen vor Beginn der Veranstaltung ein Ticket derselben Kategorie günstiger im Vorverkauf oder online gekauft hat, dürfte sich für gewöhnlich nicht diskriminiert fühlen. Jedenfalls würde die überwiegende Mehrzahl der Mitmenschen des Konzertbesuchers es nicht nachvollziehen können, wenn der Konzertbesucher in einem solchen Fall von einer Diskriminierung spricht. Dieses Beispiel zeigt, dass für das heutige Verständnis des Begriffs Diskriminierung eine weitere Komponente notwendig ist. Diese weitere Komponente ist die fehlende Gerechtigkeit bzw. – im juristischen Sprachgebrauch – die fehlende Rechtfertigung. Müsste der Konzertbesucher an der Abendkasse zwei Euro mehr zahlen als seine Vorgängerin in der Schlange, weil er dunkle Haare hat oder männlich ist, würde er dies als eine Ungerechtigkeit empfinden. Erzählte er diesen Vorgang sodann in seinem Bekanntenkreis und spräche er von einer ihm widerfahrenen Diskriminierung, so dürfte dieser Terminus die einhellige Zustimmung seiner Bekannten finden. Der heutige Sprachgebrauch des Wortes Diskriminierung beinhaltet somit eine negative Komponente – nämlich das Nichtvorhandensein einer Rechtfertigung[147]. Demzufolge ist eine Diskriminierung im heute verstandenen Sinne eine ungerechte bzw. ungerechtfertigte Schlechterbehandlung im Vergleich zu anderen Personen.

III. Juristische Verwendung des Begriffs

Ungeachtet des heutigen Sprachgebrauchs, ist in der Rechtswissenschaft umstritten, ob bereits der Diskriminierungsbegriff selbst eine ungerechtfertigte

---

147 So auch *Hölscheidt*, in: Meyer – GRCh, 4. Aufl. 2014, Art. 21 Rn. 35; *Plötscher*, Der Begriff der Diskriminierung im Europ. Gemeinschaftsrecht, S. 27.

Ungleichbehandlung oder lediglich eine Ungleichbehandlung voraussetzt.[148] Der europäische Gesetzgeber tendiert wohl zu einer Einbeziehung der Rechtfertigungsebene in den Diskriminierungsbegriff, wenn er in Art. 6 Abs. 1 Rahmen-RL Beschäftigung/ Beruf statuiert, dass „*Ungleichbehandlungen wegen des Alters keine Diskriminierung darstellen, sofern sie objektiv und angemessen sind und im Rahmen des nationalen Rechts durch ein legitimes Ziel [...] gerechtfertigt sind [...]*". Der EuGH hingegen spricht in ständiger Rechtsprechung von einer Diskriminierung, wenn unterschiedliche Vorschriften auf gleiche Sachverhalte angewandt werden oder wenn dieselbe Vorschrift auf ungleiche Sachverhalte angewandt wird.[149] Dies lässt eindeutig darauf schließen, dass der Diskriminierungsbegriff selbst kein Rechtfertigungselement beinhaltet. Obwohl es sich bei dieser Frage eher um ein dogmatisches Problem handelt, soll im Folgenden in Anlehnung an die Rechtsprechung des EuGH von einer möglichen Rechtfertigung einer Diskriminierung gesprochen werden.

IV. Zwischenergebnis

Das obige Beispiel zeigt, dass der Begriff Gleichheit mit dem Begriff Diskriminierung eng verbunden ist. Aus diesem Grund soll im Folgenden zunächst der Begriff der Gleichheit und dessen Verhältnis zu anderen im Rahmen der Debatte um Diskriminierung immer wiederkehrenden Begriffen beschrieben werden. Sodann werden die rechtsphilosophischen Wurzeln des Diskriminierungsbegriffs von der Antike bis zur heutigen Zeit untersucht. In diesem Zusammenhang wird aufgrund der engen Verwandtschaft der Begriffe zueinander abermals ein großes Augenmerk auf die Begriffe Gleichheit und Gerechtigkeit gelegt.

B. Der Begriff der Gleichheit

I. Problemaufriss

Die Ausfüllung des Begriffs der Gleichheit[150] gestaltet sich als besondere Herausforderung. Dies resultiert aus der Tatsache, dass in der – zumindest heutigen

148 Zu dieser Frage: *Plötscher*, Der Begriff der Diskriminierung im Europ. Gemeinschaftsrecht, S. 66 ff.

149 EuGH, Urteil v. 27.10.1998 – Rs. C-411/96; Slg. 1998, I-6401, 6455, Tz. 39 (Boyle u.a.).

150 Der Begriff der Gleichheit wird im folgenden Sinne als eine normative Gleichheit verstanden. Normative Gleichheit liegt vor, wenn zwei verschiedene Gegenstände im Hinblick auf wenigstens einen vorschreibenden Standard nicht unterscheidbar sind (vgl. *Ladwig*, Gerechtigkeitstheorien, S. 82). Der vorschreibende Standard sind

mitteleuropäischen – Gesellschaft zum einen großen Wert auf die Gleichheit der Menschen gelegt wird. Es wird als hohes Gut angesehen, dass jeder Mensch gleich behandelt werden soll. Unterscheidungen in Form einer Ständegesellschaft wurden in der Vergangenheit aufgehoben. Zum anderen spielt jedoch die freie Entfaltung der Persönlichkeit und die Individualität eines jeden Einzelnen eine große Rolle. Es hat überdies den Anschein, dass sich letzterer Aspekt in den vergangenen Jahren verstärkt hat, etwa indem die persönlichen Interessen und Neigungen eines jeden Menschen stärker nach außen getragen werden und demzufolge auch automatisch mehr Wert auf Differenzierung seitens der Menschen gelegt wird. Ein gutes Beispiel hierfür sind die heutigen Lebensgewohnheiten in Bezug auf die Eingehung von Partnerschaften. Verspürt ein Mensch etwa das Bedürfnis gar keine Partnerschaft einzugehen oder eine gleichgeschlechtliche Partnerschaft zu führen, so werden diese Umstände von der Mehrzahl der heutigen (deutschen) Gesellschaft akzeptiert und nicht weiter hinterfragt oder gar in Frage gestellt. Jeder soll denjenigen Lebensstil wählen dürfen, mit dem er glücklich ist bzw. den er möchte. Dies ist zweifelsohne ein Ausdruck der freien Entfaltung der Persönlichkeit. Im Hinblick auf die gleichgeschlechtliche Partnerschaft hat die Politik auf diese neueren gesellschaftlichen Vorstellungen mit Einführung des LPartG[151] reagiert.

Die Betonung der Individualität und die Vorstellung, dass jeder Mensch im Grunde gleich ist, führen zu dem Problem der Vereinbarkeit dieser beiden Grundvorstellungen. Es ist die Frage zu stellen, wie es möglich ist, einen Ausgleich zwischen der Gleichheit der Menschen auf der einen und der Individualität eines jeden Einzelnen auf der anderen Seite zu finden. Zudem sollte dieser Ausgleich aus rechtsphilosophischer Sicht geboten erscheinen bzw. zumindest gestattet sein. Zur Lösung dieses Spannungsverhältnisses wird nunmehr das Verhältnis der Gleichheit zu anderen, in der rechtsphilosophischen Debatte genannten, abstrakten Begrifflichkeiten geklärt.

---

vorliegend die Rechte von Personen. Die deskriptiven Merkmale von Personen spielen bei dem hier verwendeten Begriff der Gleichheit keine Rolle. Es wird daher nachfolgend wiederkehrend von einer Gleichheit der Personen gesprochen, auch wenn diese Personen höchstwahrscheinlich ihrem Phänotyp zufolge alles andere als gleich sind.

151 Gesetz über die eingetragene Lebenspartnerschaft (Lebenspartnerschaftsgesetz – LPartG) v. 16. Februar 2001 (BGBl. I S. 266), zuletzt geändert durch Art. 19 Gesetz zur Bereinigung des Rechts der Lebenspartner v. 20. November 2015 (BGBl. I S. 2010).

II. Gleichheit und Menschenwürde

Als Reaktion auf die Schrecken des Nationalsozialismus, in dem Menschen zu Untermenschen oder Unpersonen erklärt wurden, wird in der neueren Literatur vielfach der Gleichheitsbegriff mit dem Begriff der Menschenwürde verknüpft.[152] Die Abkehr einer Kategorisierung von Menschen hatten auch die Väter des Grundgesetzes im Kopf, als sie die Unantastbarkeit der Würde des Menschen an den Anfang der Verfassung stellten.[153] Der Anknüpfungspunkt von Art. 1 Abs. 1 S. 1 GG ist das Menschsein als solches und nicht etwa die Staatsangehörigkeit oder die Bürgereigenschaft. Die Unantastbarkeit der Würde aller Menschen impliziert, dass – in Bezug auf die Unantastbarkeit ihrer Würde – alle Menschen gleich sind. Damit wohnt dem Begriff der Menschenwürde auch ein Gleichheitsaspekt inne.

Die Unantastbarkeit der Menschenwürde erreicht in diesem Zusammenhang die Anerkennung der Wertgleichheit der Menschen. Auch in der heutigen Gesellschaft dürfte diese grundlegende Anerkennung der Wertgleichheit nicht ernsthaft bestritten werden, sondern vielmehr allgemeiner Konsens sein. Dennoch bleibt fraglich, wie weit die Ausstrahlung der Menschenwürde und damit die grundlegende Anerkennung von Gleichheit reichen. Denn zweifellos wohnt dem Begriff der Menschenwürde nicht lediglich ein Gleichheitsaspekt inne. Die Anerkennung der Menschwürde bedeutet auch Unterschiede zwischen den Menschen zu akzeptieren und zu respektieren. Auch auf gesellschaftlicher Ebene dürfte allgemeiner Konsens sein, dass die Rechtsordnung die Individualität der Menschen anerkennt, Ungleichheiten gewollt sind und letztere daher auch gerechtfertigt werden können und müssen. Muss eine Ungleichbehandlung gerechtfertigt werden, dürfte diese als zu rechtfertigender Eingriff anzusehen sein, der nicht mehr unmittelbar Art. 1 GG unterfällt, sondern einem Grundrecht mit Rechtfertigungsvorbehalt. Das Prinzip der Menschenwürde wohnt letztlich jedem anderen Grundrecht, auch solchen, die einen Eingriff in selbiges unter einen Rechtfertigungsvorbehalt stellen, inne.[154] In diesem Fall tritt der Gleichheitsaspekt der Menschenwürde in den Hintergrund. Nach Ansicht des Verfassers steht zumindest fest, dass – in Bezug auf den Gleichhaltsgehalt der Menschenwürde – die Gleichheit der Menschen den Kernbestandteil der Menschenwürde bildet. Jeder Mensch hat den gleichen Wert. Die Menschenwürde ist damit der Inbegriff eines

152 *Seelmann*, Rechtsphilosophie, 6. Aufl. 2014, § 12 Rn. 3.

153 *Starck*, in: v. Mangoldt/Klein/Starck, GG-Kommentar, 6. Aufl. 2010, Art. 1 Rn. 10.

154 Vgl. BVerfGE 93, 266, 293 („Soldaten sind Mörder") *„Sämtliche Grundrechte [sind] Konkretisierungen des Prinzips der Menschenwürde"*.

werttheoretisch kategorisch egalitären Humanismus.[155] Dieses Gedankengut ist mitnichten eine Entdeckung der Neuzeit oder gar eine der Väter des Grundgesetzes. Schon der italienische Humanist *Giannozzo Manetti* (1396–1459) führt aus, dass Gott dem Menschen nicht nur die Gabe sich selbst zu lieben gegeben hat, sondern auch die Pflicht der Nächstenliebe und der Achtung gegenüber anderen Personen.[156] Hieraus kann gefolgert werden, dass bereits in der damaligen Zeit der Status der Würde jedem Menschen unterschiedslos und gleichermaßen zukam, woraus in der Wechselseitigkeit eine gleiche Anerkennung gefolgert wurde.[157] Aus der Würde eines jeden Einzelnen ergab sich zudem eine prinzipielle Gleichheit aller Menschen, die das Fundament der Zivilisation bilde.[158]

Zusammenfassend kann zwar gesagt werden, dass der Begriff der Menschenwürde mit dem Begriff der Gleichheit bis zu einem gewissen Maß in Einklang steht – nämlich hinsichtlich der elementarsten Eigenschaften als Mensch. Jedoch vermag dieser Begriff im Hinblick auf die Thematik der vorliegenden Arbeit nicht weiterzuhelfen, da zum Inbegriff der Menschenwürde auch der Anspruch auf eine gerechtfertigte Ungleichbehandlung zu zählen ist. Zu dem Kernbereich der Menschenwürde, bei dem Eingriffe nicht gerechtfertigt werden können, dürfte die vorliegende Thematik der unterschiedlichen Behandlung von Personen aufgrund ihres Lebensalters in Privatversicherungen jedenfalls nicht gehören.

III. Gleichheit und Freiheit

Die Freiheit wird oftmals in einem Atemzug mit der rechtlichen Gleichheit der Menschen genannt. Dies gilt für die heutige Zeit genauso wie für die Zeit nach der Überwindung des Absolutismus. So beinhaltet sowohl das Motto der französischen Revolution[159] als auch die amerikanische Unabhängigkeitserklärung

155 So *Mahlmann*, Rechtsphilosophie und Rechtstheorie, 3. Aufl. 2015, § 29 Rn. 47ff.

156 *Manetti*, Über die Würde und Erhabenheit des Menschen – De dignitate et excellentia hominis, S. 93.

157 *Thumfart*, Giannozzo Manetti: "Wir sind für die Gerechtigkeit geboren". Der Entwurf einer politisch-sozialen Würde des Menschen, in: Des Menschen Würde - entdeckt und erfunden im Humanismus der italienischen Renaissance, S. 83.

158 *Thumfart*, Giannozzo Manetti: "Wir sind für die Gerechtigkeit geboren". Der Entwurf einer politisch-sozialen Würde des Menschen, in: Des Menschen Würde - entdeckt und erfunden im Humanismus der italienischen Renaissance, S. 83.

159 Im Wortlaut: „Liberté, Égalité, Fraternité", welches durch Napoleon III nachträglich zum Motto der Revolution erklärt wurde.

von 1776[160] den unmittelbaren Zusammenhang zwischen Gleichheit und Freiheit. Zudem besagt Art. 1 der Allgemeinen Erklärung der Menschenrechte: „*Alle Menschen sind frei und gleich an Würde und an Rechten.*“[161]

Fraglich ist jedoch, ob die Freiheit als eigenständiges Element neben die Gleichheit tritt, ob sie aus der Gleichheit hervorgeht, oder ob sie die Gleichheit hervorbringt. Wie bereits erläutert, ergibt sich aus dem uneinschränkbaren Kern der Menschenwürde die Wertgleichheit eines jeden Einzelnen. Hat jeder Mensch den gleichen Wert, so ist unweigerlich jedem Menschen auch dasselbe Ausmaß an Freiheit zu gewähren.[162] *Kant* war hingegen der Ansicht, dass die Freiheit das einzig angeborene Recht sei und aus ihr die Gleichheit resultiere.[163] Diese Folgerung lässt sich nach Ansicht des Verfassers nicht aufrechterhalten. Denn im Gegensatz zu der aus der Menschenwürde unmittelbar abgeleiteten Wertgleichheit gehört die Freiheit nicht zum unantastbaren Kern der Menschenwürde. Dies ergibt sich bereits aus der notwendigen Möglichkeit der staatlichen Freiheitseinschränkung, sei es aus präventiven Gesichtspunkten oder aus repressiven. Es wäre widersinnig, wenn die uneinschränkbare Wertgleichheit aus der einschränkbaren Freiheit hervorginge. Richtigerweise folgt die Freiheit aus der Wertgleichheit der Menschen. Neben der staatlichen präventiven bzw. repressiven Möglichkeit der Freiheitsbeschränkung wird die Freiheit des Einzelnen auch durch die Freiheit der Anderen eingeschränkt. Die Freiheit kann nur soweit reichen, dass die Inanspruchnahme dieser Freiheit die Rechte anderer Personen in der Gesellschaft nicht verletzt. Zu diesem Ergebnis gelangt auch *Kant*, der die Freiheit nur als einziges ursprüngliches Recht ansieht, sofern sie mit jedes Anderen Freiheit nach einem allgemeinen Gesetz zusammen bestehen kann.[164]

Diese Erkenntnisse helfen jedoch im Hinblick auf die Thematik der Arbeit nicht weiter. Denn vorliegend soll die Frage der Zulässigkeit von altersabhängigen unterschiedlichen Behandlungen von Versicherungsnehmern in Privatversicherungen untersucht werden. Es geht mithin primär um die Frage inwiefern ungleiche Tarife aufgrund des unterschiedlichen Alters von Versicherungsnehmern gerechtfertigt

---

160 Im Wortlaut: "We hold these truths to be self-evident, that all men are created equal, that they are endowed by their Creator with certain unalienable Rights, that among these are Life, Liberty and the pursuit of Happiness."

161 Wenngleich die Allgemeine Erklärung der Menschenrechte als Resolution der UN-Vollversammlung nicht rechtsverbindlich ist; siehe Herdegen, Völkerrecht, 14. Aufl. 2015, § 47 Rn. 3.

162 *Mahlmann*, in: Gleichbehandlungsrecht – Hdb., § 1 Rn. 10.

163 *Kant*, Die Metaphysik der Sitten, Werkausgabe – Bd. VIII, S. 346.

164 *Kant*, Die Metaphysik der Sitten, Werkausgabe – Bd. VIII, S. 345.

werden können. Die Einschränkbarkeit der Gleichheit, nicht die der Freiheit, steht somit in unmittelbarem Zusammenhang mit der Thematik der Arbeit.

IV. Gleichheit und Gerechtigkeit

Auch der Begriff der Gerechtigkeit wird häufig mit dem Begriff Gleichheit in Zusammenhang gebracht. Unter Gerechtigkeit wird gemeinhin das Prinzip eines staatlichen oder gesellschaftlichen Verhaltens verstanden, welches jedem gleichermaßen sein Recht gewährt.[165] Die Gewährung des Rechts für jede Person gleichermaßen stellt dabei nichts anderes als den Grundsatz des *suum cuique*[166] dar, der sich bereits in antiken philosophischen Schriften wiederfindet. Auch die Heranziehung des Verhältnismäßigkeitsgrundsatzes, der ebenso für die Definition von Gerechtigkeit vorgebracht wird[167], stellt letztlich nur eine besondere Ausprägung bzw. eine nähere Bestimmung des *suum cuique* dar. Oftmals wird Gerechtigkeit unmittelbar mit Gleichheit in Verbindung gebracht. Dabei geht es nicht darum, dass Gerechtigkeit nur dann gegeben ist, wenn auch Gleichheit vorliegt. Vielmehr wird in der aktuellen Gerechtigkeitsdebatte sehr wohl zwischen den beiden Begriffen unterschieden. Gerechtigkeit wird nämlich auch dann nicht ausgeschlossen, wenn Ungleichheit vorliegt.

Auch wenn die Begriffe häufig miteinander verbunden werden, stellt die Gleichheit lediglich einen Aspekt der Gerechtigkeit dar. Um zu einer gerechten Entscheidung zu gelangen, müssen weitere anerkannte Prinzipien berücksichtigt werden. In diesem Zusammenhang spielt das Leistungsprinzip eine tragende Rolle.[168] Derjenige, der viel leistet, soll nach den allgemeinen Vorstellungen der Gesellschaft auch viel erhalten. Ein weiteres zu beachtendes Prinzip ist das Verantwortungsprinzip.[169] Jeder soll für eigenes Verhalten verantwortlich sein und hat daher vorteilhafte wie auch nachteilige Konsequenzen, die aus eigenem Verhalten herrühren, zu akzeptieren. Vielfach wird in der aktuellen Debatte um den Begriff der sozialen Gerechtigkeit auch das Bedürfnis derjenigen betont, die von ihrem Einkommen kaum noch ihren Lebensunterhalt bestreiten können. Die Bedürftigkeit stellt daher auch einen Aspekt von Gerechtigkeit dar. Auch die

---

165 So die Definition im Duden, 25. Aufl. 2009, Stichwort: Gerechtigkeit.

166 Dt. Übersetzung: „Jedem das Seine".

167 *Mahlmann*, in: Gleichbehandlungsrecht – Hdb., § 1 Rn. 18, wo er von einer verhältnismäßigen Gleichheit spricht.

168 Das Leistungsprinzip ist in Bezug auf öffentliche Ämter in Art. 33 Abs. 2 GG kodifiziert.

169 *Mahlmann*, in: Gleichbehandlungsrecht – Hdb., § 1 Rn. 24.

Chancengleichheit, insbesondere die Möglichkeit eines gleichen Zugangs zu Bildung, spielt im Rahmen der sozialen Gerechtigkeit eine bedeutende Rolle. Nur ein System, welches Chancengleichheit gewährt, indem bspw. Schulempfehlungen unabhängig vom Einkommen oder Beruf der Eltern abgegeben werden, kann dem Prinzip der sozialen Gerechtigkeit entsprechen.

Bei den vorstehend erwähnten Aspekten der Gerechtigkeit fällt auf, dass diese zum Teil dieselben Aspekte sind, die auch für die Rechtfertigung von Ungleichheiten angeführt werden. So werden der Verdienst, erworbene Rechte und das Bedürfnis als begründete bzw. rechtfertigende Ungleichverteilungen in der Rechtsphilosophie anerkannt.[170] Der Verdienst als Rechtfertigungsgrund stellt eine konkretisierte Ausprägung des Leistungsprinzips dar. Das Bedürfnis wird sowohl als Aspekt der (sozialen) Gerechtigkeit als auch als Rechtfertigungsgrund für Ungleichbehandlungen angesehen. Lediglich das Verantwortungsprinzip verfügt über kein direktes Äquivalent. Vielmehr vereinigt das Verantwortungsprinzip die Rechtfertigungsgründe Verdienst und erworbene Rechte. Positive Handlungen von Menschen führen nicht selten zu dem Erwerb von Rechten. Die Inanspruchnahme der erworbenen Rechte führt sodann zu Verdienst bzw. zu einer Mehrung von Gütern, was dem Leistungsprinzip entspricht. Das Verantwortungsprinzip beinhaltet jedoch auch ein nachteiliges Attribut. Negative Handlungen sollen dazu führen, dass Güter verringert werden. Dieser Aspekt des Verantwortungsprinzips wird bei den Rechtfertigungsgründen für Ungleichbehandlungen jedoch nicht berücksichtigt. Verdienst, erworbene Rechte sowie Bedürftigkeit führen ausschließlich lediglich zu einer Mehrung an Gütern, nicht hingegen zu einer Verringerung derselben.

Die vorstehenden Erwägungen lassen erkennen, dass die Begriffe Gleichheit und Gerechtigkeit eng miteinander verbunden sind. Wenn es um die Beschreibung der Begriffe geht, werden ähnliche bzw. identische Aspekte und Erwägungen ins Feld geführt. Dies zeigt, dass die Debatte über den Begriff der Gerechtigkeit im Kern auch eine Debatte über den Begriff der Gleichheit ist. Die zuvor erwähnte verhältnismäßige Gleichheit als Gerechtigkeit hat schon in der Antike zu Gerechtigkeitstheorien geführt, die im Anschluss näher erläutert werden sollen.

170 *Tugendhat*, Vorlesungen über Ethik, S. 378; Auch *Ladwig*, Gerechtigkeitstheorien, S. 87, der in diesem Zusammenhang von Beitrag, Anrecht und Bedarf spricht.

C. Rechtsphilosophische Grundlagen des Begriffs Diskriminierung

I. Antike

1. *Von Protagoras bis Aristoteles*

Bereits in der Antike beschäftigten sich Menschen intensiv mit Fragen über Gerechtigkeit und Gleichheit. Das Rechtsprinzip, dass Gleiches gleich und Ungleiches ungleich zu behandeln ist, war dabei in der griechischen Antike vorgegeben.[171] *Protagoras* (480–410 v. Chr.) zufolge entscheidet jedoch der Mensch als Subjekt über die Frage, was gleich und was ungleich ist. Einige Jahre später lässt *Platon* (ca. 427 – ca. 347 v. Chr.) in seinem Dialog „Protagoras" den Philosophen *Hippias von Elis* (spätes 5. Jh. v. Chr.) sagen:

> *„Ich glaube, dass ihr alle Verwandte und Freunde und Mitbürger (von mir) seid – von Natur aus, nicht durch Konvention*[172]*; denn das Gleiche ist dem Gleichen von Natur aus verwandt, die Konvention aber, eine Gewaltherrschaft über die Menschen, erzwingt vieles wider die Natur – und so ist es für uns eine Schande, dass wir zwar das Wesen der Dinge kennen, aber trotzdem […] nicht aufweisen, dass diesem Anspruch entspricht."*[173]

Dieser antike naturrechtliche Ansatz zeigt, dass bereits früh der Gedanke der Gleichheit aller Menschen existierte und Verstöße gegen diesen Gedanken geachtet wurden. Der Gedanke führte dennoch bekanntermaßen dazu, dass einigen Menschen, in concreto Sklaven, das Menschsein als solches abgesprochen wurde, und damit eine Ungleichbehandlung zwischen Menschen und Sklaven nicht als verächtlich angesehen wurde. Neben *Platon* war es vor allem sein Schüler *Aristoteles* (384–322 v. Chr.), der Kriterien zum Begriff der Gerechtigkeit aufstellte, die auch heute noch als Grundlage zur näheren Bestimmung von Gerechtigkeit wesentlich sind. *Aristoteles* war der Auffassung, dass derjenige gerecht sei, der sich an die Gleichheit hält.[174] Dabei unterscheidet *Aristoteles* zwischen korrektiver bzw. ausgleichender Gerechtigkeit (*iustitia commutativa*) und verteilender Gerechtigkeit (*iustitia distibutiva*). Die korrektive Gerechtigkeit sei diejenige, bei der eine moralische oder rechtliche Situation aus dem Gleichgewicht gebracht worden ist

---

171 *Kaufmann*, in: Kaufmann/Hassemer/Neumann, Einf. in die Rechtsphilosophie und Rechtstheorie der Gegenwart, 8. Aufl. 2011, S. 31.

172 Anstelle von Konvention kann man auch von Gesetz sprechen wie es *Kaufmann* macht, in: Kaufmann/Hassemer/Neumann, Einf. in die Rechtsphilosophie und Rechtstheorie der Gegenwart, 8. Aufl. 2011, S. 31.

173 *Platon*, Protagoras 337 c–e.

174 *Aristoteles*, Die Nikomachische Ethik – Ethica Nicomachea, Buch 5, Kapitel 2, 1129a.

und wiederhergestellt werden müsse.[175] Im Grunde genommen ist die korrektive Gerechtigkeit nichts anderes als die freiwillige oder unfreiwillige[176] Wiederherstellung des aus den Fugen geratenen Gleichgewichts. Diese Ausformung der Gerechtigkeit besagt jedoch nur, dass ein aus dem Gleichgewicht geratener Zustand wieder in den originären Zustand gebracht werden muss, damit Gerechtigkeit verwirklicht wird. Über den originären Zustand als solchen wird hingegen keine konkrete Aussage getroffen. Unter verteilender Gerechtigkeit versteht man die gerechte Verteilung von Gütern und Übeln innerhalb einer Familie oder eines gemeinsamen Unternehmens, vor allem aber im Staat oder in der Staatengemeinschaft.[177] Aber auch diese Ausformung der Gerechtigkeit besagt grundsätzlich nicht, wie der ursprüngliche Zustand hinsichtlich der zu erhaltenden Güter und Übel ist. *Aristoteles* war jedenfalls der Ansicht, dass die Menschen eine angeborene ungleiche Würdigkeit besitzen[178], jedenfalls hinsichtlich zweier Menschen, die in verschiedenen Klassen geboren wurden[179]. Demzufolge war zwar eine gleiche Verteilung von Gütern und Übeln in den Fällen denkbar, in denen die Menschen derselben Klasse angehörten und damit die gleiche Würdigkeit besitzen. Der Regelfall einer gerechten Verteilung von Gütern und Übeln war hingegen, aufgrund der gegebenen Klassengesellschaft, eine ungleiche Verteilung.[180]

2. Übertragung des aristotelischen Gleichheitskonzepts auf die Thematik der Arbeit

Fraglich ist, ob sich im Hinblick auf die Thematik der vorliegenden Arbeit, Ungleichbehandlungen für verschiedene Altersgruppen in Privatversicherungen mit dem aristotelischen Gleichheitskonzept vereinbaren lassen. Voraussetzung für bspw. unterschiedliche Versicherungstarife wäre eine Klassengesellschaft. Zur damaligen Zeit gab es Menschen innerhalb der Gesellschaft, die viele Privilegien hatten und solche, die als Sklaven faktisch rechtlos gestellt waren. Auch wenn in

175 *Aristoteles*, Die Nikomachische Ethik – Ethica Nicomachea, Buch 5, Kapitel 7, 1132a.

176 *Aristoteles*, Die Nikomachische Ethik – Ethica Nicomachea, Buch 5, Kapitel 7, 1131b. Aus heutiger Sicht würde man das Vertragsrecht als freiwillige korrektive Gerechtigkeit und das Deliktsrecht als unfreiwillige korrektive Gerechtigkeit bezeichnen, vgl. *Tugendhat*, Vorlesungen über Ethik, S. 367.

177 *Tugendhat*, Vorlesungen über Ethik, S. 368.

178 *Aristoteles*, Die Nikomachische Ethik – Ethica Nicomachea, Buch 5, Kapitel 6, 1131a.

179 *Tugendhat*, Vorlesungen über Ethik, S. 375.

180 Dies sieht *Tugendhat* offenbar anders, wenn er davon spricht, dass der Aristoteliker ein egalitäres Konzept als Grundlage voraussetzt; in: *Tugendhat*, Vorlesungen über Ethik, S. 374.

der heutigen Gesellschaft oftmals von verschiedenen Klassen i.S.v. Oberschicht, Mittelschicht und Unterschicht gesprochen wird, so kann man eine derartige Unterteilung der Gesellschaft nicht mit der Klassengesellschaft zu Zeiten von *Aristoteles* gleichsetzen. Eine heutige Unterteilung von Gesellschaftsgruppen, in solche, die viele Rechte und Privilegien von Geburt an haben und solchen, die weniger bis keinerlei Rechte haben, wäre zudem bereits mit den Bestimmungen des Grundgesetzes unvereinbar.[181] Die heutige Gesellschaftsordnung basiert somit nicht auf der Zuordnung der Menschen in unterschiedliche Klassen wie es noch zu *Aristoteles*' Zeiten üblich war und kann damit auch kein Äquivalent zur damaligen Klassengesellschaft sein. Vielmehr müsste man nach den Maßstäben von *Aristoteles* in der heutigen Zeit lediglich von <u>einer</u> existierenden Klasse ausgehen. Demzufolge ließen sich im Hinblick auf das aristotelische Gleichheitskonzept keine unterschiedlichen Versicherungstarife für verschiedene Altersgruppen realisieren.

II. Naturrecht

1. *Vom stoischen zum rationalistischen Naturrecht*

Naturrechtliche Ansätze spielten auch in der soeben beschriebenen Antike eine Rolle. Die Philosophie der *Stoa*, die vom 4. Jahrhundert vor Christus bis ins zweite Jahrhundert nach Christus reichte, fand vielfach Beachtung und ging davon aus, dass es lediglich ein göttliches Gesetz, den *Nomos*, gebe. Der *Nomos* gelte von Natur aus für alle Menschen im Gegensatz zur menschlichen Satzung, die nicht der Natur angehöre und nur für einen bestimmten Bereich gelte.[182] Demzufolge wurde zwischen Gesetzen, welche von Natur aus Geltung beanspruchen und solchen Gesetzen, die aus menschlicher Hand stammen, unterschieden. Der römische Schriftsteller und Philosoph *Cicero* (106–43 v. Chr.) war ein Verfechter der stoischen Naturrechtslehre und vertrat die Auffassung, dass es nicht erlaubt sei, das göttliche Naturrecht einzuschränken:

> *„Es ist aber das wahre Gesetz die richtige Vernunft, die mit der Natur in Einklang steht, […] in sich konsequent und ewig ist […]. Diesem Gesetz etwas von seiner Gültigkeit zu nehmen, ist Frevel, ihm irgendetwas abzudingen, unmöglich, und es kann ebensowenig als Ganzes außer Kraft gesetzt werden. […] [W]er [dem Naturgesetz] nicht gehorcht, wird sich selber*

---

181 Vgl. hierzu insbesondere Art. 3 Abs. 1 GG: *„Alle Menschen sind vor dem Gesetz gleich."* sowie Art. 101 Abs. 1 GG: *„Vor Gericht hat jedermann Anspruch auf rechtliches Gehör."*

182 *Kaufmann*, in: Kaufmann/Hassemer/Neumann, Einf. in die Rechtsphilosophie und Rechtstheorie der Gegenwart, 8. Aufl. 2011, S. 38.

und den Begriff.[198] Die Anschauung erfasst einen Gegenstand sinnlich, der Begriff erfasst einen Gegenstand durch den Verstand bzw. der Begriff wird letztlich durch den Verstand mit einem Gegenstand assoziiert. Der Verstand ist jedoch nicht in der Lage die Gegenstände so zu sehen, wie sie wirklich sind. Denn es liegt im Wesen des Verstandes, dass dieser einen Begriff mit erlebten Erfahrungen verbindet und dadurch zu einer bestimmten Art von Gegenstand gelangt. Die Anschauung hingegen sieht den Gegenstand, wie er wirklich, also von Natur aus, beschaffen ist. Das Dilemma ist jedoch, dass die Anschauung als solche nicht in der Lage ist, zu denken[199] und somit auch nicht in der Lage ist, Gedanken niederzuschreiben. Letzteres sei nur möglich, wenn der Verstand der Anschauung fähig wäre, was nicht der Fall ist.[200] Aus diesen Überlegungen folgert *Kant*, dass keine Erkenntnis *a priori* möglich sei, sondern lediglich von Gegenständen möglicher Erfahrung.[201] Alle Erkenntnisse beruhten somit auf Erfahrungen der Menschen. Der Anspruch, den das Naturrecht verfolgt, kann somit niemals erreicht werden.

2. Der kategorische Imperativ

Was bedeutet dies nun im Hinblick auf Diskriminierungen aufgrund des Geschlechts, der ethnischen Herkunft oder des Alters? Die logische Antwort wäre, dass das Naturrecht, nach welchem solche Diskriminierungen wegen der Negierung der natürlichen Gleichheit an sich verboten sein müssten, nicht gilt und damit Diskriminierungen dieser Art im Umkehrschluss statthaft wären.

Kant jedoch ging einen anderen Weg. Obgleich er die naturrechtlichen Lehren widerlegte, so verabschiedete er sich nicht gänzlich von ihren Ansätzen. Denn die Widerlegung der naturrechtlichen Lehre führte zu dem Schluss, dass ein Gesetzgeber die Gesetze, derer eine Gesellschaft für ein ordnungsgemäßes Zusammenleben zweifelsohne bedarf, positiv festlegen muss. Da der Gesetzgeber sich jedoch hierzu nicht selbst legitimieren darf, muss ein natürliches und damit vorgegebenes Gesetz diese Kompetenz begründen. Dieses natürliche Gesetz sah *Kant* in dem Prinzip der Sittlichkeit der Menschen.[202] Es musste somit nach einem Prinzip gesucht werden, welches von jeglicher Erfahrung unabhängig gilt und der Sittlichkeit der

198 *Kant*, Kritik der reinen Vernunft, Ausg. B 74–76, in: Syst. Kommentar v. Holm Tetens.
199 *Kant*, Kritik der reinen Vernunft, Ausg. B 74–76, in: Syst. Kommentar v. Holm Tetens.
200 *Kant*, Kritik der reinen Vernunft, Ausg. B 74–76: „Der Verstand vermag nichts anzuschauen, und die Sinne nichts zu denken.“, in: Syst. Kommentar v. Holm Tetens.
201 *Kant*, Kritik der reinen Vernunft, Ausg. B, S. 166, in: Kaufmann/Hassemer/Neumann, Einf. in die Rechtsphilosophie und Rechtstheorie der Gegenwart, 8. Aufl. 2011, S. 59.
202 *Kant*, Grundlegung zur Metaphysik der Sitten, Bd. IV, S. 417.

Menschen entspricht. Sein Ergebnis war, dass nur die Verallgemeinerungsfähigkeit von Maximen ein Prinzip der Sittlichkeit begründen könne, welches *a priori* gelte.[203] Die Maxime ist das subjektive Prinzip als vernünftiges Wesen zu handeln, unabhängig von dem objektiven Gesetz.[204] Sind menschliche Handlungen nach der Vernunft der Mehrheit der Menschen verallgemeinerungsfähig, so sind sie auch sittlich korrekt und können als Grundlage für ein geordnetes Zusammenleben dienen. Die Frage nach dem Inhalt eines sittlich korrekten Handelns beantwortete *Kant* mit dem kategorischen Imperativ. Dieser gebiete eine Handlung als solche ohne dass mit ihr zugleich ein bestimmter Zweck verfolgt werde.[205] *Kant* formulierte drei Fassungen des kategorischen Imperativs:

> *„1. Handle nur nach derjenigen Maxime, durch die du zugleich wollen kannst, dass sie ein allgemeines Gesetz werde. 2. Handle so, als ob die Maxime deiner Handlung zum allgemeinen Naturgesetz werden sollte. 3. Handle so, dass du die Menschheit sowohl in deiner Person als in der Person eines jeden anderen, jederzeit zugleich als Zweck, niemals bloß als Mittel brauchst."*[206]

Die ersten beiden Fassungen verfolgen den Zweck der Verallgemeinerung von einzelnen Handlungen. Die dritte Fassung liefert das, was *Kant* moralisch und rechtlich unter menschlicher Würde versteht.[207] Im Hinblick auf die erste und zweite Fassung muss jede Person bevor sie handelt, ihre eigene Handlung zunächst gedanklich dahingehend überprüfen, ob ihre zukünftige Handlung der Verallgemeinerung in der Art und Weise fähig ist, dass sie ein allgemeines Gesetz werden könne. Zudem müsse die Person, der dritten Fassung zufolge, weiter prüfen, ob ihre Handlung mit dem Endzweck der Menschheitsentwicklung im Einklang stehe.[208] Die Anforderungen, die der kategorische Imperativ an den Einzelnen stellt, sind somit sehr hoch. Zudem wird durch den kategorischen Imperativ die Selbstautonomie betont und verstärkt. Der Mensch solle nur denjenigen Gesetzen unterworfen sein, die er sich selbst auferlegt hat.

---

203 *Kant*, Grundlegung zur Metaphysik der Sitten, Bd. IV, S. 420 f.

204 *Kant*, Grundlegung zur Metaphysik der Sitten, Bd. IV, S. 420 f.

205 *Kant*, Grundlegung zur Metaphysik der Sitten, Bd. IV, S. 414. Wird ein bestimmter Zweck verfolgt, so handelt es sich um einen hypothetischen Imperativ.

206 *Kant*, Grundlegung zur Metaphysik der Sitten, Bd. IV, S. 421, 429.

207 *Mahlmann*, Rechtsphilosophie und Rechtstheorie, 3. Aufl. 2015, § 5 Rn. 11.

208 *Wittmann*, Zum Gedanken der Gleichheit in der Kantschen Ethik, in: Diskriminierung – Antidiskriminierung, S. 17.

von wirtschaftlichen Gütern und insbesondere das Differenzprinzip nachfolgend untersucht.

Bei Betrachtung des zunächst anwendbaren Gleichheitsprinzips dürfte man zu dem Schluss kommen, dass unabhängig vom Lebensalter der Entscheidungsträger, eine Besser- bzw. Schlechterstellung aufgrund dieses persönlichen Merkmals nicht toleriert werden würde. Schließlich haben die Entscheidungsträger keine Kenntnisse über ihr späteres Lebensalter. Fraglich ist, ob auch das Differenzprinzip greift, womit auch ein gegenteiliges Ergebnis als Grundsatz für eine Gesellschaftsstruktur akzeptabel wäre. Eine Ungleichverteilung von wirtschaftlichen Gütern wäre als Grundsatz denkbar, sofern sich in diesem Fall die Gesamtsituation aller Teilnehmer der Gesellschaft verbessert. Anders ausgedrückt wären unterschiedliche Tarife gerechtfertigt, wenn unterschiedliche Tarife allen Teilnehmern zugutekämen. Fraglich ist, ob die Übertragung dieses Gedankenexperiments auf Privatversicherungen überhaupt möglich ist. Wesentliches Kennzeichen einer Privatversicherung ist schließlich, dass Teilnehmer, die ein höheres Risikopotenzial aufweisen (Risikogruppe), entsprechend höhere Tarife zu zahlen haben, als andere Teilnehmer (risikoarme Gruppe).

Zur Untersuchung, ob das Differenzprinzip bei Privatversicherungen anwendbar ist, soll ein Modellbeispiel mit zwei Gruppierungen – einer Risikogruppe und einer risikoarmen Gruppe – gebildet werden. Die Unterschiedlichkeit der Tarife müsste dazu führen, dass es auch für die Risikogruppe von Vorteil ist, wenn die risikoarme Gruppe niedrige Tarife beisteuert. Dies erscheint auf den ersten Blick schwerlich vorstellbar: Nimmt die Risikogruppe den Versicherer häufig in Anspruch, so ist diese Inanspruchnahme einkalkuliert. Nimmt sie den Versicherer selten in Anspruch, so zahlt sie letztlich mehr als aufgrund ihrer Inanspruchnahmen erforderlich wäre. Es findet eine Quersubventionierung zugunsten der risikoarmen Gruppe statt. Nimmt hingegen die risikoarme Gruppe den Versicherer häufig in Anspruch, so ist diese Inanspruchnahme nicht einkalkuliert, was dazu führt, dass sie weniger zahlt als aufgrund ihrer Inanspruchnahme erforderlich wäre. Erst nach der Inanspruchnahme kann der Tarif angepasst werden, sodass der Teilnehmer tariflich von der risikoarmen Gruppe in die Risikogruppe wechseln könnte. Das Risiko von Unregelmäßigkeiten hinsichtlich der Inanspruchnahme des Versicherers tragen die Teilnehmer der Risikogruppe und somit die Schlechtergestellten. Demzufolge scheint das Differenzprinzip bei Tarifen zu Privatversicherungsverträgen nicht zu greifen, da ungleiche Tarife den am wenigsten begünstigten Angehörigen der Gesellschaft nicht den größten Vorteil bringen.

Auf den zweiten Blick kann man jedoch durchaus zu dem Ergebnis kommen, dass die Entscheidungsträger im Urzustand eine Ungleichverteilung der wirtschaftlichen Güter als Grundsatz der zu etablierenden Gesellschaft festlegen würden. Der Risikogruppe kommt eine Ungleichverteilung nämlich in den Fällen zugute, in denen ein Versicherer ohne die Teilnahme der risikoarmen Gruppe an dem Angebot einer Versicherung kein Interesse hätte, da das Risiko der Inanspruchnahme zu groß wäre. Würden die Versicherungsnehmer ausschließlich der Risikogruppe angehören, müsste der Versicherer sehr hohe Tarife fordern um das Risiko der Inanspruchnahme aufzufangen. Gerade aufgrund der Teilnahme von risikoarmen Gruppen kommt eine Versicherung meist erst zustande, da dadurch auch die Tarife in einem für die Teilnehmer an der Versicherung akzeptablen Umfang der Höhe nach begrenzt werden können. In diesem Fall käme die ungleiche Verteilung insbesondere der Risikogruppe, d.h. den Schlechter-gestellten zugute. Denn ohne die risikoarme Gruppe hätten die Teilnehmer der Risikogruppe die Risiken selbst zu tragen. Dies könnte sie sehr schnell wirtschaftlich überfordern. Eine Versicherung mit hohen Tarifen kann daher besser sein als gänzlich ohne Versicherung da zu stehen.

Nach *Rawls* Theorie der Gerechtigkeit ist es demnach durchaus vorstellbar, dass die Entscheidungsträger eine ungleiche Verteilung der wirtschaftlichen Güter bzw. Tarife im Hinblick auf Privatversicherungen als Grundzustand wählen. Genauso gut ist jedoch vorstellbar, dass sie eine gleiche Verteilung wählen. Eine genaue Vorhersage lässt sich nicht treffen.

II. Ronald Dworkin

1. *Inselsituation als Gedankenexperiment*

Der wie *Rawls* ebenfalls in den USA geborene Philosoph *Ronald Dworkin* (1931–2013) geht auch von der Gleichheit als Grundprinzip aus. Für ihn verwirklicht sich die Gleichheit als eine Gleichheit der Ressourcen, also der gleiche Zugang zu wirtschaftlichen Gütern.[224] Anders als *Rawls* stellt *Dworkin* jedoch die Selbstmündigkeit der Bürger heraus.[225] Er betont, dass die Güter nicht direkt an die Bürger verteilt werden sollten, sondern die Bürger selbst darüber entscheiden sollten, welche wirtschaftlichen Güter ihnen wichtig sind, indem sie die ihnen zugeteilten Ressourcen für gewollte Güter eintauschen. Wie auch *Rawls* bedient sich *Dworkin* eines Gedankenexperiments, welches er als Auktion bezeichnet[226]:

---

224 *Ladwig*, Gerechtigkeitstheorien, S. 188; *Mahlmann*, Rechtsphilosophie und Rechtstheorie, 3. Aufl. 2015, § 14 Rn. 47.

225 *Ladwig*, Gerechtigkeitstheorien, S. 188.

226 *Dworkin*, Sovereign Virtue, The Theory and Practice of Equality, S. 65 ff.

Die Menschen sollten sich vorstellen, Schiffbrüchige auf einer Insel zu sein. Alle Schiffbrüchigen bekommen die gleiche Anzahl an Muscheln, die als Geldersatz dienen. Mit den Muscheln können die Schiffbrüchigen die für sie wichtigen Güter, die die Insel selbst hervorbringt, im Rahmen einer Auktion kaufen. Die pekuniäre Ausgangsbasis ist daher für jeden Teilnehmer der Auktion gleich. Nach dem Ende der Auktion könne von der Verwirklichung der Gleichheit gesprochen werden, da Gleichheit gegeben sei, wenn nicht natürliche Gaben das Los mündiger Menschen bestimmten, sondern ihre eigenen Anstrengungen.[227] Die körperliche Ausgangsbasis der Teilnehmer ist hingegen nicht gleich. So gibt es bspw. sowohl gesunde als auch kranke Teilnehmer. Ein gesunder Teilnehmer hätte keine Muscheln für ein Medikament aufzuwenden, wohingegen ein kranker Teilnehmer derartige Ausgaben vornehmen müsse.[228] Die natürliche Gabe ist somit der originäre gute Gesundheitszustand des gesunden Teilnehmers. In diesem Zusammenhang unterscheidet *Dworkin* zwischen *option luck* und *brute luck*. *Option luck* sei gegeben, wenn eine Person durch selbstgewähltes Risiko zu einer Gütermehrung gekommen ist; *brute luck* hingegen sei gegeben, wenn der Zufall zu einer Gütermehrung führt.[229] Ungleichheiten, die aus *option luck* herrührten, seien zulässig, wohingegen Ungleichheiten, die aus *brute luck* herrührten, unzulässig seien. Ein originärer guter Gesundheitszustand ist als natürliche Gabe dem *brute luck* zuzuordnen. Das *brute luck* müsse, nach der Vorstellung *Dworkins*, im Rahmen eines hypothetischen freiwilligen Versicherungssystems ausgeglichen werden.[230] Die Versicherung, in die die Teilnehmer einzahlen könnten, hätte die Aufgabe die Folgen des *brute luck* abzuschwächen indem unbeeinflussbare Ungleichheiten abgemildert werden. Ähnlich wie bei *Rawls* wüssten die Teilnehmer jedoch im Vorhinein nicht, ob sie zu einem späteren Zeitpunkt Versicherungsleistungen beziehen könnten, d.h. ob sie bspw. körperliche Beeinträchtigungen hätten. *Dworkin* zufolge würden die Teilnehmer aufgrund dieser Unkenntnis eine mittlere Versicherungsprämie aufwenden.[231] Nach der Ansicht des deutschen Professors für politische Theorie *Bernd Ladwig* (geb. 1966) geht es bei *Dworkins* Modell im

227 *Dworkin*, Sovereign Virtue, The Theory and Practice of Equality, S. 89.
228 So das Beispiel bei *Ladwig*, Gerechtigkeitstheorien, S. 190 in Bezug auf *Dworkins* Prinzip der Ressourcengleichheit.
229 *Dworkin*, Sovereign Virtue, The Theory and Practice of Equality, S. 73.
230 *Dworkin*, Sovereign Virtue, The Theory and Practice of Equality, S. 77.
231 *Dworkin*, Sovereign Virtue, The Theory and Practice of Equality, S. 77.

Grunde darum, dass niemand für etwas, was er nicht kontrollieren kann, vermeidbar schlechter da steht als ein anderer.[232]

2. *Übertragung der Inselsituation auf die Thematik der Arbeit*

Überträgt man das Gedankenexperiment *Dworkins* auf das Thema der vorliegenden Arbeit, so muss man wohl davon ausgehen, dass das Alter dem *brute luck* zuzurechnen ist. Der Zufall bestimmt schließlich wie alt eine Person ist bzw. wann eine Person geboren wird. Anstelle einer Krankheit könnte genauso gut ein hohes bzw. geringes Alter zu einem Mehraufwand eines Teilnehmers führen. Dieser durch Zufall verursachte Mehraufwand müsste mittels des vorhandenen Versicherungssystems aufgefangen werden. Es fällt auf, dass nach dem Modell *Dworkins* diejenigen Personen, die aufgrund ihres hohen bzw. geringen Alters höhere Tarife zu zahlen haben, Leistungen der Versicherung in Anspruch nehmen könnten, um den zufälligen Mehraufwand abzumildern. Dies führte dazu, dass einerseits das hohe bzw. geringe Alter zum Mehraufwand führt, andererseits jedoch für diesen Mehraufwand wegen desselben Grundes ein Ausgleich seitens der Versicherung zu gewähren wäre. Die Folge wäre ein Hin- und Herschieben von Gütern.

Argumentiert man nun, dass die Tatsache des Hin-und Herschiebens jedem Versicherungssystem immanent sei, da derjenige der höhere Tarife zu zahlen hat, potentiell auch höhere Leistungen bekommen wird, so wird ein entscheidendes Kriterium übersehen. Denn in *Dworkins* Gedankenexperiment wird das *brute luck*, also die zufällige Ungleichheit, automatisch abgemildert, nicht nur potentiell. Die Abmilderung findet gewissermaßen bereits auf der ersten zufälligen Stufe, die den Zufall des Lebensalters darstellt, statt. In den heutigen Versicherungsmodellen müsste ein weiterer Zufall, nämlich der Eintritt eines Schadensereignisses, vorliegen, um zu einer Abmilderung zu gelangen. Erst der Zufall auf der zweiten Stufe führt heutzutage zu Leistungen des Versicherers.

Dworkins Modell sieht eine unmittelbare Abmilderung von unbeeinflussbaren Ungleichheiten vor. Überträgt man sein Gedankenmodell, so dürfte es unterschiedliche Tarife aufgrund des Alters zwar geben, diese müssten jedoch unmittelbar durch eine Versicherung angeglichen werden.

232 *Ladwig*, Gerechtigkeitstheorien, S. 193. In diesem Zusammenhang wirft *Ladwig* die These auf, dass neben zufälligen Ungleichheiten auch frühkindliche Einflüsse, auf die ein Mensch keinen Einfluss haben kann, zu Ungleichheiten führen können und diese daher evtl. ebenso behandelt werden müssten wie zufällige Ungleichheiten.

III. Ernst Tugendhat

1. *Differenzierung nach primärer und sekundärer Diskriminierung*

Wie bereits erwähnt, war es der deutsche Philosoph *Ernst Tugendhat* (geb. 1930), der erstmals den Begriff der Diskriminierung in der Debatte über Gleichheit und Gerechtigkeit verwendete. *Tugendhat* kritisierte *Rawls'* Theorie der Gerechtigkeit, indem er konstatierte, dass die Zurückbesinnung auf eine *original position* überflüssig sei.[233] Die *original position* sei nichts anderes als ein Repräsentant für die moralische Intuition eines jeden Menschen. Mit dieser Aussage bringt *Tugendhat* einen weiteren Begriff mit in die Diskussion über die Frage, wie eine gerechte Verteilungsregel im Urzustand auszusehen hat: den Begriff der Moral.

Zur Beantwortung der Frage über eine gerechte Verteilungsregel vertritt *Tugendhat* – wie auch *Rawls* – ein egalitäres Gleichheitssystem als Grundlage jeder Verteilung. Er begründet dies mit der Tatsache, dass die Gleichheit die einfachere Verteilungsregel sei, da sie lediglich für ein einziges Konzept stehe, wohingegen die Ungleichheit u.U. für unendlich viele verschiedene Konzepte stehe.[234] Sodann fragt *Tugendhat* nach Gründen, das egalitäre Konzept einzuschränken. Wie auch *Rawls* – im Hinblick auf eine mögliche Ungleichbehandlung im Rahmen des Differenzprinzips – lässt *Tugendhat* die Möglichkeit der Rechtfertigung einer ungleichen Verteilung damit zu. *Tugendhat* differenziert im Rahmen der Rechtfertigung von Ungleichheiten zwischen primärer und sekundärer Diskriminierung.[235] Primäre Diskriminierung sei gegeben, wenn angenommen wird, dass es eine vorausgehende Wertunterscheidung zwischen den Menschen gibt. Unter einer vorausgehenden Wertunterscheidung versteht *Tugendhat* eine Unterscheidung der Menschen nach ihren angeborenen Merkmalen.[236] Zu diesen Merkmalen gehören sicherlich die Hautfarbe und das Geschlecht. Unterscheidungen aufgrund dieser Merkmale hat es in der jüngeren Vergangenheit auch in Mitteleuropa noch häufig gegeben.[237] Aufgrund der mittlerweile weitgehenden Aufgabe von derartigen traditionalistischen Vorstellungen, ist *Tugendhat* der Ansicht, dass sich in der

233 *Tugendhat*, Vorlesungen über Ethik, S. 365 Fn. 2.

234 *Tugendhat*, Vorlesungen über Ethik, S. 374. Der britische Philosoph *David W. Miller* (geb. 1942) spricht in diesem Zusammenhang von einer rein negativen Begründung für eine gleiche Verteilung, in: Grundsätze sozialer Gerechtigkeit, S. 289.

235 *Tugendhat*, Vorlesungen über Ethik, S. 375.

236 *Tugendhat*, Vorlesungen über Ethik, S. 375.

237 Als Beispiel lässt sich die umfassende Einführung des Wahlrechts für Frauen in einigen Staaten Mitteleuropas anführen. In der Schweiz wurde es auf Bundesebene im Jahre 1971 und in Liechtenstein erst 1984 eingeführt.

heutigen Zeit primäre Diskriminierungen nicht mehr rechtfertigen lassen.[238] Dies begründet er u.a. mit dem Indiz, dass etwa die Forderung für gleiche Rechte der Frauen bzw. Farbigen überall dort, wo keine traditionalistischen Vorstellungen gegeben sind, zumindest verbal unangefochten sind. Das Verbot von primären Diskriminierungen ist daher ein Verbot, welches sich lediglich mit moralischen Vorstellungen rechtfertigen lässt. Zu Recht räumt *Tugendhat* in diesem Zusammenhang ein, dass moralische Vorstellungen jedoch auch dem Wandel der Zeit unterliegen und somit nicht zwingend sein können.[239] Die gerechte Verteilungsregel im Urzustand hängt von der Moralvorstellung der jeweiligen Gesellschaft ab, die u.a. auch von den gesetzlichen Regelungen beeinflusst wird.[240] Die Moral und das Gesetz bedingen sich insoweit gegenseitig.

Unter sekundärer Diskriminierung, versteht *Tugendhat* alle Formen von ungleicher Behandlung, die sich gleichwohl ergeben können, wenn auf der primären Ebene keine Ungleichheit stattfindet.[241] Die sekundäre Diskriminierung bezieht sich daher nicht auf eine vorausgehende Wertunterscheidung der Personen bzw. auf ihnen angeborene Merkmale. Im Rahmen der sekundären Diskriminierung könnten das Bedürfnis oder der Verdienst einer Person sowie von ihr erworbene Rechte eine Rechtfertigung für eine Ungleichbehandlung darstellen.

2. Übertragung des Differenzierungsmodells auf die Thematik der Arbeit

Überträgt man die von *Tugendhat* aufgestellte Differenzierung nach primärer und sekundärer Diskriminierung auf die vorliegende Arbeit, so dürfte das Diskriminierungsmerkmal Alter ein angeborenes Merkmal sein. Folge dieser Zuordnung ist, dass eine Unterscheidung nach dem Alter von Personen eine primäre Diskriminierung darstellt, die jedenfalls in solchen Gesellschaften, die sich von traditionalistischen Ansichten verabschiedet haben, nicht zu rechtfertigen ist. In unserer mitteleuropäischen bzw. deutschen Gesellschaft, die sich infolge der Zeit des Nationalismus und Faschismus im 20. Jahrhundert von traditionalistischen Vorstellungen verabschiedet hat, dürfte die Verteilung im Urzustand im Hinblick auf angeborene Merkmale eine gleiche sein. Eine Möglichkeit der Rechtfertigung

238 In diesem Sinne spricht sich auch *Ladwig* aus, der mehrmals konstatiert, dass primäre Diskriminierung ausgeschlossen sei und damit eine Rechtfertigungsmöglichkeit derselben nicht zulässt, in: *Ladwig*, Gerechtigkeitstheorien, S. 93, 96.

239 *Tugendhat*, Vorlesungen über Ethik, S. 374 f.

240 Insofern spricht *Tugendhat* richtigerweise auch davon, dass das Verbot der primären Diskriminierung etwas die Moral Mitkonstituierendes ist; in: *Tugendhat*, Vorlesungen über Ethik, S. 377.

241 *Tugendhat*, Vorlesungen über Ethik, S. 378.

von Diskriminierungen aufgrund des Alters kommt, da eine Differenzierung nach dem Alter eine primäre Diskriminierung darstellt, nicht in Betracht. Daraus folgt, dass die Übertragung von *Tugendhats* Differenzierungsmodell auf das Merkmal Alter dazu führt, dass Altersdiskriminierungen stets als unzulässig anzusehen wären.

Da das Alter als ein angeborenes Merkmal anzusehen ist, spielen die Ausführungen von *Tugendhat* im Hinblick auf die sekundäre Diskriminierung keine Rolle. Eine genauere Erläuterung der Rechtfertigungsmöglichkeiten im Rahmen der sekundären Diskriminierung kann daher an dieser Stelle unterbleiben.

IV. Prinzip eines Non-Egalitarismus

1. Etablierung eines absoluten Verteilungsmaßstabes

In jüngerer Vergangenheit mehren sich diejenigen Stimmen, die Kritik am Egalitarismus üben.[242] Zum einen wird vorgebracht, dass die oben genannten Befürworter des Egalitarismus keine hinreichende Begründung für die Gleichverteilung als Ausgangsverteilung darlegen können.[243] Zum anderen beruht die Kritik am Egalitarismus ganz wesentlich auf der Annahme, dass es im Grunde nicht darauf ankomme, wie eine Person im Verhältnis zu anderen Personen behandelt werde. Einzig und allein entscheidend sei vielmehr, ob es der Person insgesamt gut gehe und ob deren Bedürfnisse befriedigt werden.[244] Das erforderliche Maß an Gütern, welches eine Person benötigt, hängt somit von der Person selbst ab. Ist eine Person arm oder hungert sie, so müssten *Gosepath* zufolge dieser Person so lange Güter gewährt werden bis dieser Zustand beendet wird (sog. Prinzip des *Humanitären Non-Egalitarismus*).[245] Dieser absolute Verteilungsmaßstab müsse zumindest hinsichtlich derjenigen Standards, die für ein menschenwürdiges Leben notwendig sind, gelten.[246] Wenn eine Person leidet, so

---

242 Als Vertreter dieses Antiegalitarismus können die deutschen Philosophen *Wolfgang Kersting* (geb. 1946), *Angelika Krebs* (geb. 1961) und *Stefan Gosepath* (geb. 1959) sowie der Israeli *Joseph Raz* (geb. 1939) und der US-Amerikaner *Harry G. Frankfurt* (geb. 1929) angesehen werden.

243 *Raz*, Strenger und rhetorischer Egalitarismus, in: Gleichheit oder Gerechtigkeit: Texte der neuen Egalitarismuskritik, S. 59 ff.

244 *Frankfurt*, Gleichheit und Achtung, S. 41, in: Gleichheit oder Gerechtigkeit: Texte der neuen Egalitarismuskritik, S. 41.

245 *Gosepath*, in: Gleiche Gerechtigkeit, S. 176.

246 *Krebs*, Einleitung: Die neue Egalitarismuskritik im Überblick, in: Gleichheit oder Gerechtigkeit: Texte der neuen Egalitarismuskritik, S. 16 ff.

müsse dieser Person aufgrund der Menschenwürde geholfen werden und nicht aus dem Grund, dass es anderen besser geht als ihm selbst. Gleichheit, die sich nach erfolgter Hilfe einstelle, erfolge nicht der Gleichheit willen, sondern sei lediglich ein Nebenprodukt ausgeübter Menschenwürde.[247]

2. Übertragung des Non-Egalitarismus auf die Thematik der Arbeit

Folgt man dem dargestellten Prinzip des Non-Egalitarismus, so bleiben relationale Erwägungen im Hinblick auf eine gleiche Verteilung außer Betracht. Im Hinblick auf die Tarifgestaltung bei privaten Versicherungsverträgen, müsste man, zumindest bezogen auf den von *Gosepath* beschriebenen *Humanitären Non-Egalitarismus*, davon ausgehen, dass ein Versicherungsnehmer nur einen Betrag leisten muss, der unter moralischen Gesichtspunkten gerechtfertigt erscheint. Unabhängig von der Fragestellung, ob ein solches System funktionieren würde, steht fest, dass unterschiedliche Tarife aufgrund unterschiedlichen Alters nach dem Prinzip des *Humanitären Non-Egalitarismus* möglich sind. Denn die Vertreter eines Non-Egalitarismus würden unterschiedliche Tarife aufgrund des Lebensalters nicht beanstanden. Sie würden eine derartige Tarifgestaltung jedoch auch nicht befürworten. Vielmehr spielt das Alter für sie als Differenzierungskriterium keinerlei Rolle. Nicht die Gleichheit bzw. Ungleichheit steht für die Non-Egalitaristen im Vordergrund, sondern Aspekte der Moral und der Menschenwürde.

E. Fazit

Aus rechtsphilosophischer Sicht kann eine (Anti-)Diskriminierungsdebatte nicht ohne eine Debatte um die Gleichheit geführt werden. Die Gleichheit bildet den zentralen Ausgangspunkt für eine solche Debatte. Neben der Gleichheit spielen weitere Begrifflichkeiten bzw. Aspekte eine Rolle. Es lässt sich jedoch feststellen, dass die Betrachtung der Menschenwürde und der Freiheit im Hinblick auf den Begriff der Gleichheit zu keinem zwingenden Ergebnis führt. Es ist fernliegend Altersregelungen dem Bereich von Art. 1 GG zu unterstellen, mit der Folge, dass diese dem Kernbereich der Menschenwürde zuzuordnen sind. Der Begriff der Gleichheit stimmt aber in vielen Aspekten mit dem Begriff der Gerechtigkeit überein. Gerechtigkeitsgesichtspunkte werden dabei meist auf der Ebene der Rechtfertigung angeführt.

---

247 *Krebs*, Einleitung: Die neue Egalitarismuskritik im Überblick, in: Gleichheit oder Gerechtigkeit: Texte der neuen Egalitarismuskritik, S. 16 ff.

Die letztgenannte Auffassung der Non-Egalitaristen ist nach Ansicht des Verfassers nicht in der Lage eine – aus rechtsphilosophischer Sicht – richtige Regelung zu finden. Dies rührt aus der Tatsache her, dass ein Versicherungssystem auf die Vergleiche der verschiedenen Teilnehmer angewiesen ist, um einen gerechten Tarif für alle zu finden. Der absolute Ansatz hingegen beschäftigt sich mit der einzelnen Person und versucht einen für sie gerechten Tarif zu finden.

Hingegen hilft das aristotelische Modell bei der philosophischen Beurteilung einer richtigen philosophischen Regelung weiter, auch wenn man es auf die heutige Zeit nicht vollständig übertragen kann, da eine dort aufgeführte Klassengesellschaft heutzutage nicht existiert. Dennoch ist die aristotelische Unterteilung von ausgleichender und verteilender Gerechtigkeit von Relevanz, denn im Hinblick auf die Thematik der Arbeit ist die verteilende Gerechtigkeit ausschlaggebend. Unterschiedliche Tarife führen zu einer unterschiedlichen Verteilung von Gütern. Im Rahmen der verteilenden Gerechtigkeit stehen sich nunmehr im Wesentlichen zwei Lager gegenüber: Diejenigen, die ein non-egalitaristisches Konzept, zu dem wohl auch das aristotelische Gleichheitskonzept gezählt werden kann, befürworten und diejenigen, die einem egalitaristischen Gleichheitskonzept nahe stehen wie *Rawls*, *Dworkin* und *Tugendhat*. So sehr sich die beiden Ansichten im Rahmen der distributiven Gerechtigkeit auf den ersten Blick unterscheiden, so haben beide Ansichten doch nicht unerhebliche Gemeinsamkeiten. Denn sowohl die Verfechter des egalitären Gleichheitskonzepts als auch die Aristoteliker sehen eine gleiche Verteilung als gerecht an, sofern es keinerlei Gründe für eine unterschiedliche Verteilung gibt. Bei den Verfechtern des egalitären Gleichheitskonzepts ist sie die Regel, bei den Aristotelikern die Ausnahme. Auf der anderen Seite sehen beide Ausformungen der distributiven Gerechtigkeit auch eine ungleiche Verteilung vor. Das egalitäre Prinzip befürwortet eine ungleiche Verteilung, wenn die Personen aus bestimmten Gründen mehr oder weniger verdienen. Die Aristoteliker gehen bei Personen verschiedener Klassen bzw. Würdigkeit bereits im Ursprung von einer gerechten ungleichen Verteilung aus. Eine unterschiedliche Würdigkeit bei Personen anzunehmen ist jedoch mit den Grundgedanken der Aufklärung nicht vereinbar.

Sowohl die vorangegangenen Erwägungen als auch die kantinische Ethik, die das Naturrecht nachvollziehbar widerlegte, führen zu dem Schluss, dass aus rechtsphilosophischer Sicht unterschiedliche Tarife aufgrund des Lebensalters nicht zuzulassen sind. Das moralische Gesetz *Kants* führt dies mit Hilfe des kategorischen Imperativs auf die Gesetzgebung der Menschen an sich selbst zurück. Die Egalitaristen hingegen ziehen sich auf die Tatsache zurück, dass alle Menschen im Grunde gleich sind und Dinge, auf die ein Mensch keinerlei Einfluss hat, nicht zu seinem Nachteil verwendet werden dürften.

§ 4 Privatversicherungen

A. Begriff

Das VVG[248] definiert weder einen allgemeinen Versicherungsbegriff, noch einen speziellen Privatversicherungsbegriff.[249] Nach der Rechtsprechung des Bundesverwaltungsgerichts liegt ein Versicherungsgeschäft dann vor, wenn gegen Entgelt für den Fall eines ungewissen Ereignisses bestimmte Leistungen übernommen werden, wobei der Versicherer das übernommene Gesamtrisiko auf eine Vielzahl durch die gleiche Gefahr bedrohter Personen verteilt und der Risikoübernahme eine auf dem Gesetz der großen Zahl beruhende Kalkulation zugrunde legt.[250] Charakteristisch für Privatversicherungen ist – im Gegensatz zu den Sozialversicherungen, deren Mitgliedschaft kraft Gesetzes beginnt – der Abschluss eines privatrechtlichen Versicherungsvertrages. Aufgrund des abgeschlossenen Versicherungsvertrages übernimmt der Versicherer vielerlei wirtschaftliche Einzelrisiken.[251] Denn die Sachverhalte, die einen Versicherungsfall auslösen, können sehr unterschiedlich und vielfältig sein. Durch Zahlung der Prämie leitet der Versicherungsnehmer das Risiko eines Schadensereignisses auf den Versicherer über. Der Versicherer wiederum leitet das Risiko auf die gesamte Versicherungsgemeinschaft über. Es findet demnach ein Risikotransfer statt.

B. Die (Brutto-)Prämie

Die Zahlung des Versicherungsbeitrags, die sog. Prämie, ist eine Primärpflicht des Versicherungsnehmers und bildet daher einen Kernbestandteil des Privatversicherungsvertrages. Zur Veranschaulichung wird oftmals die gesamte Prämie in mehrere Prämiensegmente untergliedert. Die einzelnen Prämiensegmente repräsentieren einen bestimmten Kostenanteil der gesamten Prämie, wodurch Planungs-, Entscheidungs- und Kontrollzwecke ermöglicht werden.[252] Aufgrund der

248 Gesetz über den Versicherungsvertrag (Versicherungsvertragsgesetz – VVG) v. 23. November 2007 (BGBl. I S. 2631), zuletzt geändert durch Art. 8 Abs. 21 Bilanzrichtlinie-Umsetzungsgesetz v. 17. Juli 2015 (BGBl. I S. 1245).

249 *Armbrüster*, in: Prölss/Martin, VVG, 29. Aufl. 2015, § 1 Rn. 1.

250 BVerwGE 3, 220, 221; 75, 155, 159 f.

251 *Wandt*, in: Karlsruher Forum 2004: Haftung wegen Diskriminierung nach derzeitigem und zukünftigem Recht, S. 121.

252 *Farny*, Versicherungsbetriebslehre, 5. Aufl. 2011, S. 60.

Aufgliederung der Prämie in einzelne Prämiensegmente wird die zu zahlende Prämie auch als Bruttoprämie bezeichnet.[253]

I. Segmente bzw. Kostenanteile der Prämie

Ein Segment der Prämie stellt die sog. Nettorisikoprämie dar.[254] Dieses Prämiensegment bildet den Deckungsbeitrag für den Erwartungswert der Schäden.[255] Der Erwartungswert der Schäden und damit die Höhe der Nettorisikoprämie sind maßgeblich von zwei Elementen bestimmt. Zum einen die Häufigkeit, mit der mit einem Schadensereignis zu rechnen ist (Schadens- oder Eintrittswahrscheinlichkeit) und zum anderen die Höhe eines möglichen Schadens bei Eintritt des Schadensereignisses. Ist der Eintritt eines Schadens wahrscheinlich und zudem der mögliche Schaden sehr hoch, so ist die Nettorisikoprämie und damit die Prämie insgesamt ebenfalls hoch. In diesem Falle dürfte sich der Versicherer aufgrund des hohen Risikos Gedanken machen, ob er überhaupt eine Versicherung anbietet. Dies betrifft bspw. die Versicherung von Häusern in Überflutungsgebieten. Ist hingegen der Eintritt eines Schadens unwahrscheinlich und die mögliche Schadenshöhe gering, so fällt auch die Nettorisikoprämie und damit die Prämie insgesamt gering aus. Im diesem Falle dürfte der Versicherungsnehmer aufgrund des geringen Risikos Überlegungen anstellen, ob er überhaupt eine Versicherung in Anspruch nimmt.

Neben der Nettorisikoprämie müssen aus risikopolitischer Sicht auch Zufallsschwankungen und Irrtumsrisiken berücksichtigt werden.[256] Aus diesem Grund berechnet der Versicherer zur Tragung des versicherungstechnischen Risikos einen Sicherheitszuschlag, der ein weiteres Prämiensegment bildet.[257] Realisieren sich derartige Schwankungen und Risiken nicht, wird der Sicherheitszuschlag dem bestehenden Sicherheitskapital zugeführt oder als Gewinn ausgewiesen.[258] Die Nettorisikoprämie und der Sicherheitszuschlag ergeben gemeinsam die sog.

---

253 Wenn im Folgenden von Prämie gesprochen wird, ist somit stets die Bruttoprämie gemeint.

254 Neben dem Begriff Nettorisikoprämie wird auch der Begriff Nettoprämie verwendet.

255 *Farny*, Versicherungsbetriebslehre, 5. Aufl. 2011, S. 61.

256 *Wagner*, Gabler Versicherungslexikon, 1. Aufl. 2011, Stichwort: Risikoprämie – Versicherungswirtschaft.

257 *Schradin*, in: MüKo – VVG, Bd. 1, 1. Aufl. 2010, Betriebswirtschaftslehre der Versicherung (Versicherungsbetriebslehre) Rn. 11.

258 *Farny*, Versicherungsbetriebslehre, 5. Aufl. 2011, S. 61.

Bruttorisikoprämie oder Risikoprämie.[259] Ferner werden zur Deckung der anfallenden Verwaltungskosten und zur Berücksichtigung einer Gewinnmarge weitere Zuschläge berechnet, die jeweils für sich ein Prämiensegment bilden.

II. Zwischenergebnis

Insgesamt bilden somit grundsätzlich vier Segmente, d.h. die Nettorisikoprämie, der Sicherheitszuschlag, die Verwaltungskosten sowie die Gewinnmarge die vom Versicherungsnehmer zu zahlende Prämie.[260]

C. Die allgemeine Prämienberechnung

I. Grundlagen

Grundsätzlich sind bei der Berechnung der Prämiensegmente zwei Verfahrensweisen denkbar: eine einheitliche und eine individuelle Berechnung. Liegt der Berechnung eine einheitliche, d.h. auf alle Versicherungsnehmer bezogene Berücksichtigung zugrunde, so kann gerade aufgrund der einheitlichen Berechnung keine Diskriminierung aufgrund von Diskriminierungsmerkmalen vorliegen. Denn jeder Versicherungsnehmer wird einheitlich und damit gleich behandelt. Zwar können auch Gleichbehandlungen Diskriminierungen darstellen, nämlich in dem Fall, in dem Personen, die ungleiche Diskriminierungsmerkmale aufweisen, gleich behandelt werden. Jedoch wird in diesem Fall der Gleichbehandlung bei den Versicherungsnehmern lediglich ihre Eigenschaft als Individuum bzw. Person berücksichtigt. Im Hinblick auf ein Merkmal „Person" sind die Versicherungsnehmer jedoch nicht ungleich, sondern gleich. Eine Gleichbehandlung aufgrund der einheitlichen Beitragssätze stellt aus diesem Grunde auch keine Diskriminierung dar.

Die Sozialversicherung folgt einer einheitlichen Berechnung im Hinblick auf die Versicherten, d.h. der Versicherte führt einen bestimmten Prozentsatz seines Bruttogehalts an die jeweilige Sozialversicherung ab.[261] Diskriminierungen

259 *Wagner*, Gabler Versicherungslexikon, 1. Aufl. 2011, Stichwort: Risikoprämie – Versicherungswirtschaft.

260 *Schradin*, in: MüKo – VVG, Bd. 1, 1. Aufl. 2010, Betriebswirtschaftslehre der Versicherung (Versicherungsbetriebslehre) Rn. 11; *Wagner*, Gabler Versicherungslexikon, 1. Aufl. 2011, Stichwort: Prämienkalkulation. Bei den verschiedenen Privatversicherungen müssen ggfs. weitere Komponenten berücksichtigt werden; hierzu später mehr, wenn explizit auf die verschiedenen Privatversicherungen eingegangen wird.

261 Die Höhe der Beiträge hängt damit von der wirtschaftlichen Leistungsfähigkeit des Versicherten ab; vgl. *Looschelders*, in: MüKo-VVG, 1. Aufl. 2010, § 1 Rn. 99.

scheiden damit in der Sozialversicherung von vornherein aus. Bei den Privatversicherungen hingegen erfolgt die Berechnung der Prämien individuell, womit auch Diskriminierungen möglich sind.

II. Individuelle Berechnung bei Privatversicherungen

1. Verwendung von Risiko- und Diskriminierungsmerkmalen

Zu einer Diskriminierung kann es nur kommen, wenn Prämien individuell berechnet werden. Fraglich ist, welche weiteren Anforderungen vorliegen müssten, damit Diskriminierungen möglich sind. Eine Voraussetzung ist die Verwendung von Risikomerkmalen. Denn ohne die Verwendung von Risikomerkmalen erscheint eine individuelle Berechnung nicht möglich, da entsprechende Differenzierungskriterien fehlten. Folglich müsste der individuellen Berechnung eine Berechnung zugrunde liegen, bei der Risikomerkmale verwendet werden. Ferner müssten die verwendeten Risikomerkmale ihrerseits selbst Diskriminierungsmerkmale darstellen oder anhand von Diskriminierungsmerkmalen bestimmt werden. Denn ohne die Verwendung von Diskriminierungsmerkmalen kommen Diskriminierungen nicht in Betracht. Demnach kann es zu einer (ungerechtfertigten oder gerechtfertigten) Diskriminierung nur in denjenigen Fällen kommen, in denen eine individuelle Berechnung aufgrund von Risikomerkmalen vorgenommen wird, die ihrerseits zumindest mittelbar aufgrund von Diskriminierungsmerkmalen bestimmt werden.

2. Individuelles Äquivalenzprinzip

Bei der Privatversicherung soll die berechnete Prämie – im Gegensatz zur Sozialversicherung – für jede einzelne Person ein angemessenes Verhältnis zwischen Leistung und Gegenleistung abbilden. Um ein angemessenes Verhältnis zwischen den erwarteten Prämienzahlungen und den erwarteten Versicherungsleistungen zu erreichen, bedient sich der Versicherer mit dem sog. individuellen Äquivalenzprinzip einer individuellen Berechnungsweise.[262] Dieses Prinzip sieht vor, dass

262 Das Gegenteil des individuellen Äquivalenzprinzips wäre eine Einheitsprämie, nach der individuelle Merkmale keine Berücksichtigung fänden und lediglich der Gesamtkapitalbedarf für Leistungen durch die entsprechende Anzahl von Mitgliedern in der Versicherung geteilt würde. Hieraus ergäbe sich die betragsmäßig einheitliche Prämie für die Versicherungsteilnehmer. Im Interesse eines Wettbewerbs zwischen den verschiedenen Versicherern hat sich der europäische Gesetzgeber jedoch gegen eine Einheitsprämie entschieden, vgl. *Wandt*, in: Karlsruher Forum 2004: Haftung wegen Diskriminierung nach derzeitigem und zukünftigem Recht, S. 121 f.

zur Bemessung der Prämie der individuelle Schadenserwartungswert als mengenmäßig zusammengefasster Wert von versicherten Einzelrisiken in Abhängigkeit von bestimmten Risikomerkmalen geschätzt und bei der Berechnung der Prämie berücksichtigt wird.[263] Der Versicherer übernimmt somit vielerlei wirtschaftliche Einzelrisiken, die er zu einem Gesamtrisiko bündelt. Die Gewichtung der Einzelrisiken in dem gebündelten Gesamtrisiko, hängt davon ab, wie viele und welche Risikomerkmale verwendet werden. Die Höhe der Prämie für den Versicherungsnehmer hängt maßgeblich davon ab, ob er ein bestimmtes Risikomerkmal erfüllt bzw. wie risikointensiv er unter die verwendeten Risikomerkmale eingeordnet werden kann. Der Versicherer kann bspw. das Risikomerkmal Beruf verwenden. Nach dem Verwendungsentschluss legt der Versicherer fest, dass eine Ingenieurstätigkeit für eine bestimmte Versicherung risikoreicher ist, als die Ausübung des Lehrerberufs. Ein Ingenieur wäre in diesem Fall in Bezug auf das Risikomerkmal Beruf risikointensiver einzustufen als ein Lehrer und zahlte daher – falls nur das Risikomerkmal Beruf verwendet würde – eine höhere Prämie. Jedoch werden nicht alle Prämiensegmente anhand des individuellen Äquivalenzprinzips berechnet. Dies führt dazu, dass bei denjenigen Segmenten, die nicht nach dem individuellen Äquivalenzprinzip berechnet werden, auch keine Diskriminierungen in Betracht kommen. Fraglich ist, welche Prämiensegmente individuell aufgrund von Risikomerkmalen berechnet werden.

III. Berechnung der Prämiensegmente

1. Nettorisikoprämie

Vielfach wird davon gesprochen, dass die Prämie als solche auf dem individuellen Äquivalenzprinzip basiert.[264] Zu beachten ist jedoch, dass sich die Prämie aus mehreren Segmenten zusammensetzt, die durchaus unterschiedlich berechnet werden. Das individuelle Äquivalenzprinzip sieht eine Berechnung unter Anwendung von Risikomerkmalen vor, was gerade dazu führt dass überhaupt von einer individuellen Berechnung gesprochen werden kann. Die verwendeten Risikomerkmale sind jedoch lediglich für das Segment der Nettorisikoprämie

263 *Wandt*, in: Karlsruher Forum 2004: Haftung wegen Diskriminierung nach derzeitigem und zukünftigem Recht, S. 122.

264 So z.B. *Wandt*, in: Karlsruher Forum 2004: Haftung wegen Diskriminierung nach derzeitigem und zukünftigem Recht, S. 121 f.

maßgeblich.[265] Dies bedeutet jedenfalls, dass zumindest die Nettorisikoprämie aufgrund des angewandten individuellen Äquivalenzprinzips berechnet wird.

2. *Sicherheitszuschlag*

Fraglich ist, ob auch der Sicherheitszuschlag individuell berechnet wird bzw. auf dem individuellen Äquivalenzprinzip beruht. Ist der Erwartungswert der Schäden verhältnismäßig hoch, so kann davon ausgegangen werden, dass auch die Nettorisikoprämie verhältnismäßig hoch ist, damit die möglichen Schäden bei Eintritt des Schadensereignisses ausgeglichen werden können. Dennoch verbleiben Unsicherheiten, die aus relativer Sicht, also prozentual gesehen, nicht höher oder geringer sind als bei gewöhnlichen oder geringen Schadenserwartungen. Der Sicherheitszuschlag ist demzufolge aus relativer Sicht unabhängig von der Schadenshöhe. Beispielsweise kann der Sicherheitszuschlag mit 10 % der Nettorisikoprämie festgesetzt werden. Dies bedeutet jedoch, dass der Sicherheitszuschlag bei einem hohen Schadenserwartungswert aus absoluter Sicht ebenfalls hoch ist. Damit hängt der Sicherheitszuschlag maßgeblich von dem Schadenserwartungswert bzw. der Nettorisikoprämie ab und beruht damit letztlich ebenfalls auf einer individuellen Berechnung. Das individuelle Äquivalenzprinzip ist somit auch bei der Höhe des Sicherheitszuschlags maßgeblich.

3. *Verwaltungskostenbeitrag*

Der Verwaltungskostenbeitrag dürfte unberücksichtigt bleiben. Denn Verwaltungskosten fallen bei jedem Versicherungsnehmer gleichermaßen an. Es ist zwar denkbar, dass die Verwaltungskosten bei einem Versicherungsnehmer effektiv höher sind als bei einem anderen Versicherungsnehmer, etwa weil der eine Versicherungsteilnehmer nicht auf Anhieb Versicherungsunterlagen vollständig und/ oder korrekt ausgefüllt einreicht, sodass Nachfragen erforderlich sind, während ein anderer Versicherungsnehmer alle Unterlagen von vornherein vollständig und korrekt ausgefüllt beim Versicherer einreicht. Jedoch wird eine individuelle Berechnung der Verwaltungskosten in der Praxis nicht vorgenommen. Vielmehr sind die Verwaltungskosten mit Zahlung der Prämien abgegolten. Die Höhe des Verwaltungskostenbeitrags ist zudem unabhängig von der Höhe der Nettorisikoprämie. Das individuelle Äquivalenzprinzip kommt demnach bei der Berechnung des Verwaltungskostenbeitrags nicht zum Tragen. Die Nichtanwendbarkeit des

---

265 *Schradin*, in: MüKo – VVG, Bd. 1, 1. Aufl. 2010, Betriebswirtschaftslehre der Versicherung (Versicherungsbetriebslehre) Rn. 11.

individuellen Äquivalenzprinzips auf den Verwaltungskostenbeitrag führt dazu, dass der Beitrag nicht in Abhängigkeit von bestimmten Risikomerkmalen berechnet wird. Somit kann die Berechnung der Verwaltungskosten nicht zu einer (ungerechtfertigten oder gerechtfertigten) Diskriminierung führen.

4. *Gewinnmarge*

Über die Berechnung der Gewinnmarge gibt es keine sicheren Annahmen. Es steht dem Versicherer aufgrund der Privatautonomie frei, inwiefern und in welcher Höhe er seinen Gewinn in die Prämie einbringt. Es darf jedoch angenommen werden, dass die Gewinnmarge maßgeblich von der individuellen Nettorisikoprämie abhängt. Denn je höher der Betrag der Nettorisikoprämie ist, desto größer kann die einbezogene Gewinnmarge sein, was wiederum zu einem größeren möglichen Gewinn des Versicherers führen kann. Damit enthält die Berechnung der Gewinnmarge auch ein individuelles Element. Trotz dieser zumindest teilweisen Grundlage einer individuellen Berechnung, ist die Gewinnmarge im Hinblick auf das Thema der Arbeit nicht zu berücksichtigen. Denn bei der Berechnung der Gewinnmarge werden keine Risikomerkmale verwendet, was dazu führt, dass Diskriminierungen nicht möglich sind.

5. *Zwischenergebnis*

Die Nettorisikoprämie wird somit unmittelbar individuell und aufgrund von Risikomerkmalen berechnet. Der Sicherheitszuschlag wird zumindest mittelbar individuell und aufgrund von Risikomerkmalen berechnet. Die Nettorisikoprämie dürfte unter den vier Komponenten den prozentual größten Anteil der Prämie ausmachen.[266] Diese Annahme beruht auf der Tatsache, dass letztlich der Schadenserwartungswert den Kernbestandteil der Privatversicherung und damit auch der Prämie ausmacht. Je höher der Schadenserwartungswert, desto höher wird die vom Versicherungsnehmer zu zahlende Prämie sein. Dies erklärt auch die große Differenz der Prämien im Rahmen der verschiedenen Privatversicherungen. Der Sicherheitszuschlag, der Verwaltungskostenbeitrag sowie die Gewinnmarge spielen für die vom Versicherungsnehmer zu zahlende Prämie eine untergeordnete Rolle. Auch wenn sich die Prämie letztlich aus den aufgeführten Anteilen zusammensetzt, muss beachtet werden, dass es sich bei der Aufteilung der Prämie in

---

266 Genaue Statistiken über die prozentuale Verteilung der Kostenanteile an der Prämie sind nicht vorhanden. Dies dürfte vornehmlich daran liegen, dass die mathematischen Berechnungen als Betriebsinterna nicht veröffentlicht werden.

Einzelteile lediglich um ein gedankliches Modell[267] zur besseren Verständlichkeit und Visualisierung der Zusammensetzung von Prämien handelt. Dies bedeutet, dass die Prämie als solche dennoch als Einheit zu verstehen ist. Damit kann auch die Prämie insgesamt bei einer Berücksichtigung des Risikomerkmals Alter in der jeweiligen Versicherung für die vorliegende Arbeit relevant werden.

IV. Risikomerkmale

1. Bestimmung der Risikomerkmale

Fraglich ist, welche Risikomerkmale sich für die Bestimmung der Prämien im Rahmen des individuellen Äquivalenzprinzips eignen. Als Risikomerkmale sind nur solche Merkmale geeignet, die zu vertretbaren Kosten statistisch erfassbar sind und aus ex-ante-Sicht einen deutlichen statistischen Zusammenhang mit der Schadenserwartung haben, d.h. mit dem Schaden korrelieren.[268] Grundsätzlich werden subjektive und objektive Risikomerkmale unterschieden.[269] Subjektive Risikomerkmale sind vom menschlichen Verhalten und von menschlichen Fähigkeiten abhängig.[270] Objektive Risikomerkmale sind Sachverhalte, die vom menschlichen Verhalten unabhängig sind, vor allem Eigenschaften von Sachen und Personen, worunter neben dem Geschlecht auch das Lebensalter einer Person fällt.[271] Menschliches Verhalten und menschliche Fähigkeiten sind als Risiko jedoch nicht hinreichend messbar. Ein Versicherer kann zwar bspw. im Rahmen der Kfz-Versicherung den potentiellen Versicherungsnehmer fragen, wie er sich in einer bestimmten Gefahrensituation verhalten wird und der Befragte kann hierzu auch eine Auskunft erteilen. Jedoch kann der potentielle Versicherungsnehmer selbst hierüber seriös keine Auskunft erteilen. Für die Berechnung der Prämien kommen daher lediglich objektive Risikomerkmale in Betracht.[272] Die Diversität der versicherten Risiken in den unterschiedlichen Privatversicherungen ist jedoch hoch, so dass die von den Versicherern berücksichtigten Risikomerkmale sehr unterschiedlich sind. Als einen ersten Schritt zur Berechnung

---

267 *Walter*, Zur Anwendung von Verallgemeinerten Linearen Modellen zu Zwecken der Tarifierung in der Kraftfahrzeug-Haftpflichtversicherung, S. 92.

268 *Wandt*, in: Karlsruher Forum 2004: Haftung wegen Diskriminierung nach derzeitigem und zukünftigem Recht, S. 122.

269 *Farny*, Versicherungsbetriebslehre, 5. Aufl. 2011, S. 31.

270 *Farny*, Versicherungsbetriebslehre, 5. Aufl. 2011, S. 31.

271 *Farny*, Versicherungsbetriebslehre, 5. Aufl. 2011, S. 31.

272 Im Folgenden sind daher stets die objektiven Risikomerkmale gemeint, auch wenn lediglich von Risikomerkmalen gesprochen wird.

der individuellen Prämien muss der Versicherer daher für den jeweiligen Versicherungsvertrag die geeigneten bzw. von ihm als geeignet angesehenen Risikomerkmale festlegen.

2. *Relatives Verhältnis der Risikomerkmale zueinander*

Die Festlegung der Risikomerkmale durch den Versicherer reicht jedoch für die Bestimmung der Prämien im Rahmen des individuellen Äquivalenzprinzips nicht aus. Die ausgewählten Risikomerkmale müssen vom Versicherer in einem zweiten Schritt in ein Verhältnis zueinander gesetzt werden. Hierzu müssen Abwägungen getroffen werden, welche Risikomerkmale im Hinblick auf die konkrete Privatversicherung stärker gewichtet werden und welche weniger stark. Der Versicherer muss zudem aus ökonomischer und versicherungstechnischer Sicht abwägen, wie wichtig ihm eine möglichst exakte Prämiendifferenzierung ist und welche Kosten er deshalb bereit ist, aufzuwenden, um zu erfahren, welche Risikomerkmale im Rahmen einer bestimmten Versicherung besonders relevant sind.[273] Aussagen über die relative Wertigkeit eines Risikomerkmals innerhalb einer bestimmten Privatversicherung lassen sich jedoch nicht machen, da eine derartig differenzierte Darstellung hinsichtlich der Risikomerkmale von den Versicherern nicht veröffentlicht wird.

3. *Einteilung in Risikogruppen*

Nachdem der Versicherer für die jeweilige Versicherung die zu verwendenden Risikomerkmale festgelegt hat, werden in einem dritten Schritt anhand dieser Risikomerkmale verschiedene Risikogruppen gebildet.[274] Diejenigen Personen, die annähernd gleiche Risikomerkmale aufweisen, bilden dieselbe Risikogruppe.[275] Daraufhin wird anhand der in der Vergangenheit angefallenen Versicherungsleistungen der jeweiligen Risikogruppe ein Erwartungswert für zukünftig

---

273 *Wandt*, in: Karlsruher Forum 2004: Haftung wegen Diskriminierung nach derzeitigem und zukünftigem Recht, S. 123.

274 Für die Kfz-Haftpflichtversicherung: *Meyer, Hans Dieter*, in: VersWissStud, Bd. 24 (2003), S. 180. Diese Vorgehensweise kann jedoch auf andere Privatversicherungen übertragen werden.

275 Dabei würde eine idealtypische Risikoklasse nur homogene Risiken umfassen, also solche mit gleichen Merkmalausprägungen, vgl. *Farny*, Versicherungsbetriebslehre, 5. Aufl. 2011, S. 31. In einer idealtypischen Risikoklasse befänden sich z.B. nur 50-jährige Männer, die allesamt Rechtsanwälte sind und bereits einen Herzinfarkt erlitten haben. Aufgrund der Tatsache, dass derartige Risikoklassen aufgrund der Individualität der Personen und ihrer unterschiedlichen Vergangenheit nicht möglich

anfallende Versicherungsleistungen gebildet und durch die Zahl der Versicherten innerhalb der Risikogruppe geteilt.[276] Den sich daraus ergebenden Quotienten hat jeder Versicherungsnehmer dieser Risikogruppe als Prämie zu zahlen.

Exemplarisch sollen nachfolgend vier Versicherungen herausgestellt werden, bei denen das Lebensalter als Risikomerkmal für gewöhnlich verwendet wird.

D. Ausgewählte Beispiele

I. Kfz-Haftpflichtversicherung

1. Begriff und Bedeutung

Bei der Kfz-Haftpflichtversicherung handelt es sich um eine Schadenversicherung, was bedeutet, dass der Versicherer verpflichtet ist, dem Versicherungsnehmer den durch den Eintritt des Versicherungsfalls konkret entstandenen Vermögensschaden zu ersetzen.[277] Gemäß § 1 PflVG[278] ist der Halter eines Kraftfahrzeugs oder Anhängers mit regelmäßigem Standort im Inland verpflichtet, für sich, den Eigentümer und den Fahrer eine Haftpflichtversicherung zur Deckung der durch den Gebrauch des Fahrzeugs verursachten Personenschäden, Sachschäden und sonstigen Vermögensschäden abzuschließen und aufrechtzuerhalten, wenn das Fahrzeug auf öffentlichen Wegen oder Plätzen verwendet wird. Aufgrund der Tatsache, dass die Kfz-Haftpflichtversicherung eine Pflichtversicherung i.S.d. PflVG ist, ist ihre Bedeutung bei ca. 62,4 Mio. zugelassenen Kraftfahrzeugen in Deutschland[279] außerordentlich hoch. Das Prämienvolumen belief sich im Jahre 2011 auf ca. 12,5 Mrd. Euro.[280]

---

sind, werden Risikoklassen gebildet, die lediglich annähernd gleiche Risikomerkmale aufweisen.

276 Für die Kfz-Haftpflichtversicherung: *Meyer, Hans Dieter*, in: VersWissStud, Bd. 24 (2003), S. 180. Diese Vorgehensweise kann jedoch auf andere Privatversicherungen übertragen werden.

277 *Wandt*, Versicherungsrecht, 5. Aufl. 2010, Rn. 33.

278 Gesetz über die Pflichtversicherung für Kraftfahrzeughalter (Pflichtversicherungsgesetz – PflVG) in der Fassung der Bekanntmachung v. 5. April 1965 (BGBl. I S. 213), zuletzt geändert durch Art. 493 Zehnte Zuständigkeitsanpassungsverordnung v. 31. August 2015 (BGBl. I S. 1474).

279 Kraftfahrtbundesamt, Jahresbilanz des Fahrzeugbestandes, Stand: 1. Januar 2015, unter http://www.kba.de/DE/Statistik/Fahrzeuge/Bestand/bestand_node.html, zuletzt abgerufen am 28. Februar 2016.

280 Gesamtverband der Deutschen Versicherungswirtschaft e.V., Die deutsche Versicherungswirtschaft, Jahrbuch 2012, S. 44.

2. *Prämienberechnung*

Neben den vier klassischen Prämiensegmenten[281] kommt bei der Kfz-Haftpflichtversicherung die Versicherungssteuer als fünftes Segment hinzu. Denn gemäß § 6 Abs. 1 VersStG 1996[282] schuldet zwar der Versicherungsnehmer die Versicherungssteuer; jedoch hat sie grundsätzlich der Versicherer gemäß § 7 Abs. 2 S. 1 zu entrichten. Dieser Umstand führt dazu, dass der Versicherer die Versicherungssteuer schon bei der Kalkulation der Prämie berücksichtigt ohne dass dieser Umstand für den Versicherungsnehmer sichtbar ist. Aufgrund des Hinzutretens der Versicherungssteuer als fünftes Prämiensegment ändern sich zwar die prozentualen Anteile der übrigen vier Prämiensegmente. Nichtsdestotrotz kann bei der Kfz-Haftpflichtversicherung aber dennoch davon ausgegangen werden, dass die Nettorisikoprämie das zentrale Segment der Prämie bleibt. Dies gilt umso mehr, als dass der Steuersatz gemäß § 6 Abs. 1 VersStG 19 Prozent des Versicherungsentgelts ohne Versicherungsteuer beträgt. Dies bedeutet zwar, dass das Prämiensegment „Versicherungssteuer" neben die übrigen Segmente tritt. Jedoch mindern sich dadurch lediglich die prozentualen Anteile der anderen vier Segmente an der Prämie. Das relative Verhältnis der klassischen Prämiensegmente untereinander bleibt unverändert. Bei einem Steuersatz von 19 Prozent kann zudem davon ausgegangen werden, dass das Prämiensegment „Versicherungssteuer" nicht einen größeren Anteil an der Gesamtprämie inne hat als die Nettorisikoprämie. Denn bei einem Steuersatz von 19 Prozent auf das Versicherungsentgelt beträgt der Prämienanteil des Steuersegments an der gesamten Prämie ca. 16 Prozent.

Die Berechnung der Nettorisikoprämie bei der Kfz-Haftpflichtversicherung erfolgt zweistufig: Auf primärer Stufe werden bei Vertragsschluss unterschiedliche Risikomerkmale zur Berechnung der Prämie herangezogen; auf sekundärer Stufe werden schadenfreie Jahre im Rahmen der Schadenfreiheitsklassen honoriert.[283] Mit jedem Jahr, welches der Versicherungsnehmer schadenfrei fährt, wird er in eine höhere Schadenfreiheitsklasse eingestuft, was zu einer geringeren Prämie führt. Im Hinblick auf die Thematik der Arbeit ist jedoch die primäre Stufe, d.h. die verwendeten Risikomerkmale, näher zu betrachten. Bis zur Deregulierung im

---

281 Nettorisikoprämie, Sicherheitszuschlag, Verwaltungskostenbeitrag und Gewinnmarge, siehe unter B.I.

282 Versicherungssteuergesetz (VersStG 1996) in der Fassung der Bekanntmachung v. 10. Januar 1996 (BGBl. I S. 22), zuletzt geändert durch Art. 25 Gesetz zur Umsetzung der Transparenzrichtlinie-Änderungsrichtlinie v. 20. November 2015 (BGBl. I S. 2029). Auf den amtlichen Zusatz „1996" wird nachfolgend verzichtet.

283 *Stadler*, Die Kfz-Versicherung, 2. Aufl. 2008, S. 52.

Jahre 1994 durften die Versicherungsunternehmen in der Kfz-Haftpflichtversicherung nur solche Risikomerkmale verwenden, die behördlich festgelegt wurden und bei denen die Prämie seitens der Behörde genehmigt wurde.[284] Nach der Liberalisierung können die Versicherer selbst entscheiden, welche Risikomerkmale sie für die Berechnung der Prämien verwenden. Die zur Ermittlung der (Nettorisiko-)Prämie verwendeten Risikomerkmale in der Kfz-Haftpflichtversicherung sind u.a. die fahrzeug- und nutzungsbezogenen Merkmale des Fahrzeugtyps, der Zulassungsregion und der jährlichen Kilometerleistung, aber auch der Beruf und das Alter des Versicherungsnehmers als personenbezogene Risikomerkmale.[285] Anhand der verwendeten Risikomerkmale werden sämtliche Versicherungsnehmer in Gruppen eingeteilt.[286] Daraufhin wird der Gesamtschadenserwartungswert der jeweiligen Gruppe nach dem bisherigen Schadensaufwand[287] errechnet und durch die Zahl der Versicherten innerhalb der Gruppe geteilt.[288] Der sich hieraus ergebende Betrag ist die vom Versicherungsnehmer dieser Risikogruppe zu zahlende Prämie. Hinsichtlich der verwendeten Risikomerkmale lohnt sich im Hinblick auf eine Altersdifferenzierung auch ein besonderer Blick auf das zentrale Merkmal[289] der Typklasse. Zur Einteilung der Fahrzeuge in Typklassen werden die Schadensbilanzen der Fahrzeugtypen jedes Jahr analysiert und in sechzehn verschiedene Typklassen (Typklasse 10–25) kategorisiert.[290] Eine höhere Typklasse ist dabei gleichbedeutend mit einer höheren Prämie. Bei der Berechnung der Typklasse haben sich in jüngerer Vergangenheit jedoch Änderungen ergeben. Seit Anfang 2013 wird erstmals sowohl das Alter des Versicherungsnehmers als auch

---

284 *Meyer, Ulrich*, in VersWissStud, Bd. 24 (2003), S. 190; *Bauer*, Die Kraftfahrtversicherung, 6. Aufl. 2010, Rn. 205; *Wandt*, Versicherungsrecht, 5. Aufl. 2010, Rn. 490.

285 *Meyer, Hans Dieter*, in: VersWissStud, Bd. 24 (2003), S. 180; *Meyer, Ulrich*, in VersWissStud, Bd. 24 (2003), S. 190; *Wandt*, in: Karlsruher Forum 2004: Haftung wegen Diskriminierung nach derzeitigem und zukünftigem Recht, S. 122 f., der jedoch nicht alle genannten Merkmale aufzählt.

286 *Meyer, Hans Dieter*, in: VersWissStud, Bd. 24 (2003), S. 180.

287 Bei neuen Modellen wird der Schadensaufwand geschätzt, *Stadler*, Die Kfz-Versicherung, 2. Aufl. 2008, S. 47.

288 *Meyer, Hans Dieter*, in: VersWissStud, Bd. 24 (2003), S. 180.

289 *Meyer, Ulrich*, in VersWissStud, Bd. 24 (2003), S. 190, der neben der Typklasse noch den Beruf des Versicherungsnehmers und die Zulassungsregion als zentrale Risikomerkmale ansieht.

290 Gesamtverband der Deutschen Versicherungswirtschaft e.V., Pressemitteilung v. 10. September 2012, unter http://www.gdv.de/wp-content/uploads/2012/09/PD41_GDV-Typklassen-2012.pdf, zuletzt abgerufen am 28. Februar 2016.

das Alter des jüngsten Fahrzeugnutzers bei der Einteilung der Typklasse berücksichtigt.[291]

Da die Prämien zur Kfz-Haftpflichtversicherung gemäß Ziff. J.1. AKB[292] einmal im Kalenderjahr vom Versicherer dahingehend überprüft werden, ob sie beibehalten werden können oder ob eine Anpassung vorgenommen werden muss, wird auch die Prämie jährlich neu berechnet, was zur Folge hat, dass das Alter des Versicherungsnehmers als Risikomerkmal stets neu von Jahr zu Jahr Berücksichtigung bei der Prämienberechnung findet.

3. *Zwischenergebnis*

Das Lebensalter des Versicherungsnehmers wird in der Kfz-Haftpflichtversicherung zum einen bei der Gruppeneinteilung unmittelbar zur Berechnung der Prämie verwendet. Zum anderen wird es für die Einteilung der Typklassen, die ihrerseits ein zentrales Merkmal für die Gruppeneinteilung darstellen, verwendet. Dies hat zur Folge, dass das Alter zudem mittelbar zur Berechnung der Prämie berücksichtigt wird. Das Alter des Versicherungsnehmers wird dementsprechend zwar auf unterschiedlichen Ebenen, aber dennoch quasi in doppelter Hinsicht berücksichtigt – einmal unmittelbar und einmal mittelbar. Zudem wird seit dem Jahr 2013 mittelbar das Alter des jüngsten Fahrzeugnutzers bei der Berechnung der Prämien berücksichtigt. Aufgrund der mehrfachen Verwendung des Alters des Versicherungsnehmers zur Berechnung der individuellen Prämie ist zwar davon auszugehen, dass das Alter insgesamt ein nicht unwesentliches Risikomerkmal in der Kfz-Haftpflichtversicherung darstellt. Jedoch werden gerade in der Kfz-Haftpflichtversicherung sehr viele Merkmale für die Berechnung der Prämien und Leistungen verwendet, sodass das Merkmal Alter keine hervorgehobene Stellung innerhalb der verwendeten Risikomerkmale einnimmt.

---

291 Gesamtverband der Deutschen Versicherungswirtschaft e.V., Pressemitteilung v. 10. September 2012, unter http://www.gdv.de/wp-content/uploads/2012/09/PD41_GDV-Typklassen-2012.pdf, zuletzt abgerufen am 28. Februar 2016.

292 Allgemeine Bedingungen für die Kfz-Versicherung (AKB), Musterbedingungen des Gesamtverbandes der Deutschen Versicherungswirtschaft e.V., Stand 1. April 2014.

II. Berufsunfähigkeitsversicherung

1. *Begriff und Bedeutung*

Anders als bei der Kfz-Haftpflichtversicherung handelt es sich bei der Berufsunfähigkeitsversicherung um eine Personenversicherung.[293] Kennzeichnend für Personenversicherungen ist, dass die versicherten Gefahren überwiegend in der Beeinträchtigung der körperlichen Unversehrtheit von natürlichen Personen liegen.[294] Zugleich handelt es sich bei der Berufsunfähigkeitsversicherung üblicherweise um eine Summenversicherung.[295] Bei einer Summenversicherung muss der Versicherer bei Eintritt des Versicherungsfalls unabhängig von einem tatsächlich entstandenen wirtschaftlichen Schaden die im Voraus vertraglich vereinbarten Leistungen erbringen.[296] Gemäß §§ 176, 150 Abs. 1 VVG kann der Versicherungsnehmer sich selbst oder einen Dritten als versicherte Person bestimmen.[297] Im Wesentlichen wird die Berufsunfähigkeitsversicherung in zwei Varianten betrieben: zum einen als Zusatzversicherung zu einer Lebens- oder Rentenversicherung (BUZ) und zum anderen als selbständige Versicherung (BUV).[298] Am Ende des Jahres 2009 lag die Summe beider Varianten in Deutschland bei fast 17 Mio. Versicherungsverträgen.[299]

2. *Prämienberechnung*

Die Prämienberechnung in der Berufsunfähigkeitsversicherung weist gegenüber der allgemeinen Prämienberechnung keine Besonderheiten auf. Insbesondere ist die Berufsunfähigkeitsversicherung gemäß § 4 Nr. 5 VersStG von der

---

293 *Neuhaus*, Berufsunfähigkeitsversicherung, 3. Aufl. 2014, S. 20.

294 *Wagner*, Gabler Versicherungslexikon, 1. Aufl. 2011, Stichwort: Personenversicherung.

295 *Neuhaus*, Berufsunfähigkeitsversicherung, 3. Aufl. 2014, S. 21.

296 *Wandt*, Versicherungsrecht, 5. Aufl. 2010, Rn. 1295; *Lorenz*, in: Beckmann/Matusche-Beckmann (Hrsg.) – Versicherungsrechts-Hdb., 3. Aufl. 2015, § 1 Rn. 86.

297 Dies gilt auch für die nachfolgend untersuchten Personenversicherungen und ergibt sich für die private Unfallversicherung aus § 179 Abs. 1 S. 1 VVG, für die private Krankenversicherung aus § 193 Abs. 1 S. 1 VVG und für die Lebensversicherung aus § 150 Abs. 1 VVG. Zur besseren Verständlichkeit wird nachfolgend jedoch stets davon ausgegangen, dass der Versicherungsnehmer auch die versicherte Person ist und damit die verwendeten Risikomerkmale zur Prämienberechnung diejenigen des Versicherungsnehmers sind.

298 *Neuhaus*, Berufsunfähigkeitsversicherung, 3. Aufl. 2014, S. 19; *Dunkel*, in: van Bühren (Hrsg.) – Hdb. Versicherungsrecht, 6. Aufl. 2014, § 15 Rn. 8 f.

299 *Malik*, Risikomanagement in der Berufsunfähigkeitsversicherung, S. 25.

Besteuerung ausgenommen. Die Berechnung der Nettorisikoprämie erfolgt, wie bereits erläutert, anhand von verschiedenen Risikomerkmalen. Im Gegensatz zur Kfz-Haftpflichtversicherung werden in der Berufsunfähigkeitsversicherung typischerweise nur wenige Risikomerkmale verwendet. Diese sind u.a. der vom Versicherungsnehmer ausgeübte Beruf, sein Gesundheitszustand sowie sein Eintrittsalter.[300] Teilweise werden auch die Versicherungs- und Leistungsdauer[301] als Risikomerkmale angesehen.[302] Dies ist jedoch nicht zutreffend, da diese keine Eigenschaften von Personen oder Sachen darstellen und damit als Risikomerkmale nicht in Betracht kommen.[303] Die Leistungs- und Versicherungsdauer haben zwar großen Einfluss auf die Höhe der Prämie; jedoch beruht diese Auswirkung auf der vom Versicherungsnehmer gewählten inhaltlichen Ausgestaltung des Versicherungsvertrages. Die verwendeten Risikomerkmale gelten sowohl für die BUZ als auch für die BUV. Denn auch bei der BUZ wird das Risiko der Berufsunfähigkeit separat versichert, ohne dass Prämienteile für die Lebens- oder Rentenversicherung (sog. Träger- oder Hauptversicherung) verwandt werden müssen.[304] Die getrennte Betrachtungsweise in der BUZ kommt zudem in § 9 Abs. 2 BUZ 2010[305] zum Ausdruck. Diese Norm bestimmt, dass eine Berufsunfähigkeitszusatzversicherung, für die laufende Beiträge zu zahlen sind, zumindest zu Beginn des Versicherungsverhältnisses für sich allein kündbar ist und jedenfalls insofern halbseitig vom Schicksal der Hauptversicherung unabhängig ist.

Im Hinblick auf die Thematik der Arbeit ist das Eintrittsalter als Risikomerkmal näher zu betrachten. Ein Versicherer verwendet das Eintrittsalter als Risikomerkmal, um sich gegen biometrische Risiken abzusichern.[306] Biometrische Risiken

---

300 *Landmann*, Hdb. der Berufsunfähigkeit, 2. Aufl. 2009, S. 34 ff.; *Balodis/Hühne*, Berufsunfähigkeit gezielt absichern, 5. Aufl. 2013, S. 35 ff.; *Malik*, Risikomanagement in der Berufsunfähigkeitsversicherung, S. 32.

301 Die Versicherungsdauer ist der Zeitraum, in dem der Versicherer und der Versicherungsnehmer aus einem Versicherungsvertrag verpflichtet sind; vgl. *Wagner*, Gabler Versicherungslexikon, 1. Aufl. 2011, Stichwort: Versicherungsdauer. Die Leistungsdauer ist der Zeitraum, bis zu dem der Versicherer im Versicherungsfall zur Leistung verpflichtet ist; vgl. Versicherungsarchiv.de, unter http://www.versicherungsarchiv.de/versicherungsvergleich/leistungsdauer, zuletzt abgerufen am 28. Februar 2016.

302 *Malik*, Risikomanagement in der Berufsunfähigkeitsversicherung, S. 32.

303 Siehe unter C.IV.1.

304 *Neuhaus*, Berufsunfähigkeitsversicherung, 3. Aufl. 2014, S. 19.

305 Allgemeine Bedingungen für die Berufsunfähigkeits-Zusatzversicherung (BUZ 2010), die jedoch als Musterbedingungen des GDV für die Versicherer unverbindlich sind, Stand: 23. August 2010.

306 *Wagner*, Gabler Versicherungslexikon, 1. Aufl. 2011, Stichwort: Eintrittsalter.

sind solche Risiken, die eng verbunden mit dem Lebensablauf zusammenhängen und über deren Eintrittswahrscheinlichkeiten umfassende Statistiken vorliegen.[307] Bezogen auf die Berufsunfähigkeitsversicherung ist das biometrische Risiko dasjenige, dass der Versicherungsnehmer mit zunehmendem Alter auch zunehmend anfällig für Krankheiten und Invalidität wird. Die Heranziehung des Eintrittsalters als Risikomerkmal bedeutet bspw. für einen 35-jährigen Versicherungsnehmer, dass dieser eine höhere Prämie zu zahlen hätte als ein Versicherungsnehmer, der mit 30 Jahren in das Versicherungsverhältnis eintritt – freilich vorausgesetzt die anderen Risikomerkmale sind identisch. Im Rahmen der Berufsunfähigkeitsversicherung verhält es sich so, dass je älter der Versicherungsnehmer bei Eintritt in das Versicherungsverhältnis ist, desto höher ist seine Prämie. Ab der Erreichung eines bestimmten Lebensalters droht einem Antragssteller sogar eine gänzliche Ablehnung durch den Versicherer.[308]

Zur Berechnung der Prämie werden die Versicherungsnehmer ebenso wie in der Kfz-Haftpflichtversicherung anhand der verwendeten Risikomerkmale in Risikogruppen eingeteilt. Aufgrund der Tatsache, dass der Beruf in der Berufsunfähigkeitsversicherung das wichtigste Risikomerkmal darstellt[309], dürfte die vorzunehmende Einteilung primär anhand von Berufsgruppen erfolgen. Nichtsdestotrotz ist auch das Eintrittsalter für den Versicherer ein wichtiges Risikomerkmal. Dies dürfte bereits deshalb der Fall sein, da in der Berufsunfähigkeitsversicherung typischerweise nur wenige Risikomerkmale zur Bestimmung der Prämie verwendet werden.[310]

3. *Zwischenergebnis*

In der Berufsunfähigkeitsversicherung wird das Eintrittsalter der Versicherungsnehmer als Risikomerkmal für die Berechnung der Prämie verwendet. Aufgrund der Tatsache, dass bei der Berechnung der Prämie zur Berufsunfähigkeitsversicherung nur wenige Risikomerkmale berücksichtigt werden, ist das Eintrittsalter zumindest ein nicht unwesentliches Merkmal für die Berechnung der Prämie, wenn auch nicht das Wichtigste.

---

307 *Wagner*, Gabler Versicherungslexikon, 1. Aufl. 2011, Stichwort: Biometrisches Risiko.

308 BT-Drucks. 14/9125 v. 16. Mai 2002, abgedr. in VersR 2002, 1217 f.

309 *Balodis/Hühne*, Berufsunfähigkeit gezielt absichern, 5. Aufl. 2013, S. 40 ff.

310 Nach dem Wegfall des Merkmals Geschlecht aufgrund des Urteils vom EuGH in der Rechtssache „Test-Achats“ (hierzu später in § 6.C.4. der Arbeit) dürfte diese Annahme erst recht zutreffen.

III. Private Unfallversicherung

1. *Begriff und Bedeutung*

Die private Unfallversicherung ist sowohl eine Personen- als auch eine Summenversicherung.[311] Im Gegensatz zur gesetzlichen Unfallversicherung schützt die private Unfallversicherung den Versicherungsnehmer nicht lediglich vor den finanziellen Folgen eines Arbeitsunfalls oder einer Berufskrankheit, sondern vor jeglichen Unfällen.[312] Gemäß § 178 Abs. 2 S. 1 VVG liegt ein Unfall vor, wenn die versicherte Person durch ein plötzlich von außen auf ihren Körper wirkendes Ereignis unfreiwillig eine Gesundheitsschädigung erleidet.[313] In der Praxis haben sich zahlreiche verschiedene Arten der Unfallversicherung entwickelt. Neben der klassischen Unfallversicherung gibt es – wie bei der privaten Krankenversicherung – Unfallzusatzversicherungen und Unfallversicherungen mit Prämienrückgewähr, bei denen der Versicherer zusagt, zu einem vereinbarten Ablauftermin oder beim Tod des Versicherungsnehmers eine Rückzahlung an selbigen bzw. dessen Erben zu leisten.[314] Im Jahr 2011 betrug das Prämienvolumen bei ca. 27 Mio. Versicherungsverträgen etwa 6,5 Mrd. Euro.[315]

2. *Prämienberechnung*

Wie bei der Kfz-Haftpflichtversicherung kommt auch bei der privaten Unfallversicherung die Versicherungssteuer als fünftes Segment der Prämienberechnung hinzu.[316] Die Ausnahme von der Besteuerung gilt nur für die gesetzliche Unfallversicherung (§ 4 Nr. 3 VersStG). Gemäß § 6 Abs. 1 VersStG beträgt der Steuersatz

---

311 *Kloth,* Private Unfallversicherung, 2. Aufl. 2014, S. 4.

312 *Mangen*, in: Beckmann/Matusche-Beckmann (Hrsg.) – Versicherungsrechts-Hdb., 3. Aufl. 2015, § 47 Rn. 1.

313 Zwar ist § 178 Abs. 2 S. 1 VVG nicht zwingend, so dass ein abweichender Unfallbegriff vereinbart werden kann; jedoch haben sich andere Unfallbegriffe bislang nicht durchgesetzt, vgl. *Naumann*, in: van Bühren (Hrsg.) – Hdb. Versicherungsrecht, 6. Aufl. 2014, § 16 Rn. 11.

314 *Kloth,* Private Unfallversicherung, 2. Aufl. 2014, S. 4.

315 Gesamtverband der Deutschen Versicherungswirtschaft e.V., Die deutsche Versicherungswirtschaft, Jahrbuch 2012, S. 53.

316 So auch ausdrücklich Nr. 11.1.2 Allgemeine Unfallversicherungsbedingungen (AUB 2014), die jedoch als Musterbedingungen des GDV für die Versicherer unverbindlich sind, Stand: 25. März 2014

bei der klassischen privaten Unfallversicherung 19 Prozent.[317] Hinsichtlich der Prämienberechnung gelten für die Unfallversicherung mit Prämienrückgewähr gemäß § 161 VAG grundsätzlich die Vorschriften zur Prämienkalkulation in der Lebensversicherung.[318] Die folgenden Ausführungen gelten daher nicht für diese Form der Unfallversicherung.

Die Berechnung der Nettorisikoprämie erfolgt – wie bei den zuvor genannten Versicherungen auch – anhand von verschiedenen Risikomerkmalen. Zu den in der privaten Unfallversicherung verwendeten Risikomerkmalen gehören das Alter, eine Behinderung sowie der Gesundheitszustand der versicherten Person.[319] Hinsichtlich des Alters ist grundsätzlich das Alter bei Vertragsschluss für den Versicherungsschutz entscheidend und das Erreichen einer bestimmten Altersgrenze führt nicht zu einer Neuberechnung der Prämie.[320] Somit ist das Eintrittsalter des Versicherungsnehmers das verwendete Risikomerkmal. Nach der Bestimmung der Risikomerkmale erfolgt wiederum eine Einteilung der Versicherungsnehmer in verschiedene Risikogruppen. Die Risikogruppen werden typischerweise aufgrund ihres Alters festgelegt, was zu Tarifen für Kinder, Erwachsene und Senioren führt.[321] Eine solche Einteilung der Risikogruppen aufgrund des Alters führt zwangsläufig zu unterschiedlichen Prämien[322], wodurch ungerechtfertigte Diskriminierungen grundsätzlich möglich sind.

3. *Zwischenergebnis*

In der privaten Unfallversicherung führt die Verwendung des Eintrittsalters des Versicherungsnehmers zur Berechnung der Prämie zu einer altersgemäßen Einteilung aller Versicherungsnehmer in Risikogruppen. Aufgrund der Tatsache, dass auch bei der privaten Unfallversicherung nur wenige Risikomerkmale verwendet werden und zudem eine Einteilung der Risikogruppen anhand des Risikomerkmals Alter üblicherweise vorgenommen wird, dürfte außer Frage stehen, dass das Eintrittsalter der Versicherungsnehmer ein wesentliches Risikomerkmal für die Berechnung der Prämie darstellt.

---

317 Der verminderte Steuersatz von 3,8 Prozent gilt lediglich für die Unfallversicherung mit Prämienrückgewähr (§ 6 Abs. 2 Nr. 6 VersStG).

318 Zu den Lebensversicherungen sogleich unter D.V.

319 *Leverenz*, in: Bruck/Möller-VVG, Bd. 9, 9. Aufl. 2010, Vor § 178 Rn. 99, AUB 2008 Ziff. 13 Rn. 4; *Thüsing/v. Hoff*, VersR 2007, 1, 7.

320 *Leverenz*, in: Bruck/Möller-VVG, Bd. 9, 9. Aufl. 2010, Vor § 178 Rn. 103.

321 *Leverenz*, in: Bruck/Möller-VVG, Bd. 9, 9. Aufl. 2010, Vor § 178 Rn. 103.

322 *Leverenz*, in: Bruck/Möller-VVG, Bd. 9, 9. Aufl. 2010, Vor § 178 Rn. 103.

IV. Private Krankenversicherung

1. Begriff und Bedeutung

Auch bei der privaten Krankenversicherung handelt es sich – jedenfallsprimär – um eine Personenversicherung.[323] Die Bedeutung der privaten Krankenversicherung in Deutschland ist groß. Mitte des Jahres 2012 hatten ca. 22,6 Mio. Menschen eine private Krankenzusatzversicherung abgeschlossen; ca. 9,0 Mio. Menschen waren privat vollversichert.[324] Die Prämieneinnahmen beliefen sich in den privaten Zusatzversicherungen im Jahr 2011 auf ca. 6,9 Mrd. Euro und in der Krankenvollversicherung auf über 25 Mrd. Euro.[325] Eine private Krankenversicherung gilt als Vollversicherung, wenn der Versicherte die private Krankenversicherung anstelle einer gesetzlichen Krankenversicherung und nicht als Ergänzung zu letztgenannter abgeschlossen hat, wobei auch die Versicherung von beihilfeberechtigten Personen (z.B. Beamte, Richter) als Vollversicherung angesehen wird.[326] Die Vollversicherung tritt an die Stelle der gesetzlichen Krankenversicherung und ist somit eine Krankheitskostenversicherung. Gemäß § 192 VVG verpflichtet eine Krankheitskostenversicherung den Versicherer, im vereinbarten Umfang die Aufwendungen für medizinisch notwendige Heilbehandlung wegen Krankheit oder Unfallfolgen und für sonstige vereinbarte Leistungen einschließlich solcher bei Schwangerschaft und Entbindung sowie für ambulante Vorsorgeuntersuchungen zur Früherkennung von Krankheiten nach gesetzlich eingeführten Programmen zu erstatten. Da die vom Versicherungsnehmer gewählte private Krankenvollversicherung den im gesetzlichen Sozialversicherungssystem vorgesehenen Krankenversicherungsschutz ersetzen kann, handelt es sich bei ihr gemäß § 146 Abs. 1 VAG zudem um eine substitutive Krankenversicherung. Eine substitutive Krankenversicherung liegt vor, soweit sie Schutz gegen die gleichen Risiken wie die

---

323 Gleichzeitig ist sie auch eine Schadensversicherung, da sie nach der vertraglich vereinbarten Leistung den Vermögensschaden ausgleicht, der durch die Krankheit entstanden ist; vgl. *Commer*, in: van Bühren (Hrsg.) – Hdb. Versicherungsrecht, 6. Aufl. 2014, § 17 Rn. 8 ff.

324 Gesamtverband der Deutschen Versicherungswirtschaft e.V., Die deutsche Versicherungswirtschaft, Jahrbuch 2012, S. 38.

325 Gesamtverband der Deutschen Versicherungswirtschaft e.V., Die deutsche Versicherungswirtschaft, Jahrbuch 2012, S. 40.

326 Verband der Privaten Krankenversicherung, Zahlenbericht 2012, S. 13, unter https://www.pkv.de/service/broschueren/daten-und-zahlen/zahlenbericht-2012/, zuletzt abgerufen am 28. Februar 2016.

gesetzliche Krankenversicherung bietet und nicht lediglich dem Ausgleich von Leistungsbegrenzungen in der gesetzlichen Krankenversicherung dient.[327] Reine Zusatztarife zur gesetzlichen Krankenversicherung (z.B. Zahnzusatzversicherungen) sowie Auslandsreisekrankenversicherungen sind daher zwar private, aber nicht substitutive Krankenversicherungen.[328] Nachfolgend wird aufgrund des wesentlich höheren Prämienvolumens (über 25 Mrd. Euro gegenüber etwa 6,7 Mrd. Euro) und der damit einhergehenden größeren Bedeutung in der Praxis lediglich auf die substitutive Kranken(voll)versicherung eingegangen.

2. *Prämienberechnung*

Neben den vier klassischen Prämiensegmenten[329] besteht die Prämie in der substitutiven Krankenversicherung zusätzlich aus einem Sparbeitrag.[330] Dieser Sparbeitrag beruht auf der Tatsache, dass die Kosten für den Versicherer bei einem älteren Versicherungsnehmer typischerweise höher sind als bei einem jungen Versicherungsnehmer. Der Sparbeitrag fließt in die kollektive Alterungsrückstellung, wird dort verzinst und bei Bedarf im höheren Alter des Versicherungsnehmers zur Deckung der Krankheitskosten eingesetzt.[331] Er dient demnach dazu die vom Versicherungsnehmer zu zahlende Prämie unabhängig vom fortschreitenden Lebensalter konstant zu halten.[332] Prämienanpassungen bzw. -erhöhungen aufgrund des fortschreitenden Lebensalters werden auf diese Weise ausgeschlossen.

Hinsichtlich der Berechnung der Nettorisikoprämie gibt es bei der substitutiven Krankenversicherung gesetzliche Regelungen. Diese sind zum einen öffentlich-rechtlich in Form des Aufsichtsrechts und zum anderen privatrechtlich ausgestaltet. Gemäß § 146 Abs. 1 Nr. 1 VAG darf sie in Deutschland nur nach Art der Lebensversicherung betrieben werden, wobei die Prämien auf versicherungsmathematischer Grundlage unter Zugrundelegung von Wahrscheinlichkeitstafeln und anderen einschlägigen statistischen Daten, insbesondere unter Berücksichtigung der maßgeblichen Annahmen u.a. zur Altersabhängigkeit des

---

327 *Wandt*, Versicherungsrecht, 5. Aufl. 2010, Rn. 1295.

328 *Stormberg*, in: Beckmann/Matusche-Beckmann (Hrsg.) – Versicherungsrechts-Hdb., 3. Aufl. 2015, § 44 Rn. 68.

329 Auch die private Krankenversicherung ist gemäß § 4 Nr. 5 VersStG 1996 von der Besteuerung ausgenommen.

330 *Stormberg*, in: Beckmann/Matusche-Beckmann (Hrsg.) – Versicherungsrechts-Hdb., 3. Aufl. 2015, § 44 Rn. 43a.

331 *Stormberg*, in: Beckmann/Matusche-Beckmann (Hrsg.) – Versicherungsrechts-Hdb., 3. Aufl. 2015, § 44 Rn. 43b; *Wandt*, Versicherungsrecht, 5. Aufl. 2010, Rn. 1312.

332 *Wandt*, Versicherungsrecht, 5. Aufl. 2010, Rn. 1312.

Risikos und unter Berücksichtigung von Sicherheits- und sonstigen Zuschlägen sowie eines Rechnungszinses zu berechnen sind. Nach Art der Lebensversicherung bedeutet, dass die Krankenversicherung – wie die Lebensversicherung – versicherungstechnisch mit biometrischen Rechnungsgrundlagen zu kalkulieren ist.[333] Hierzu gehört auch der Grundsatz, dass die Nettoprämie über die gesamte Laufzeit des Versicherungsvertrags vom steigenden Altersrisiko unabhängig ist.[334] Zur Konkretisierung der versicherungsmathematischen Grundlage ist in § 160 Nr. 1 VAG eine Ermächtigungsgrundlage für den Erlass einer Rechtsverordnung vorgesehen. In der Rechtsverordnung können die versicherungsmathematischen Methoden zur Berechnung der Prämien genauer geregelt werden. Von dieser Ermächtigung hatte das Bundesministerium für Finanzen mit Erlass der Kalkulationsverordnung[335] Gebrauch gemacht. Die Kalkulationsverordnung enthielt demzufolge aufsichtsrechtliche Vorgaben hinsichtlich der Berechnung der Prämien in der substitutiven Krankenversicherung. In privatrechtlicher Hinsicht hat der Versicherer ein eigenes Interesse den gesetzlichen Regelungen zu entsprechen. Denn gemäß § 203 Abs. 1 S. 1 VVG kann der Versicherer nur die entsprechend den technischen Berechnungsgrundlagen nach den § 146 i.V.m. § 160 VAG[336] zu berechnende Prämie verlangen. Werden die Prämien demzufolge nicht entsprechend den technischen Berechnungsgrundlagen nach den §§ 146 i.V.m. 160 VAG berechnet, so können die Versicherer die abweichend berechneten Prämien nicht

333 *Boetius*, in MüKo – VVG, Bd. 3, 1. Aufl. 2009, Einf. in die Krankenversicherung, Rn. 593, 638; *Langheid*, in: Römer/Langheid – VVG, 4. Aufl. 2014, § 203 Rn. 8.

334 *Boetius*, in MüKo – VVG, Bd. 3, 1. Aufl. 2009, Einf. in die Krankenversicherung, Rn. 886

335 Verordnung über die versicherungsmathematischen Methoden zur Prämienkalkulation und zur Berechnung der Alterungsrückstellung in der privaten Krankenversicherung (Kalkulationsverordnung - KalV) v. 18. November 1996 (BGBl. I S. 1783) zuletzt geändert durch Art. 1 Nr. 4 Verordnung zur Aufhebung von Verordnungen nach dem VAG v. 16. Dezember 2015 (BGBl. I S. 2345). Die KalV trat zum 01.01.2016 außer Kraft. Es ist jedoch zu erwarten, dass eine neue, geänderte Verordnung an ihre Stelle tritt, vgl. Referentenentwurf des BMF v. 23.09.2015 - http://www.bundesfinanzministerium.de/Content/DE/Downloads/Gesetze/2015-09-29-aufhebung-vo-versicherungsaufsichtsgesetz.pdf?__blob=publicationFile&v=2, zuletzt abgerufen am 28. Februar 2016. Da bislang noch keine neue entsprechende Verordnung in Kraft getreten ist, wird im Folgenden auf die bisherige KalV abgestellt.

336 § 203 Abs. 1 S. 1 VVG nennt zudem die §§ 149 und 150 VAG, die jedoch keine Regelungen zum Risikomerkmal Alter enthalten und aus diesem Grund auch zu vernachlässigen sind.

verlangen.[337] § 203 Abs. 1 S. 1 VVG ist demnach ein zivilrechtlicher Sanktionscharakter beizumessen. Der Gesetzgeber schreibt nicht nur zwingend vor, dass das Alter der Versicherungsnehmer bei der Berechnung der Prämien zu berücksichtigen ist. Er stellt mit § 203 Abs. 1 S. 1 VVG zudem die Einhaltung dieser Vorgaben sicher. Ferner ist bei der Berechnung der Prämien das allgemeine Gleichbehandlungsgebot zu beachten. Gemäß §§ 146 Abs. 2 i.V.m. 138 Abs. 2 VAG dürfen die Prämien bei gleichen Voraussetzungen nur nach gleichen Grundsätzen bemessen werden.

Wie bereits erwähnt, konkretisierte die Kalkulationsverordnung die aufsichtsrechtlichen Vorgaben. In § 2 KalV a.F. werden die Rechnungsgrundlagen für die Berechnung der Prämien benannt. Zu den Rechnungsgrundlagen gehören u.a. die Ausscheideordnung, d.h. die Wahrscheinlichkeit des Ausscheidens eines Versicherungsnehmers aus der Gefahrengemeinschaft (sog. „Storno")[338] und die Kopfschäden. Gemäß § 5 Abs. 1 KalV a.F. enthält die Ausscheideordnung die Annahmen zur Sterbewahrscheinlichkeit und sonstigen Abgangswahrscheinlichkeiten. Als Stornogründe kommen somit zum einen der Tod des Versicherungsnehmers und zum anderen weitere Austrittsgründe wie die Kündigung oder ein Wechsel des Versicherungsnehmers in die gesetzliche Krankenversicherung in Betracht.[339] Es liegt auf der Hand, dass das Alter bei der Berechnung der Sterbewahrscheinlichkeit ein ganz wesentlicher Faktor ist. Die Wahrscheinlichkeit, dass ein 80-jähriger innerhalb des nächsten Jahres verstirbt ist ungleich höher als diejenige, dass ein 30-jähriger in demselben Zeitraum stirbt. Aber auch die weiteren Stornowahrscheinlichkeiten hängen maßgeblich vom Alter des Versicherungsnehmers ab; die Art des Versicherungsschutzes, d.h. die vertraglich vereinbarten Versicherungsleistungen spielt im Hinblick auf die Stornowahrscheinlichkeit eine untergeordnete Rolle.[340] Eine weitere in § 2 KalV a.F. genannte Rechnungsgrundlage sind Kopfschäden. Gemäß § 6 Abs. 1 S. 1 KalV a.F. sind Kopfschäden die im

337 Umstritten ist, aus welchem Rechtsgrund der Versicherer die abweichend berechnete Prämie nicht verlangen kann. Teilweise wird vertreten, eine abweichende Kalkulation sei unwirksam (so *Boetius*, Private Krankenversicherung – VVG, 1. Aufl. 2010, § 203 Rn. 10); nach der Rechtsprechung muss unter dem Hinweis auf § 178o VVG a.F. (§ 208 VVG n.F.) richtigerweise dem Versicherer lediglich eine Berufung auf eine zum Nachteil des Versicherungsnehmers abweichende Berechnung versagt werden (so OLG Karlsruhe, NVersZ 2002, 455).

338 *Boetius*, Private Krankenversicherung – KalV, 1. Aufl. 2010, § 5 Rn. 1.

339 *Boetius*, Private Krankenversicherung – KalV, 1. Aufl. 2010, § 5 Rn. 2.

340 *Boetius*, Private Krankenversicherung – KalV, 1. Aufl. 2010, § 5 Rn. 6.

Beobachtungszeitraum[341] auf einen Versicherten entfallenden durchschnittlichen Versicherungsleistungen, die für jeden Tarif in Abhängigkeit vom Alter des Versicherten zu ermitteln sind. Anders als im Rahmen der Ausscheideordnung, bei der das Alter als Risikomerkmal zur Berechnung der Sterbewahrscheinlichkeit und damit letztlich mittelbar zur Berechnung der Stornowahrscheinlichkeit herangezogen wird, ist bei der Berechnung der Kopfschäden das Alter als Risikomerkmal unmittelbar vom Versicherer heranzuziehen. Aufgrund der Tatsache, dass die Prämie unabhängig vom fortschreitenden Lebensalter konstant gehalten wird und auf diese Weise Prämienanpassungen aufgrund des fortschreitenden Lebensalters ausgeschlossen werden[342], ist das Eintrittsalter des Versicherungsnehmers ein Risikomerkmal. Neben dem Eintrittsalter sind bei der privaten Krankenversicherung u.a. die Krankheitsdauer, die Leistungstage, die Anzahl der Krankenhaus- und Pflegetage und die Krankheits- und die Pflegekosten bezogen auf den Leistungstag, d.h. insgesamt der Gesundheitszustand des Versicherungsnehmers als Risikomerkmale relevant.

Nachdem der Versicherer die zur Berechnung der Prämie relevanten Risikomerkmale – unter Einbeziehung der von ihm zwingend zu verwendenden Merkmale – bestimmt hat, werden die Versicherungsnehmer anhand der verwendeten Risikomerkmale in Risikogruppen eingeteilt. Auch das bei der privaten Krankenversicherung anzuwendende allgemeine Gleichbehandlungsgebot (§§ 146 Abs. 2 i.V.m. 138 Abs. 2 VAG) schließt eine Einteilung der Versicherungsnehmer in Risikogruppen nicht aus.[343] Als Kriterien für die Einteilung kommt maßgeblich das Lebensalter der Versicherungsnehmer in Betracht.[344] Dies dürfte darauf beruhen, dass das Lebensalter bei den Berechnungsgrundlagen nach § 2 KalV a.F. bereits eine wesentliche Rolle spielt. Eine vorwiegende Einteilung der Risikogruppen anhand des Lebensalters führt zwangsläufig dazu, dass die Einteilung durch das Risikomerkmal Alter gesteuert ist. Es ist daher nicht unwahrscheinlich, dass oftmals Versicherungsnehmer aufgrund ihres gleichen Alters in dieselbe Risikogruppe eingeteilt werden und andere Risikomerkmale im Rahmen der Einteilung nachrangige Bedeutung haben.

341 Der Beobachtungszeitraum erstreckt sich gemäß § 6 Abs. 1 S. 2 Hs. 1 KalV auf zusammenhängende zwölf Monate.

342 Siehe oben.

343 *Kaulbach*, in Fahr/Kaulbach/Bähr/Pohlmann, VAG, 5. Aufl. 2012, § 11 Rn. 10.

344 *Kaulbach*, in Fahr/Kaulbach/Bähr/Pohlmann, VAG, 5. Aufl. 2012, § 11 Rn. 10.

3. *Zwischenergebnis*

Die Berechnung der Prämien in der substitutiven Krankenversicherung basiert primär auf dem Risikomerkmal Alter. Dies resultiert aus der Tatsache, dass die Versicherer das Lebensalter der Versicherungsnehmer bei der Berechnung der Prämien von Gesetzes wegen zwingend zu berücksichtigen haben. Neben dem Alter spielen andere Risikomerkmale eine untergeordnete Rolle, so dass die Einteilung der Risikogruppen primär vom Alter der Versicherungsnehmer abhängt.

V. Lebensversicherung

1. *Begriff und Bedeutung*

Auch die Lebensversicherung ist sowohl eine Personen- als auch eine Summenversicherung.[345] Die Varianten der Lebensversicherung werden anhand des versicherten Risikos, d.h. der Tod bzw. das Erleben eines bestimmten Alters, und der Art der Leistung bei Eintreten des Versicherungsfalles, d.h. eine Kapitalsumme bzw. eine Rente, unterschieden.[346] Ist das versicherte Risiko der Tod der versicherten Person, so spricht man von einer sog. Todesfallversicherung; ist es das Erleben eines bestimmten Lebensalters, so spricht man von einer sog. Erlebensfallversicherung.[347] Im Rahmen der Todesfallversicherung wird wiederum zwischen einer Versicherung, die beim Tod der versicherten Person innerhalb einer bestimmten Vertragslaufzeit (sog. Risikoversicherung) und generell beim Tod der versicherten Person ohne Bestimmung einer Vertragslaufzeit (sog. Sterbegeldversicherung) unterschieden.[348] Es werden auch Mischformen angeboten, etwa eine Versicherung, die sowohl beim Tod als auch bei Erreichen eines bestimmten Lebensalters der versicherten Person eine Kapitalsumme bzw. eine Rente zahlt.[349] Neben einer Lebensversicherung als Hauptversicherung kann auch eine Zusatzversicherung, z.B. eine Berufsunfähigkeits-Zusatzversicherung oder eine Unfalltod-Zusatzversicherung, treten.[350] Die Lebensversicherung als Hauptversicherung hat trotz zuletzt leicht sinkendem Prämienvolumens und Versicherungsbestandes eine sehr große volkswirtschaftliche Bedeutung in Deutschland.

---

345 *Wandt*, Versicherungsrecht, 5. Aufl. 2010, Rn. 34 f.

346 *Brömmelmeyer*, in: Beckmann/Matusche-Beckmann (Hrsg.) – Versicherungsrechts-Hdb., 3. Aufl. 2015, § 42 Rn. 4; *Wandt*, Versicherungsrecht, 5. Aufl. 2010, Rn. 1133.

347 *Prang*, in: van Bühren (Hrsg.) – Hdb. Versicherungsrecht, 6. Aufl. 2014, § 14 Rn. 6 ff.

348 *Prang*, in: van Bühren (Hrsg.) – Hdb. Versicherungsrecht, 6. Aufl. 2014, § 14 Rn. 8 ff.

349 *Wandt*, Versicherungsrecht, 5. Aufl. 2010, Rn. 1135.

350 *Prang*, in: van Bühren (Hrsg.) – Hdb. Versicherungsrecht, 6. Aufl. 2014, § 14 Rn. 26 ff.; *Wandt*, Versicherungsrecht, 5. Aufl. 2010, Rn. 1137.

Das Prämienvolumen von Lebensversicherungsverträgen als Hauptversicherung belief sich im Jahre 2011 auf ca. 77 Mrd. Euro[351] bei ca. 89,7 Mio. abgeschlossen Verträgen. Damit liegt der Bestand an Hauptversicherungsverträgen immerhin über der Einwohnerzahl Deutschlands.[352]

2. *Prämienberechnung*

Ähnlich wie bei der privaten Krankenversicherung enthält die Prämie in der privaten Lebensversicherung neben den vier klassischen Prämiensegmenten[353] einen Sparbeitrag. Mit Hilfe des Sparbeitrags erhält der Versicherer einen Ausgleich dafür, dass das Risiko des Eintretens eines Versicherungsfalles im hohen Alter zunehmend größer wird.[354] Hinsichtlich des Sicherheitszuschlags benennt § 11 Abs. 1 S. 1 VAG[355] die aufsichtsrechtliche Vorgabe, dass die Prämie so hoch zu bemessen ist, dass der Versicherer allen seinen Verpflichtungen nachkommen und insbesondere für die einzelnen Verträge ausreichende Deckungsrückstellungen bilden kann. Der Sicherheitszuschlag dürfte daher bei Lebensversicherungen im Verhältnis zu den anderen bereits erwähnten Versicherungen höher sein.

Ebenfalls aus § 11 VAG ergeben sich die inhaltlichen Vorgaben zur Prämienberechnung. Gemäß § 11 Abs. 1 S. 1 VAG müssen die Prämien in der Lebensversicherung unter Zugrundelegung angemessener versicherungsmathematischer Annahmen kalkuliert werden. Diese Maßstäbe der Berechnung gelten gemäß § 11d für die private Unfallversicherung mit Prämienrückgewähr entsprechend. Anders als § 12 VAG für die private Krankenversicherung benennt § 11 Abs. 1 S. 1 VAG keine zu verwendenden Risikomerkmale. Die Zugrundelegung angemessener versicherungsmathematischer Annahmen machen individuell berechnete Prämien jedoch notwendig, bei denen typischerweise an das Alter der versicherten Person angeknüpft wird.[356] Bei der Risikoversicherung trifft der Versicherer Annahmen darüber, ob der Versicherungsnehmer innerhalb der vereinbarten

351 Gesamtverband der Deutschen Versicherungswirtschaft e.V., Die deutsche Versicherungswirtschaft, Jahrbuch 2012, S. 31.

352 Gesamtverband der Deutschen Versicherungswirtschaft e.V., Die deutsche Versicherungswirtschaft, Jahrbuch 2012, S. 33 f.

353 Auch die Lebensversicherung ist gemäß § 4 Nr. 5 VersStG von der Besteuerung ausgenommen.

354 *Kaulbach*, in Fahr/Kaulbach/Bähr/Pohlmann, VAG, 5. Aufl. 2012, § 11 Rn. 3.

355 § 11 Abs. 1 S. 1 VAG wurde aufgrund von Art. 21 der Richtlinie 2002/83/EG des Europäischen Parlaments und des Rates v. 5. November 2002 über Lebensversicherungen erlassen, vgl. *Präve*, in: Prölss – VAG, 12. Aufl. 2005, § 11 Rn. 3.

356 *Präve*, in: Prölss-VAG, 12. Aufl. 2005, § 11 Rn. 5.

Vertragslaufzeit sterben wird. Der Versicherer berechnet die Prämie bei der Risikoversicherung also auf der Grundlage von Annahmen darüber, wie viele seiner Versicherungsnehmer mit der gleichen Art von Versicherungsschutz voraussichtlich innerhalb der vereinbarten Vertragslaufzeit sterben werden.[357] Bei der Sterbegeldversicherung und bei der Erlebensfallversicherung trifft der Versicherer zur Berechnung der Prämie Annahmen darüber, wann der Versicherungsnehmer voraussichtlich sterben wird. Letztlich werden die Prämien somit anhand von Sterbewahrscheinlichkeiten berechnet.[358] Die Annahmen zur Sterbewahrscheinlichkeit basieren auf sog. Sterbetafeln, die von der Deutschen Aktuarvereinigung e.V. herausgegeben werden.[359] Aktuare sind Versicherungsmathematiker[360], die gemäß § 11a Abs. 1 S. 1 VAG von jedem Lebensversicherungsunternehmen zu bestellen sind. Eine Sterbetafel geht von 100.000 oder 1 Mio. Nulljährigen aus und hält die Anzahl der Todesfälle in dem jeweiligen Lebensalter fest, wobei die Beobachtungen auf eine bestimmte Zeitperiode beschränkt sind.[361] Durch die Verwendung von Sterbetafeln wird bei Vertragsschluss unmittelbar das Alter des Versicherungsnehmers als Risikomerkmal, in concreto sein Eintrittsalter, verwendet. Auch bei einer möglichen späteren Prämienanpassung gemäß § 163 VVG wird das Eintrittsalter des Versicherungsnehmers als Rechnungsgrundlage für die neue angepasste Prämie verwendet.[362] Die Verwendung des mittlerweile eingetretenen Lebensalters zur Berechnung der angepassten Prämie scheidet aus, da die Rechnungsgrundlagen der vereinbarten Prämie, d.h. die Rechnungsgrundlagen der Erstkalkulation der Prämie, maßgebend sind.[363]

Bei jeglichen Arten der Lebensversicherung werden zur Berechnung der Nettorisikoprämie primär die Sterbetafeln und damit das Eintrittsalter als Risikomerkmal herangezogen. Ob noch weitere Risikomerkmale hinzutreten, hängt entscheidend von der Art der Lebensversicherung ab. Bei einer Todesfallversicherung, bei der beim Tod der versicherten Person der Anspruch auf Auszahlung der Versicherungssumme entsteht, hat der Versicherer auch ein berechtigtes

---

357 *Kaulbach*, in Fahr/Kaulbach/Bähr/Pohlmann, VAG, 5. Aufl. 2012, § 11 Rn. 2.

358 *Wandt*, in: MüKo-VVG, Bd. 2, 1. Aufl. 2011, § 163 Rn. 28, 30.

359 *Benkel/Hirschberg*, in: dies., ALB/BUZ, 2. Aufl. 2011, ALB 2008, § 7 Rn. 3.

360 *Laars*, in: VAG, 2. Aufl. 2013, § 11a Rn. 2.

361 *Kurzendörfer*, Einf. in die Lebensversicherung, 3. Aufl. 2000, S. 44.

362 Gemäß § 163 Abs. 1 S. 1 Nr. 1 ist eine Voraussetzung einer möglichen Prämienanpassung, dass sich der Leistungsbedarf nicht nur vorübergehend und nicht voraussehbar gegenüber den Rechnungsgrundlagen der vereinbarten Prämie geändert hat.

363 *Wandt*, in: MüKo-VVG, Bd. 2, 1. Aufl. 2011, § 163 Rn. 34; *Engeländer*, VersR 2000, 274, 283.

Interesse festzustellen, ob der Versicherungsnehmer Vorerkrankungen hat oder sich in einem allgemein guten Gesundheitszustand befindet. Daher wird bei dieser Art von Lebensversicherung im Regelfall auch der Gesundheitszustand als Risikomerkmal im Rahmen der individuellen Risikoprüfung berücksichtigt.[364] Daneben ist bei Risikoversicherungen die Verwendung der Risikomerkmale „Beruf" oder „Raucher/ Nichtraucher" denkbar.[365] Hingegen findet bei Lebensversicherungen, die das Langlebigkeitsrisiko des Versicherers abdecken, d.h. bei Erlebensfallversicherungen, für gewöhnlich keine Risikoprüfung in Bezug auf die Gesundheit, den Beruf oder die Rauchereigenschaft des Versicherungsnehmers statt[366], obwohl grundsätzlich auch hier der Gesundheitszustand berücksichtigt werden könnte. Die Nichtberücksichtigung dürfte darauf zurückzuführen sein, dass die Überprüfung des Gesundheitszustands der Versicherungsnehmer dazu führen könnte, dass etwaige gesundheitliche Risiken entdeckt würden. Dies müsste grundsätzlich zu einer geringen Prämie führen, da das entdeckte gesundheitliche Risiko die Wahrscheinlichkeit des Erreichens des bestimmten Lebensalters senkt. Ein festgestellter guter Gesundheitszustand dürfte hingegen nicht zu einer höheren Prämie führen, da dies als der Normalzustand angesehen wird. Die Überprüfung des Gesundheitszustandes führte somit lediglich zu geringeren Prämien, was nachteilig für die Versicherer wäre. Damit verbleibt das Eintrittsalter als alleiniges Risikomerkmal bei den Erlebensfallversicherungen.

3. *Zwischenergebnis*

Die Prämien in der Lebensversicherung werden primär anhand von Sterbewahrscheinlichkeiten berechnet. Die Sterbewahrscheinlichkeit und damit das Alter des Versicherungsnehmers ist jedoch – anders als bei den zuvor untersuchten Versicherungen, bei denen das Alter meist neben die übrigen Risikomerkmale tritt und in seiner Wertigkeit ggfs. sogar hinter andere Risikomerkmale zurücktritt – nicht lediglich als ein zentrales Risikomerkmal zur Berechnung einer Prämie anzusehen, sondern als das primär verwendete Risikomerkmal. Bei den Erlebensfallversicherungen ist das Risikomerkmal Alter im Regelfall sogar das

---

364 *Kurzendörfer*, Einf. in die Lebensversicherung, 3. Aufl. 2000, S. 49.

365 *Kurzendörfer*, Einf. in die Lebensversicherung, 3. Aufl. 2000, S. 49, der neben dem Beruf, der Gesundheit und der Rauchereigenschaft auch noch das Geschlecht als Risikomerkmal benennt. Letzteres darf jedoch seit dem 21. Dezember 2012 nicht mehr im Rahmen einer Risikoprüfung verwendet werden, vgl. hierzu ausführlich § 6.C.IV. dieser Arbeit.

366 *Kurzendörfer*, Einf. in die Lebensversicherung, 3. Aufl. 2000, S. 49.

einzig verwendete Merkmal. Insgesamt ist damit die Berechnung der Sterbewahrscheinlichkeiten und die damit einhergehende Berücksichtigung des Alters des Versicherungsnehmers bei Vertragsschluss als ein Wesensmerkmal der Lebensversicherung anzusehen.

E. Fazit

Das Risikomerkmal Alter wird in den verschiedensten Privatversicherungen zur Berechnung der vom Versicherungsnehmer zu zahlenden Prämie verwendet. Als einzige der untersuchten Privatversicherungen verwendet die Kfz-Haftpflichtversicherung das Alter fortschreitend, d.h. die Prämie wird jährlich neu berechnet, womit auch das Risikomerkmal Alter jährlich zur Berechnung der Prämie herangezogen wird. In den weiteren untersuchten Privatversicherungen, die allesamt Personenversicherungen sind, wird das Alter als Risikomerkmal lediglich ein einziges Mal, nämlich bei Vertragsschluss, verwendet, da die Prämie grundsätzlich innerhalb der Vertragslaufzeit nicht verändert wird. Das tatsächlich verwendete Risikomerkmal ist damit nicht das jeweilige Alter des Versicherungsnehmers, sondern sein Alter bei Vertragsschluss, sprich sein Eintrittsalter. Die Intensität der Verwendung des Alters als Risikomerkmal ist bei den untersuchten Privatversicherungen unterschiedlich. Das Alter bzw. Eintrittsalter wird als Risikomerkmal jedoch häufig als zentrales Merkmal zur Berechnung der Prämie verwendet.

§ 5 Das Allgemeine Gleichbehandlungsgesetz

A. Historische Grundlagen

Das AGG wurde am 14. August 2006 als Art. 1 des Gesetzes zur Umsetzung europäischer Richtlinien zur Verwirklichung des Grundsatzes der Gleichbehandlung verkündet. Es trat am 18. August 2006 in Kraft.[367] Die Historie der Regelungen geht indes noch weiter zurück. Durch den Vertrag von Amsterdam[368] aus dem Jahre 1999 wurde der Rat der Europäischen Union mit Hilfe der Art. 13 und 141 Abs. 3 EGV[369] erstmals ermächtigt, Maßnahmen zu treffen, die spezifisch darauf abzielen, Diskriminierungen aus Gründen des Geschlechts, der Rasse/ ethnischen Herkunft, der Religion, der Weltanschauung, einer Behinderung, des Alters oder der sexuellen Ausrichtung zu bekämpfen. Diese neue Kompetenzzuweisung[370] erlaubte es dem Rat als Handlungsformen sowohl verbindliche Rechtsakte (Verordnungen, Richtlinien und Entscheidungen) als auch unverbindliche Rechtsakte (Empfehlungen und Stellungnahmen) zu erlassen.[371] Möglich war zudem der Erlass von nicht-normativen Akten wie Programme, Beschlüsse, Mitteilungen, Leitfäden oder Entschließungen.[372] Der Rat der Europäischen Union wählte als Maßnahme zur Antidiskriminierung das Instrument der Richtlinie, woraufhin in den folgenden Jahren vier Richtlinien erlassen wurden. Diese vier Richtlinien werden aufgrund dessen auch als Antidiskriminierungsrichtlinien bezeichnet. Die erlassenen Richtlinien dienten als Basis für das AGG. Drei der vier Richtlinien wurden auf Art. 13 EGV gestützt.[373] Im Hinblick auf die Diskriminierungsmerkmale wurden sämtliche oben genannten Merkmale von den Richtlinien

---

367 Inkrafttreten gemäß Art. 4 S. 1 des Gesetzes zur Umsetzung europäischer Richtlinien zur Verwirklichung des Grundsatzes der Gleichbehandlung.

368 Vertrag von Amsterdam zur Änderung des Vertrags über die Europäische Union, der Verträge zur Gründung der Europäischen Gemeinschaften sowie einiger damit zusammenhängender Rechtsakte v. 2. Oktober 1997 (ABl. Nr. C 340 S. 1; BGBl. II S. 296). Der Vertrag von Amsterdam trat am 1. Mai 1999 in Kraft.

369 Die Äquivalente im heute geltenden Vertrag von Lissabon (AEUV), der am 1. Dezember 2009 in Kraft trat, sind die Artikel 19 und 157 Abs. 2.

370 Zur Rechtsnatur von Art. 19 AEUV bzw. der Vorgängernorm Art. 13 EGV, siehe § 2.B.II.1.b) dieser Arbeit.

371 *Epiney*, in: Calliess/Ruffert – EUV/EGV, 3. Aufl. 2007, Art. 13 EGV Rn. 7.

372 *Grabenwarter*, in: Grabitz/Hilf/Nettesheim – Das Recht der EU, Bd. I – EUV/EGV, Stand: Oktober 2006, Art. 13 EGV Rn. 42.

373 *Epiney*, in: Calliess/Ruffert – EUV/EGV, 3. Aufl. 2007, Art. 13 EGV Rn. 10 ff.

erfasst. Allen Richtlinien war gemein, dass sie sowohl unmittelbare als auch mittelbare Diskriminierungen erfassten. Die Richtlinien sollten inhaltlich nicht als Abwehrrechte im Verhältnis Privatperson – Staat ausgestaltet sein. Vielmehr sollten sie im Verhältnis von Privatpersonen untereinander ihre Wirkung entfalten. Insgesamt betrafen die Richtlinien sowohl das Arbeitsrecht als auch ausgewählte Bereiche des allgemeinen Zivilrechts. Zum letzteren gehört der Zugang zu und die Versorgung mit Gütern und Dienstleistungen, die der Öffentlichkeit zur Verfügung stehen, worunter auch Wohnraum zu fassen ist.

B. Kompetenztitel

Fraglich ist, inwiefern es überhaupt möglich war, drei der vier Richtlinien auf Art. 19 Abs. 1 AEUV bzw. Art. 13 Abs. 1 EGV zu stützen. Wie bereits gesehen, muss bei Regelungen, die auf Art. 19 AEUV bzw. Art. 13 EGV beruhen, der akzessorische Charakter dieses Kompetenztitels beachtet werden.[374] Dies bedeutet, dass die Union auf Art. 19 AEUV bzw. Art. 13 EGV gestützte Antidiskriminierungsmaßnahmen nur treffen kann, wenn sie selbst sachlich zur Regelung des jeweiligen Bereichs, in dem die Antidiskriminierungsmaßnahmen ihre Wirkungen entfalten sollen, zuständig ist. Für den Bereich des allgemeinen Zivilrechts hatte die Gemeinschaft jedoch weder zum damaligen Zeitpunkt des Erlasses der Richtlinien noch in der heutigen Zeit eine Rechtsetzungsbefugnis. Um dem akzessorischen Charakter von Art. 19 AEUV bzw. Art. 13 EGV gerecht zu werden, wurde in der Vergangenheit in den entsprechenden Richtlinien statuiert, dass diese nur im Rahmen der auf die Union übertragenen Zuständigkeiten Anwendung finden.[375] Eine derartige Regelung dürfte jedoch nicht ausreichen um den Anwendungsbereich der Kompetenznorm im Hinblick auf den Bereich des allgemeinen Zivilrechts zu eröffnen. Vielmehr dürfte einer derartigen Regelung eine deklaratorische Bedeutung beizumessen sein, da sie lediglich den Wortlaut von Art. 19 AEUV bzw. Art. 13 EGV wiederholt. Eine Eröffnung des Anwendungsbereichs des seinerzeitigen Art. 13 EGV kommt daher nur unter dem Gesichtspunkt in Betracht, dass denjenigen Bereichen des allgemeinen Zivilrechts, die aufgrund der Richtlinien erfasst werden, ein großer sozial-politischer Aspekt inne wohnt. Dies zeigt sich insbesondere an der Tatsache, dass im Bereich des allgemeinen Zivilrechts neben dem Zugang und der Versorgung mit Gütern und Dienstleistungen, auch Wohnraum erfasst wird. Die Sozialpolitik war sowohl

374 Siehe § 2 B.II.1.d) dieser Arbeit.

375 Vgl. jeweils Art. 3 Abs. 1 der nachfolgend benannten und auf Art. 13 EGV gestützten Richtlinien.

früher in Art. 3 Abs. 1 lit. j) EGV als auch heute in Art. 4 Abs. 2 lit. b) AEUV als Zuständigkeitsbereich der Union erfasst. Demzufolge ist von einer Zuständigkeit der Union für die nachfolgend aufgeführten und auf Art. 13 EGV beruhenden Richtlinien im Bereich des allgemeinen Zivilrechts, insbesondere im Bereich des Zugangs zu Dienstleistungen und damit auch zu Privatversicherungen, auszugehen.

C. Europäische Vorgaben

I. Richtlinie 2000/43/EG

Die Richtlinie 2000/43/EG[376], die sog. Antirassismus-RL, wurde als erste der vier Richtlinien erlassen. Sie bezieht sich ausschließlich auf das Merkmal der Rasse[377] bzw. ethnischen Herkunft. Damit brachte der europäische Gesetzgeber zugleich zum Ausdruck, dass er Diskriminierungen aufgrund dieser Merkmale besonders schnell entgegenwirken möchte. Die Richtlinie erstreckt sich sowohl auf das Arbeitsrecht als auch auf die bereits oben erwähnten ausgewählten Bereiche des allgemeinen Zivilrechts. Lediglich in Bezug auf das Arbeitsrecht sieht Art. 4 der Richtlinie vor, dass eine Ungleichbehandlung aufgrund eines mit der Rasse oder der ethnischen Herkunft zusammenhängenden Merkmals keine Diskriminierung darstellt, wenn das betreffende Merkmal eine wesentliche und entscheidende berufliche Voraussetzung darstellt und sofern es sich um einen rechtmäßigen Zweck und eine angemessene Anforderung handelt. Demzufolge wird in diesen Fällen bereits der Tatbestand der Diskriminierung verneint. Eine Rechtfertigungsmöglichkeit für Ungleichbehandlungen aufgrund der Merkmale Rasse/ ethnische Herkunft sieht die Richtlinie – zumindest bei unmittelbaren Diskriminierungen – indes nicht vor.

II. Richtlinie 2000/78/EG

Anders als die Antirassismus-RL erfasst die Richtlinie 2000/78/EG, die sog. Rahmen-RL Beschäftigung/ Beruf, lediglich den Bereich des Arbeitsrechts, nicht das allgemeine Zivilrecht. Sie benennt, neben weiteren Merkmalen, als einzige der vier Richtlinien das Diskriminierungsmerkmal Alter. Diskriminierungen aufgrund des Alters können jedoch gemäß Art. 6 der Richtlinie gerechtfertigt werden, sofern

376 Richtlinie 2000/43/EG des Rates v. 29. Juni 2000 zur Anwendung des Gleichbehandlungsgrundsatzes ohne Unterschied der Rasse oder der ethnischen Herkunft.

377 Zu den Kontroversen des Begriffs der Rasse, siehe *Mahlmann*, in: Gleichbehandlungsrecht – Hdb., § 7 Rn. 19 f.

sie objektiv und angemessen sind und im Rahmen des nationalen Rechts durch ein legitimes Ziel, worunter insbesondere rechtmäßige Ziele aus den Bereichen Beschäftigungspolitik, Arbeitsmarkt und berufliche Bildung zu verstehen sind, gerechtfertigt sind und die Mittel zur Erreichung dieses Ziels angemessen und erforderlich sind. Das Vorliegen eines angemessenen rechtmäßigen Zwecks wird damit auf der Rechtfertigungsebene geprüft.

III. Richtlinie 2002/73/EG

Die Richtlinie 2002/73/EG[378], die sog. revidierte Gleichbehandlungs-RL, sollte für eine Gleichbehandlung von Männern und Frauen bei Beruf und Beschäftigung sorgen. Sie umfasst lediglich den Bereich des Arbeitsrechts und das Diskriminierungsmerkmal Geschlecht. Die revidierte Gleichbehandlungs-RL änderte die Richtlinie 76/207/EWG[379] ab, wurde jedoch im Jahre 2006 ihrerseits durch die Richtlinie 2006/54/EG[380] abgelöst. Nichtsdestotrotz ist sie – in Verbindung mit der Richtlinie 76/207/EWG – eine der vier Richtlinien, auf denen das AGG basiert. Sie ist die einzige der vier Richtlinien, für die der spezielle Art. 141 Abs. 3 EGV[381], der den Gleichbehandlungsgrundsatz von Männern und Frauen vorsah, die Rechtsgrundlage darstellte.[382] Aufgrund des Umstands, dass diese Richtlinie weder den Bereich des allgemeinen Zivilrechts noch das Diskriminierungsmerkmal Alter erfasst, wird auf diese Richtlinie unter Berücksichtigung der Thematik der Arbeit nicht weiter eingegangen.

---

378 Richtlinie 2002/73/EG des europäischen Parlaments und des Rates v. 23. September 2002 zur Änderung der Richtlinie 76/207/EWG des Rates zur Verwirklichung des Grundsatzes der Gleichbehandlung von Männern und Frauen hinsichtlich des Zugangs zur Beschäftigung, zur Berufsbildung und zum beruflichen Aufstieg sowie in Bezug auf die Arbeitsbedingungen.

379 Richtlinie 76/207/EWG des Rates v. 9. Februar 1976 zur Verwirklichung des Grundsatzes der Gleichbehandlung von Männern und Frauen hinsichtlich des Zugangs zur Beschäftigung, zur Berufsbildung und zum beruflichen Aufstieg sowie in bezug [sic] auf die Arbeitsbedingungen, zuletzt geändert und aufgehoben durch Art. 34 Abs. 1 ÄndRL 2006/54/EG v. 5. Juli. 2006.

380 Richtlinie 2006/54/EG des europäischen Parlaments und des Rates v. 5. Juli 2006 zur Verwirklichung des Grundsatzes der Chancengleichheit und Gleichbehandlung von Männern und Frauen in Arbeits- und Beschäftigungsfragen (Neufassung).

381 Nunmehr Art. 157 Abs. 2 AEUV.

382 *Thüsing*, in: MüKo – AGG, 5. Aufl. 2007, Einleitung Rn. 17.

IV. Richtlinie 2004/113/EG

Die Richtlinie 2004/113/EG[383], die sog. Gender-RL, umfasst zwar den Bereich des allgemeinen Zivilrechts und nicht den Bereich des Arbeitsrechts. Allerdings erfasst die Richtlinie lediglich das Diskriminierungsmerkmal Geschlecht und nicht die anderen bereits erwähnten Diskriminierungsmerkmale und somit auch nicht das Merkmal Alter.

D. Umsetzung

Fraglich ist, wie die vorbenannten Richtlinien in das deutsche Recht umgesetzt wurden. Im Hinblick auf die Thematik der vorliegenden Arbeit sollen arbeitsrechtliche Gesichtspunkte der Richtlinien weitgehend außer Betracht bleiben. Vielmehr werden die Umsetzungen im Bereich des allgemeinen Zivilrechts, insbesondere in Bezug auf das Diskriminierungsmerkmal Alter näher betrachtet.

I. Überblick

In Abschnitt 1 des AGG (§§ 1–5) sind die allgemeinen Vorschriften kodifiziert, die sowohl für die arbeitsrechtlichen als auch für die allgemein-zivilrechtlichen Bestimmungen Anwendung finden. § 1 AGG definiert als Ziel des Gesetzes, Benachteiligungen aus Gründen der Rasse oder wegen der ethnischen Herkunft, des Geschlechts, der Religion oder Weltanschauung, einer Behinderung, des Alters oder der sexuellen Identität zu verhindern oder zu beseitigen. Die Bestimmung dient vor allem als Interpretationshilfe im Hinblick auf die übrigen Regelungen des AGG, welche stets unter Berücksichtigung des Ziels ausgelegt werden müssen.[384]

In Abschnitt 3 des AGG (§§ 19–21) ist der zivilrechtliche Schutz vor Benachteiligungen[385] näher ausgestaltet. § 19 Abs. 1 stellt den Grundsatz der Unzulässigkeit von Benachteiligungen bzw. Diskriminierungen aufgrund eines genannten

383 Richtlinie 2004/113/EG des Rates v. 13. Dezember 2004 zur Verwirklichung des Grundsatzes der Gleichbehandlung von Männern und Frauen beim Zugang zu und bei der Versorgung mit Gütern und Dienstleistungen.

384 *Thüsing*, in: MüKo – AGG, 7. Aufl. 2015, § 1 Rn. 2.

385 Der Gesetzgeber verwendet im Bereich der §§ 19–21 AGG den Begriff der Benachteiligung anstatt des Begriffs der Diskriminierung. Dies begründet der Gesetzgeber damit, dass nicht jede unterschiedliche Behandlung eine Diskriminierung darstellt, worunter im allgemeinen Sprachgebrauch rechtswidrige, sozial verwerfliche Ungleichbehandlungen verstanden würden, siehe BT-Drucks. 16/1780, S. 30, 43. Im Folgenden werden die Begriffe jedoch synonym verwendet.

Diskriminierungsmerkmals (Rasse/ ethnische Herkunft, Geschlecht, Alter, u.a.) auf. § 19 Abs. 1 Nr. 2 AGG besagt, dass eine Benachteiligung aufgrund eines Diskriminierungsmerkmals bei der Begründung, Durchführung und Beendigung zivilrechtlicher Schuldverhältnisse, die eine privatrechtliche Versicherung zum Gegenstand haben, unzulässig ist.[386] Dies bedeutet, dass zunächst zu prüfen ist, ob eine Diskriminierung vorliegt. Falls dies der Fall sein sollte, muss in einem zweiten Schritt § 20 AGG geprüft werden. Dieser benennt in seinem Absatz 1 eine allgemeine Rechtfertigungsmöglichkeit im Falle einer Diskriminierung, sofern ein sachlicher Grund vorliegt.[387] § 20 Abs. 2 sieht besondere Rechtfertigungstatbestände für Verstöße gegen § 19 Abs. 1 Nr. 2 AGG vor. Das Grundschema der §§ 19, 20 AGG ähnelt daher dem aus dem Strafrecht bekannten Schema von Tatbestand und Rechtfertigung.[388]

II. Deutsche Umsetzung der zivilrechtlichen Vorgaben

Wie bereits erwähnt, waren für die Umsetzung des allgemein-zivilrechtlichen Teils des AGG, d.h. unter Aussparung des Arbeitsrechts, lediglich die Antirassismus-RL sowie die Gender-RL maßgeblich. Fraglich ist, inwiefern die im Hinblick auf die vorliegende Arbeit maßgeblichen Bestimmungen der beiden Richtlinien ihre Entsprechung im AGG gefunden haben.

1. Vorgaben der Antirassismus-RL

Art. 2 Abs. 1 Antirassismus-RL statuiert, dass es grundsätzlich keine Diskriminierung aus Gründen der Rasse oder der ethnischen Herkunft geben darf. Dieser Artikel wird im Bereich des allgemeinen Zivilrechts durch § 19 Abs. 1 AGG umgesetzt. Rechtfertigungsmöglichkeiten für unmittelbare Diskriminierungen aufgrund der Rasse oder ethnischen Herkunft sind der Richtlinie zufolge im Bereich des allgemeinen Zivilrechts unzulässig. Konsequenterweise verneint § 19 Abs. 5

386 Auf die in § 19 Abs. 1 Nr. 1 AGG benannten Massengeschäfte wird im Hinblick auf die Thematik der Arbeit nicht weiter eingegangen.

387 Auch wenn der Wortlaut der Norm, den Schluss nahe legt, dass es sich bei § 20 Abs. 1 AGG nicht um einen Rechtfertigungstatbestand, sondern um eine Einbeziehung in den Tatbestand handelt, wird allgemein von einem Rechtfertigungstatbestand ausgegangen (*Thüsing*, in: MüKo – AGG, 7. Aufl. 2015, § 20 Rn. 3; *Rolfs*, in: Staudinger – AGG, Neubearb. 2014, § 20 Rn. 1). Dies besagt auch die Gesetzesbegründung (vgl. BT-Drucks. 16/1780, S. 43).

388 Dies gilt jedenfalls für unmittelbare Diskriminierungen. Für mittelbare Diskriminierungen, siehe unten.

AGG bei Vorliegen eines besonderen Nähe- und Vertrauensverhältnisses eine Diskriminierung i.S.d. § 19 Abs. 1 AGG und schließt damit bereits den Tatbestand aus. Die Antirassismus-RL sieht einen solchen Ausschlusstatbestand jedoch nicht vor. Teilweise wird daher § 19 Abs. 5 AGG im Hinblick auf das Merkmal Rasse/ ethnische Herkunft als europarechtswidrig angesehen.[389] Dem ist entgegenzuhalten, dass sowohl nach Erwägungsgrund 4 der Antirassismus-RL als auch gemäß Art. 7 GRCh und Art. 6 Abs. 2 EUV i.V.m. Art. 8 EMRK die Familien- und Privatsphäre besonders geschützt ist.[390] Daher ist § 19 Abs. 5 AGG auch im Hinblick auf das Merkmal Rasse/ ethnische Herkunft als europarechtskonform anzusehen. Neben § 19 Abs. 5 AGG basiert auch § 19 Abs. 3 AGG auf keinerlei Vorgaben in der Antirassismus-RL. Gemäß § 19 Abs. 3 AGG ist bei der Vermietung von Wohnraum eine unterschiedliche Behandlung im Hinblick auf die Schaffung und Erhaltung sozial stabiler Bewohnerstrukturen und ausgewogener Siedlungsstrukturen sowie ausgeglichener wirtschaftlicher, sozialer und kultureller Verhältnisse zulässig. § 19 Abs. 3 AGG wird nach überwiegender Ansicht in der Literatur als besonderer Rechtfertigungstatbestand für Wohnungsmietverträge angesehen und ist – seiner Systematik zufolge – auch bei dem Merkmal Rasse/ ethnische Herkunft anwendbar.[391] Aufgrund der Tatsache, dass die Antirassismus-RL jedoch keine derartigen Einschränkungen zulässt, wird nach umstrittener aber richtiger Ansicht von der Europarechtswidrigkeit des § 19 Abs. 3 AGG im Hinblick auf das Merkmal Rasse/ ethnische Herkunft ausgegangen.[392]

Mittelbare Diskriminierungen lässt der europäische Gesetzgeber hinsichtlich des Merkmals Rasse/ ethnische Herkunft jedoch faktisch zu. Gemäß Art. 2 Abs. 2 b) Antirassismus-RL liegt eine mittelbare Diskriminierung vor, wenn dem

---

389 *Thüsing*, in: MüKo – AGG, 7. Aufl. 2015, § 19 Rn. 98 f.; *Schiek*, in: dies. – AGG, § 19 Rn. 26.

390 Die weitere, oben erwähnte Ausnahme vom Tatbestand einer Diskriminierung bezieht sich aus schließlich auf das Arbeitsrecht, nicht auf das allgemeine Zivilrecht.

391 *Thüsing*, in: MüKo – AGG, 7. Aufl. 2015, § 19 Rn. 75, 85; *Ambrosius/Klose/Braunroth*, in: Däubler/Bertzbach – AGG-Hk., 3. Aufl. 2013, § 19 Rn. 40; *Wendtland*, in: Bamberger/Roth – AGG, Bd. 2, 3. Aufl. 2011, § 19 Rn. 30 a.A. *Armbrüster*, in: Erman – AGG, Bd. 1, 14. Aufl. 2014, § 19 Rn. 26, der in § 19 Abs. 3 AGG keinen Rechtfertigungsgrund sieht.

392 *Thüsing*, in: MüKo – AGG, 7. Aufl. 2015, § 19 Rn. 85; *Grüneberg*, in: Palandt – AGG, 75. Aufl. 2016, § 19 Rn. 6; *Wendeling-Schröder*, in: Wendeling-Schröder/Stein – AGG, 1. Aufl. 2008, § 19 Rn. 28; nach a.A. ist § 19 Abs. 3 richtlinienkonform auszulegen, wodurch selbiger als positive Maßnahme zur Verhinderung und zum Ausgleich bestehender Nachteile gemäß Art. 5 Antirassismus-RL einzuordnen ist, vgl. *Ambrosius/Klose/Braunroth*, in: Däubler/Bertzbach – AGG-Hk., 3. Aufl. 2013, § 19 Rn. 47.

Anschein nach neutrale Vorschriften, Kriterien oder Verfahren Personen, die einer Rasse oder ethnischen Gruppe angehören, in besonderer Weise benachteiligen können, es sei denn, die betreffenden Vorschriften, Kriterien oder Verfahren sind durch ein rechtmäßiges Ziel sachlich gerechtfertigt, und die Mittel sind zur Erreichung dieses Ziels angemessen und erforderlich. Die Definition sieht demnach eine Rechtfertigungsmöglichkeit vor, verneint jedoch bei positiver Rechtfertigungsprüfung bereits das Vorliegen des Tatbestands der mittelbaren Diskriminierung. Anders als bei einer unmittelbaren Benachteiligung ist die fehlende Rechtfertigung dem Wortlaut zufolge damit bei der mittelbaren Diskriminierung eine Tatbestandsvoraussetzung. Die Möglichkeit der Rechtfertigung einer mittelbaren Diskriminierung hat der deutsche Gesetzgeber in entsprechender Weise bezüglich der Diskriminierungsmerkmale des AGG in der allgemeinen Bestimmung des § 3 Abs. 2 AGG umgesetzt.

2. Vorgaben der Gender-RL

Der in Art. 4 Abs. 1 Gender-RL enthaltene Grundsatz, nach dem keine unmittelbare oder mittelbare Diskriminierung aufgrund des Geschlechts erfolgen darf, wird ebenfalls durch § 19 Abs. 1 AGG umgesetzt. Konsequenterweise werden auch hinsichtlich dieses Merkmals Diskriminierungen bei Vorliegen eines besonderen Nähe- und Vertrauensverhältnisses gemäß § 19 Abs. 5 AGG bereits auf Tatbestandsebene nicht erfasst. Im Gegensatz zur Antirassismus-RL enthält die Gender-RL in ihrem Art. 3 Abs. 1 eine entsprechende Vorgabe, sodass eine Diskussion hinsichtlich der Europarechtskonformität des § 19 Abs. 5 AGG beim Merkmal Geschlecht nicht geführt wird. Genau wie bei dem Merkmal Rasse/ ethnische Herkunft, lässt der europäische Gesetzgeber auch beim Merkmal Geschlecht mittelbare Diskriminierungen gemäß Art. 2 lit. b) Gender-RL faktisch zu. Hinsichtlich mittelbarer Diskriminierungen und deren deutsche Umsetzung in § 3 Abs. 2 AGG kann insofern auf obige Ausführungen verwiesen werden.

Die Gender-RL sieht jedoch – anders als die Antirassismus-RL – eine allgemeine Rechtfertigungsmöglichkeit von unmittelbaren Diskriminierungen vor. Art. 4 Abs. 5 Gender-RL erlaubt eine unterschiedliche Behandlung, wenn es durch ein legitimes Ziel gerechtfertigt ist, die Güter und Dienstleistungen ausschließlich oder vorwiegend für die Angehörigen eines Geschlechts bereitzustellen, und die Mittel zur Erreichung dieses Ziels angemessen und erforderlich sind. Kerninhalt dieser Rechtfertigungsmöglichkeit ist demnach der Grundsatz der Verhältnismäßigkeit. Diese allgemeine Rechtfertigungsmöglichkeit wird durch § 20 Abs. 1 S. 1 AGG, welcher sich – bis auf das Merkmal Rasse/ ethnische Herkunft – ausdrücklich auf alle anderen Diskriminierungsmerkmale bezieht, in das deutsche

Recht umgesetzt.[393] Der deutsche Gesetzgeber konkretisiert zudem in § 20 Abs. 1 S. 2 AGG anhand von vier Regelbeispielen, wann eine Rechtfertigung in Betracht kommt.[394]

Neben der allgemeinen Rechtfertigungsmöglichkeit aus Art. 4 Abs. 5, sieht die Gender-RL eine besondere Möglichkeit der Rechtfertigung im Bereich des Versicherungswesens vor. Zunächst statuiert Art. 5 Abs. 1 Gender-RL, dass die Mitgliedstaaten dafür Sorge tragen, dass spätestens bei den nach dem 21. Dezember 2007 neu abgeschlossenen Verträgen die Berücksichtigung des Faktors Geschlecht bei der Berechnung von Prämien und Leistungen nicht zu unterschiedlichen Prämien und Leistungen führt. Art. 5 Abs. 2 S. 1 Gender-RL weicht diese Vorgabe jedoch wieder auf und bestimmt, dass proportionale Unterschiede bei den Prämien und Leistungen von den Mitgliedstaaten dann zugelassen werden können, wenn die Berücksichtigung des Geschlechts bei einer auf relevanten und genauen versicherungsmathematischen und statistischen Daten beruhenden Risikobewertung ein bestimmender Faktor ist. Diese Möglichkeit hat der deutsche Gesetzgeber wahrgenommen. Art. 5 Abs. 2 S. 1 Gender-RL wurde zunächst in § 20 Abs. 2 S. 1 AGG a.F.[395] wortgleich übernommen. Art. 5 Abs. 3 Gender-RL, der besagt, dass Kosten im Zusammenhang mit Schwangerschaft und Mutterschaft auf keinen Fall zu unterschiedlichen Prämien und Leistungen führen dürfen, wurde mit der Schaffung des § 20 Abs. 2 S. 2 AGG a.F. (nunmehr: § 20 Abs. 2 S. 1 AGG) umgesetzt.[396]

3. *Überschießende Umsetzung*

Der deutsche Gesetzgeber hat sich jedoch nicht lediglich damit zufrieden gegeben, das Diskriminierungsmerkmal Rasse/ ethnische Herkunft sowie das Merkmal Geschlecht beim Zugang zu und der Versorgung mit Gütern und Dienstleistungen zu erfassen. Vielmehr sah er sich im Rahmen der Implementierung des AGG dazu veranlasst, auch die Merkmale Alter, Behinderung, Religion und sexuelle Identität in den Anwendungsbereich der §§ 19 ff AGG mit einzubeziehen. Damit

---

393 *Franke/Schlichtmann*, in: Däubler/Bertzbach – AGG-Hk., 3. Aufl. 2013, § 20 Rn. 2.

394 Auf den genauen Wortlaut von § 20 Abs. 1 AGG wird im folgenden Kapitel ausführlich eingegangen.

395 Inzwischen wurde die Vorschrift aufgehoben; hierzu ausführlich das nachfolgende Kapitel.

396 Die Neufassung von § 20 Abs. 2 AGG beruht auf dem Urteil des EuGH in der Rechtssache „Test-Achats", auf die im weiteren Verlauf der Arbeit dezidiert eingegangen wird.

hat der Bundestag die benannten Richtlinien in Bezug auf die letztgenannten Diskriminierungsmerkmale überschießend umgesetzt.

Diese überschießende Umsetzung war stark umstritten und wurde teilweise heftig kritisiert. Die Kritiker gaben vor allem zu bedenken, dass eine überschießende Umsetzung eine unangemessene Einschränkung der Privatautonomie bedeute, da ein gesetzlicher Handlungsbedarf nicht bestehe.[397] Teilweise wurde in diesem Zusammenhang sogar ein Bezug zu Robespierre und den von ihm angeführten Jakobinern hergestellt, die nach der französischen Revolution eine staatlich verordnete Moral durchsetzen wollten, was schließlich zu einem Terror der Tugend führte.[398] Die Befürworter hingegen begrüßten das Anliegen eines erweiterten Tatbestandes. Die Privatautonomie sei nach wie vor gewahrt, da die Diskriminierungsverbote lediglich verlangten, an bestimmte Merkmale in privaten Verträgen nicht anzuknüpfen.[399] Unter Berücksichtigung der Tatsache, dass das deutsche Recht Einschränkungen der Privatautonomie durchaus kennt, etwa in Form von Kontrahierungszwängen bei der Bereitstellung von Energie sowie im Bereich des Beförderungswesens, ist letzterer Argumentation beizupflichten. Die Gesetzesbegründung geht zudem davon aus, dass durch Benachteiligungsverbote erst die faktische Handlungsfähigkeit aller Marktteilnehmer gewährleistet sei.[400] Teilweise wird nicht die Gewährleistung der Privatautonomie als Argument benannt, sondern die Wahrung der ethischen Grundprinzipien im Privatrechtsverkehr.[401] Unabhängig von dieser Tatsache, ist der Meinungsstreit jedoch mittlerweile überholt. Der Gesetzgeber hat in § 19 AGG einen umfassenderen Merkmalskatalog aufgenommen als es die Antidiskriminierungsrichtlinien erforderten. Aus europarechtlicher Sicht ist eine derartige überschießende Umsetzung unproblematisch.[402] Wie sich aus Art. 6 der Antirassismus-RL und Art. 7 der Gender-RL ergibt, enthalten die Regelungen der Richtlinien Mindeststandards, die in jedem Falle eingehalten werden müssen, sodass Regelungen, die über die Mindeststandards hinausgehen auch möglich sind. Insgesamt lässt sich jedenfalls feststellen, dass der deutsche Gesetzgeber zulässigerweise – auch hinsichtlich des Merkmals Alter – über die europäischen Vorgaben im allgemeinen Zivilrecht hinausgegangen ist.

---

397 *Picker*, JZ 2003, 540, 543.

398 *Säcker*, ZRP 2002, 286, 287.

399 *Däubler*, in: Däubler/Bertzbach – AGG-Hk., 3. Aufl. 2013, Einleitung Rn. 73.

400 BT-Drucks. 16/1780, S. 40.

401 *Armbrüster*, in: Gleichbehandlungsrecht – Hdb., § 7 Rn. 15.

402 *Armbrüster/Belling*, in: Erman – AGG, 14. Aufl. 2014, Bd. 1, Vor § 1 Rn. 4: *Franke/Schlichtmann*, in: Däubler/Bertzbach – AGG-Hk., 3. Aufl. 2013, § 19 Rn. 8.

E. Fazit

Das AGG setzt die zivilrechtlichen Vorgaben der europäischen Richtlinien weitestgehend um.[403] Im Hinblick auf private Versicherungsverträge geht der deutsche Gesetzgeber sogar über die erforderlichen Maßnahmen hinaus, indem er auch die in den Richtlinien nicht genannten Merkmale Alter, Behinderung, Religion und sexuelle Identität in den Anwendungsbereich des AGG einbezieht. Diese Einbeziehung führt zu einem umfassend angelegten allgemeinen zivilrechtlichen Schutz. Dies war auch vom Gesetzgeber beabsichtigt.[404] Insofern ist es sicherlich richtig, dass der Gesetzgeber mit seiner Wertung nicht zwischen den einzelnen Merkmalen differenziert, sondern alle Diskriminierungen gleichermaßen missbilligt.[405]

Jedoch könnte die Einbeziehung aller Merkmale zu Folgeproblemen führen, an die der Gesetzgeber ursprünglich nicht gedacht hat. Auf diese möglichen Folgeprobleme wird im Laufe der Arbeit eingegangen. Nach Ansicht des Verfassers stellt das AGG nichtsdestotrotz einen großen Schritt in Richtung Diskriminierungsfreiheit im Bereich des allgemeinen Zivilrechts dar. Dabei spielen gar nicht so sehr die Regelungen an sich eine entscheidende Rolle[406], sondern die mit der Einführung des AGG einhergehende Bewusstseinsschärfung der Menschen für Diskriminierungen in allen Bereichen des täglichen Lebens.

403 Zu einem möglichen Umsetzungsdefizit: *Armbrüster*, in: Gleichbehandlungsrecht – Hdb., § 7 Rn. 6.

404 BT-Drucks. 16/1780, S. 26.

405 So *Armbrüster*, in: Gleichbehandlungsrecht – Hdb., § 7 Rn. 17.

406 Im praktischen Anwendungsbereich dürfte das AGG auch weiterhin eine untergeordnete Rolle einnehmen.

§ 6 Das AGG im Hinblick auf Privatversicherungen

Im Folgenden werden diejenigen Regelungen dargestellt, die im Hinblick auf Privatversicherungen relevant sind. Neben § 2 AGG, der den Anwendungsbereich des AGG vorgibt, sind die bereits im Rahmen der deutschen Umsetzung der Antidiskriminierungsrichtlinien erwähnten §§ 19 und 20 AGG näher zu untersuchen.

A. § 2 Abs. 1 Nr. 8 AGG

I. Tatbestand

Gemäß § 2 Abs. 1 Nr. 8 AGG sind Diskriminierungen aus einem in § 1 genannten Grund, d.h. aufgrund eines Diskriminierungsmerkmals, nach Maßgabe des AGG unzulässig in Bezug auf den Zugang zu und die Versorgung mit Gütern und Dienstleistungen, die der Öffentlichkeit zur Verfügung stehen, einschließlich von Wohnraum. Da es sich bei Privatversicherungen offensichtlich nicht um Güter handelt, müsste es sich bei ihnen um Dienstleistungen handeln, die der Öffentlichkeit zur Verfügung stehen.

Die Formulierung in § 2 Abs. 1 Nr. 8 AGG entspricht dem europarechtlichen Sprachgebrauch zum freien Waren- und Dienstleistungsverkehr.[407] Der Dienstleistungsbegriff erfasst daher nicht lediglich Dienstverträge i.S.d. §§ 611 ff. BGB, sondern ist weitgehender zu verstehen. Unter den Dienstleistungsbegriff fallen neben Geschäftsbesorgungsverträgen, Mietverträgen und Leasingverträgen auch Finanzdienstleistungen und damit auch Versicherungsverträge.[408]

Ferner müssten die (Privat-)Versicherungsverträge der Öffentlichkeit zur Verfügung stehen. Fraglich ist, wann dies der Fall ist. Teile der Literatur kritisieren eine uneingeschränkte Anwendung des Tatbestandsmerkmals der öffentlichen Zurverfügungstellung und sprechen sich daher für eine Beschränkung dahingehend aus, dass der Tatbestand und damit die Anwendbarkeit des AGG nur bei

---

407 BT-Drucks. 16/1780, S. 32; *Thüsing*, in: MüKo – AGG, 7. Aufl. 2015, § 2 Rn. 35; *Belling*, in: Erman – AGG, Bd. 1, 14. Aufl. 2014, § 2 Rn. 23.

408 BT-Drucks. 16/1780, S. 32. Die amtliche Begründung spricht nur von Versicherungsverträgen, nicht von Privatversicherungsverträgen. Jedoch sind nur letztere erfasst, da nur bei diesen Verträge i.S.d. §§ 145 ff. BGB geschlossen werden. Eine klarere Formulierung wäre dennoch wünschenswert gewesen.

Angeboten durch Unternehmer i.S.d. § 14 BGB erfüllt sei.[409] Eine andere Ansicht in der Literatur lehnt diese Einschränkung ab und vertritt die Auffassung, dass auch Verbraucher i.S.d. § 13 BGB Dienstleistungen öffentlich zum Vertragsschluss anbieten können.[410] Als Begründung für diese Ansicht wird angeführt, dass die Richtlinien eine Einschränkung nur für die Fälle statuierten, in denen ein besonderes Nähe- oder Vertrauensverhältnis zwischen den Parteien existiert.[411] In allen anderen Fällen solle es gerade keine Einschränkungen geben. Der letztgenannten Ansicht folgt auch die amtliche Begründung, die es als entscheidendes Kriterium ansieht, ob die Erklärung über die Privatsphäre des Anbietenden hinausgeht.[412] Dieser Ansicht zufolge können auch Verbraucher i.S.d. § 13 BGB Dienstleistungen der Öffentlichkeit zur Verfügung stellen und damit von den Regelungen des AGG betroffen sein.

Im Falle der vorliegend im Blickpunkt stehenden Privatversicherungen dürfte der aufgezeigte Streitstand unerheblich sein. Privatversicherungen sind Dienstleistungen, die in der heutigen Zeit nahezu ausschließlich gewerbsmäßig angeboten werden.

II. Zwischenergebnis

Privatversicherungen werden in jedem Falle der Öffentlichkeit zur Verfügung gestellt und fallen demzufolge auch unter § 2 Abs. 1 Nr. 8 AGG und damit in den Anwendungsbereich des AGG.

B. § 19 AGG

I. Grundstruktur

Wie bereits erwähnt, hat sich der deutsche Gesetzgeber dafür entschieden, die europäischen Vorgaben überschießend umzusetzen. Das grundsätzliche Diskriminierungsverbot in § 19 Abs. 1 AGG erfasst daher neben den Merkmalen Rasse/ ethnische Herkunft und Geschlecht auch die Merkmale Religion, Behinderung,

409 *Ellenberger*, in: Palandt – AGG, 75. Aufl. 2016, § 2 Rn. 9 a.E.; *Mansel*, in: Jauernig – AGG, 15. Aufl. 2014, § 2 Rn. 12.

410 *Ambrosius/Klose/Braunroth*, in: Däubler/Bertzbach – AGG-Hk., 3. Aufl. 2013, § 2 Rn. 58, die von Privaten sprechen, womit wohl Verbraucher gemeint sein dürften; *Belling*, in: Erman – AGG, 14. Aufl. 2014, Bd. 1, § 2 Rn. 27.

411 *Ambrosius/Klose/Braunroth*, in: Däubler/Bertzbach – AGG-Hk., 3. Aufl. 2013, § 2 Rn. 58.

412 BT-Drucks. 16/1780, S. 32.

Alter und sexuelle Identität. Die Eröffnung des Anwendungsbereichs von § 19 Abs. 1 AGG erfordert jedoch die Erfüllung weiterer Tatbestandsmerkmale.

II. Erfasste Schuldverhältnisse

Neben der Voraussetzung aus § 2 Abs. 1 Nr. 8 AGG, dass es sich bei dem in Rede stehenden Rechtsverhältnis um ein solches handeln muss, das Güter oder Dienstleistungen zum Inhalt hat, muss es sich auch um eines der in § 19 Abs. 1 Nr. 1 und 2 AGG genannten Schuldverhältnisse handeln. Somit stellt es zusätzliche Anforderungen an das zivilrechtliche Schuldverhältnis auf, damit das in § 19 Abs. 1 AGG festgelegte Diskriminierungsverbot zur Anwendung gelangt.[413]

1. § 19 Abs. 1 Nr. 1 AGG

Gemäß § 19 Abs. 1 Nr. 1 AGG werden solche zivilrechtlichen Schuldverhältnisse erfasst, die typischerweise ohne Ansehen der Person zu vergleichbaren Bedingungen in einer Vielzahl von Fällen zustande kommen (Massengeschäfte) oder bei denen das Ansehen der Person nach der Art des Schuldverhältnisses eine nachrangige Bedeutung hat und die zu vergleichbaren Bedingungen in einer Vielzahl von Fällen zustande kommen. Für beide Alternativen von § 19 Abs. 1 Nr. 1 AGG ist maßgeblich, ob das Geschäft typischerweise mit allen Vertragspartnern zu ähnlichen Konditionen zustande kommt.[414] Auch bestimmte Privatversicherungen können demnach als Massengeschäft i.S.d. § 19 Abs. 1 Nr. 1 Alt. 1 AGG eingeordnet werden. Dies ist der Fall, wenn – entgegen der eigentlichen Praxis bei Privatversicherungen – keine Risikoprüfung stattfindet, was bei Reisegepäckversicherungen oder Auslandsreisekrankenversicherungen für gewöhnlich der Fall ist.[415] Die amtliche Gesetzesbegründung und die verschiedenen Ansichten in der Literatur vertreten hingegen die Auffassung, dass § 19 Abs. 1 Nr. 1 AGG auf keine Privatversicherung – und damit auch nicht auf solche, die eine Risikoprüfung nicht vorsehen – anzuwenden sei, da § 19 Abs. 1 Nr. 2 AGG[416] als lex specialis zu § 19 Abs. 1 Nr. 1 AGG anzusehen sei.[417] Nach richtiger Auffassung kann jedoch

---

413 BT-Drucks. 16/1780, S. 41.

414 *Wendtland*, in: Bamberger/Roth – AGG, Bd. 2, § 19 Rn. 6; *Ambrosius/Klose/Braunroth*, in: Däubler/Bertzbach – AGG-Hk., 3. Aufl. 2013, § 19 Rn. 33.

415 BT-Drucks. 16/1780, S. 42; *Thüsing*, in: MüKo – AGG, 7. Aufl. 2015, § 19 Rn. 47.

416 Zu § 19 Abs. 1 Nr. 2 AGG sogleich.

417 BT-Drucks. 16/1780, S. 42; *Thüsing*, in: MüKo – AGG, 7. Aufl. 2015, § 19 Rn. 47; *Wendtland*, in: Bamberger/Roth – AGG, Bd. 2, § 19 Rn. 7; *Ambrosius/Klose/Braunroth*, in: Däubler/Bertzbach – AGG-Hk., 3. Aufl. 2013, § 19 Rn. 36.

die Frage, ob unter den Tatbestand des § 19 Abs. 1 Nr. 1 AGG auch manche Privatversicherungen fallen, nur unter dem Blickwinkel der Rechtfertigungsmöglichkeit von § 20 AGG beantwortet werden. Unter diesem Blickwinkel sind nicht sämtliche Privatversicherungen unter § 19 Abs. 1 Nr. 2 AGG zu fassen, sondern nur solche, denen eine Risikoprüfung des Versicherers vorausgeht. Dies bedeutet gleichzeitig, dass unter den Tatbestand des § 19 Abs. 1 Nr. 1 AGG diejenigen Privatversicherungen fallen, bei denen keine Risikoprüfung durchgeführt wird.[418]

2. *§ 19 Abs. 1 Nr. 2 AGG*

Gemäß § 19 Abs. 1 Nr. 2 AGG werden ausdrücklich auch privatrechtliche Versicherungen[419] vom Diskriminierungsverbot des § 19 Abs. 1 AGG erfasst. Die Einbeziehung von Privatversicherungen überrascht auf den ersten Blick, da eine Vergleichbarkeit mit Massengeschäften i.S.d. § 19 Abs. 1 AGG aufgrund der für gewöhnlich vom Versicherer durchgeführten individuellen Risikoprüfung nicht vorliegt. Dennoch sah der Gesetzgeber auch bei individueller Risikoprüfung das Bedürfnis, Unterscheidungen zu unterbinden, da Versicherungen häufig elementare Lebensrisiken abdecken, weshalb gerade die Verweigerung des Vertragsschlusses für den Benachteiligten schwerwiegende Auswirkungen haben könne.[420] Im Rahmen von Gruppenversicherungen, bei denen der Arbeitgeber als Versicherungsnehmer und Prämienschuldner mehrere Personen in ein und demselben Versicherungsvertrag gegen ein bestimmtes Risiko versichert und der Arbeitnehmer Anspruchsinhaber ist, muss differenziert werden.[421] Gemäß Erwägungsgrund 15 S. 4 Gender-RL gehören nur solche Schuldverhältnisse in

---

418 Ausführlich zu § 20 AGG unter F.III. Vorab nur so viel: § 20 Abs. 2 S. 2 AGG beinhaltet eine Sondervorschrift der Rechtfertigung für Privatversicherungen und besagt, dass eine unterschiedliche Behandlung wegen der Religion, einer Behinderung, des Alters oder der sexuellen Identität nur zulässig ist, wenn diese auf anerkannten Prinzipien risikoadäquater Kalkulation beruht, insbesondere auf einer versicherungsmathematisch ermittelten Risikobewertung unter Heranziehung statistischer Erhebungen. Die Rechtfertigungsmöglichkeit aus § 20 Abs. 2 S. 2 AGG setzt demnach voraus, dass eine Risikoprüfung stattfindet. § 20 Abs. 2 S. 2 AGG ist seiner Konzeption zufolge lediglich auf Privatversicherungen zugeschnitten, bei denen eine Risikoprüfung stattfindet, was auch bei der weit überwiegenden Anzahl der Privatversicherungen der Fall ist.

419 Zum Begriff, siehe § 4 A. dieser Arbeit.

420 BT-Drucks. 16/1780, S. 42.

421 *Ambrosius/Klose/Braunroth*, in: Däubler/Bertzbach – AGG-Hk., 3. Aufl. 2013, § 19 Rn. 38, nicht hinreichend differenzierend noch die Vorauflage: *Ambrosius*, in: Däubler/Bertzbach – AGG-Hk., 2. Aufl. 2008, § 19 Rn. 38.

den Anwendungsbereich des zivilrechtlichen Diskriminierungsverbots, die vom Beschäftigungsverhältnis unabhängig sind. Das Schuldverhältnis zwischen dem Arbeitgeber und seinem Arbeitnehmer ist jedoch von dem geschlossenen Arbeitsverhältnis abhängig.[422] Würde bspw. ein Arbeitnehmer N nicht beim Arbeitgeber G arbeiten, hätte letzterer auch keine Gruppenversicherung zugunsten des N abgeschlossen. Ein versicherungsrechtliches Schuldverhältnis zwischen dem Arbeitgeber und seinem Arbeitnehmer, welches auf einer Gruppenversicherung basiert gehört daher nicht zu den von § 19 Abs. 1 Nr. 2 AGG erfassten Schuldverhältnissen. Das Rechtsverhältnis zwischen dem Versicherer und dem Arbeitgeber, die den Versicherungsvertrag zugunsten der Arbeitnehmer abschließen, fällt hingegen in den Anwendungsbereich von § 19 Abs. 1 Nr. 2 AGG.[423]

III. Erfasste Vertragsstadien

Gemäß § 19 Abs. 1 AGG ist eine Diskriminierung aufgrund eines der Diskriminierungsmerkmale bei der Begründung, Durchführung und Beendigung von den oben genannten zivilrechtlichen Schuldverhältnissen unzulässig. Damit werden sämtliche Stadien rechtsgeschäftlichen Kontakts erfasst.

Bei der Begründung eines Schuldverhältnisses kann eine Diskriminierung vorliegen, wenn ein Vertrag von vornherein bestimmten Personen aufgrund eines auf sie zutreffenden Diskriminierungsmerkmals gänzlich nicht oder nur eingeschränkt oder zu ungünstigeren Konditionen angeboten wird.[424] In zeitlicher Hinsicht werden nicht nur konkrete Vertragsanbahnungen oder Vertragsverhandlungen erfasst, sondern auch öffentliche Angebote, für die sich noch kein Kunde interessiert hat.[425] Im Hinblick auf Privatversicherungen bedeutet dies, dass keiner Person aufgrund eines Diskriminierungsmerkmals der Abschluss eines Vertrages verweigert werden darf und keine Person aufgrund eines Diskriminierungsmerkmals schlechtere Vertragskonditionen im Vergleich zu anderen Personen erhalten darf, etwa im Bereich der Prämie oder bei den Leistungen.

Neben der Begründung wird auch die Durchführung des Vertrages vom Anwendungsbereich des § 19 Abs. 1 AGG erfasst. Unter die Durchführung des Vertrages fallen im Bereich der Privatversicherungen bspw. Vertragsanpassungsklauseln,

422 *Ambrosius/Klose/Braunroth*, in: Däubler/Bertzbach – AGG-Hk., 3. Aufl. 2013, § 19 Rn. 38; *Raulf*, NZA-Beilage 2012, 88, 98.

423 *Ambrosius/Klose/Braunroth*, in: Däubler/Bertzbach – AGG-Hk., 3. Aufl. 2013, § 19 Rn. 38.

424 *Wendtland*, in: Bamberger/Roth – AGG, Bd. 2, § 19 Rn. 32.

425 *Thüsing*, in: MüKo – AGG, 7. Aufl. 2015, § 19 Rn. 135.

die nur Personen zugemutet werden, die ein Diskriminierungsmerkmal aufweisen[426] oder innerhalb der Vertragslaufzeit greifen und beinhalten, dass eine Person aufgrund eines Diskriminierungsmerkmals fortan schlechter behandelt wird als zuvor. Wurde ein Versicherungsvertrag verglichen mit anderen Versicherungsnehmern, die den gleichen Versicherungsvertrag abgeschlossen haben, erst einmal zu ungünstigeren Bedingungen eingegangen und im Anschluss daran auch durchgeführt, so fällt dies auch in das Stadium der Durchführung und nicht in dasjenige der Begründung.[427]

Schließlich wird das Stadium der Beendigung erfasst. Dies ist bei erschwerten Voraussetzungen einer Kündigung seitens des Versicherungsnehmers oder bei erleichterten Bedingungen einer Kündigung seitens des Versicherers, die jeweils auf einem Diskriminierungsmerkmal beruht, der Fall.[428] Im Hinblick auf die Thematik der Arbeit bedeutet dies bspw., dass einem Versicherer nicht allein deshalb das Recht der Kündigung zustehen kann, weil der Versicherungsnehmer das 60. Lebensalter erreicht hat.[429]

IV. Zwischenergebnis

Unter § 19 Abs. 1 Nr. 2 AGG fallen jedenfalls diejenigen Privatversicherungen, bei denen der Versicherer eine Risikoprüfung vornimmt. Damit fallen alle für die Thematik der Arbeit relevanten Versicherungen in den Anwendungsbereich des § 19 Abs. 1 Nr. 2 AGG, da nur bei Versicherungen, bei denen Risikoprüfungen durch den Versicherer vorab vorgenommen werden, auch das Diskriminierungsmerkmal Alter als Risikomerkmal in die Vorabprüfung einfließen kann.

C. § 20 AGG

I. Grundstruktur

§ 20 AGG enthält einen Rechtfertigungstatbestand[430], demzufolge Diskriminierungen i.S.v. § 19 Abs. 1 AGG gerechtfertigt sein können, sofern die Voraussetzungen von § 20 AGG vorliegen. Im Rahmen von § 20 AGG ist zwischen Abs. 1,

---

426 *Thüsing*, in: MüKo – AGG, 7. Aufl. 2015, § 19 Rn. 138.

427 *Wendtland*, in: Bamberger/Roth – AGG, Bd. 2, § 19 Rn. 33.

428 *Wendtland*, in: Bamberger/Roth – AGG, Bd. 2, § 19 Rn. 35.

429 Dieses anschauliche Beispiel nennt *Thüsing*, in: MüKo – AGG, 7. Aufl. 2015, § 19 Rn. 139.

430 BT-Drucks. 16/1780, S. 43; *Thüsing*, in: MüKo – AGG, 7. Aufl. 2015, § 20 Rn. 3; *Bauer/Göpfert/Krieger* – AGG, 4. Aufl. 2015, § 20 Rn. 1.

der einen weiten Rechtfertigungstatbestand unter Zuhilfenahme von Regelbeispielen beinhaltet, und Abs. 2, der einen besonderen Rechtfertigungstatbestand für Privatversicherungen enthält, zu differenzieren. Für beide Rechtfertigungstatbestände gilt, dass sie restriktiv auszulegen sind, um nicht die in § 1 AGG genannte Zielsetzung, Diskriminierungen aufgrund der genannten Diskriminierungsmerkmale zu verhindern und zu beseitigen, zu unterlaufen.[431]

II. § 20 Abs. 1 AGG

Gemäß § 20 Abs. 1 S. 1 AGG ist eine Verletzung des Diskriminierungsverbots nicht gegeben, wenn für eine unterschiedliche Behandlung wegen der Religion, einer Behinderung, des Alters, der sexuellen Identität oder des Geschlechts ein sachlicher Grund vorliegt. Neben den Merkmalen Religion, Behinderung, Alter und sexuelle Identität, die auf der erwähnten überschießenden Umsetzung basieren, wird auch das Merkmal Geschlecht benannt, welches auf der Gender-RL beruht. Ob ein sachlicher Grund gegeben ist, ist nach einer wertenden Beurteilung im Einzelfall nach den Grundsätzen von Treu und Glauben festzustellen.[432] § 20 Abs. 1 S. 1 AGG benennt vier Regelbeispiele, deren Vorliegen eine Richtschnur zur Auslegung gibt, in welchen Fällen ein sachlicher Grund gegeben ist.[433] Ein näheres Eingehen auf die im Gesetz benannten Regelbeispiele kann an dieser Stelle unterbleiben, da für private Versicherungsverträge grundsätzlich nicht § 20 Abs. 1 AGG, sondern § 20 Abs. 2 AGG gilt.

III. § 20 Abs. 2 AGG

1. Ursprüngliche Konzeption

§ 20 Abs. 2 AGG enthält eine Sonderregelung für Privatversicherungsverträge. Diese Sonderregelung war bereits bei Inkrafttreten des AGG im Jahre 2006 verankert. Der ursprünglichen Fassung zufolge beinhaltete § 20 Abs. 2 AGG drei Sätze. Der erste Satz bezog sich auf das Diskriminierungsmerkmal Geschlecht, der zweite Satz auf Kosten im Zusammenhang mit Schwangerschaft und Mutterschaft[434] und

---

431 *Ambrosius/Klose/Braunroth*, in: Däubler/Bertzbach – AGG-Hk., 3. Aufl. 2013, § 20 Rn. 11; *Thüsing*, in: MüKo – AGG, 7. Aufl. 2015, § 20 Rn. 6.

432 BT-Drucks. 16/1780, S. 43.

433 BT-Drucks. 16/1780, S. 43.

434 § 20 Abs. 2 S. 2 AGG a.F. (nunmehr § 20 Abs. 2 S. 1 AGG) besagt(e), dass Kosten im Zusammenhang mit Schwangerschaft und Mutterschaft auf keinen Fall zu unterschiedlichen Prämien oder Leistungen führen dürfen. Diese Regelung setzt Art. 5

der dritte Satz auf die Diskriminierungsmerkmale Religion, Behinderung, sexuelle Identität und Alter. Zum 21. Dezember 2012 erfuhr § 20 Abs. 2 AGG jedoch eine nicht unwesentliche Änderung: § 20 Abs. 2 S. 1 AGG, der sich auf das Merkmal Geschlecht bezog, wurde ersatzlos gestrichen, sodass der bisherige § 20 Abs. 2 S. 2 AGG nunmehr Satz 1 ist und der bisherige § 20 Abs. 2 S. 3 AGG nunmehr Satz 2 darstellt[435].

Nachfolgend wird zunächst auf die ursprüngliche Fassung von § 20 Abs. 2 S. 1 AGG eingegangen. Im Anschluss wird § 20 Abs. 2 S. 3 AGG a.F. bzw. § 20 Abs. 2 S. 2 AGG (n.F.), welcher im Rahmen der Implementierung des AGG überschießend umgesetzt wurde[436] und sich u.a. auch auf das relevante Diskriminierungsmerkmal Alter bezieht, näher betrachtet. Schließlich wird auf die Gründe der Streichung von § 20 Abs. 2 S. 1 AGG a.F. eingegangen und welche Auswirkungen dies für die derzeit geltende Fassung des § 20 Abs. 2 AGG insgesamt hat.

2. *§ 20 Abs. 2 S. 1 AGG a.F.*

Gemäß § 20 Abs. 2 S. 1 AGG a.F. war eine unterschiedliche Behandlung wegen des Geschlechts im Rahmen von Privatversicherungen bei den Prämien oder Leistungen nur zulässig, wenn dessen Berücksichtigung bei einer auf relevanten und genauen versicherungsmathematischen und statistischen Daten beruhenden Risikobewertung ein bestimmender Faktor gewesen war. § 20 Abs. 2 S. 1 AGG a.F. erlaubte demnach eine Rechtfertigungsmöglichkeit bei Diskriminierungen im Hinblick auf das Merkmal Geschlecht. Zwar hat die Regelung auch heutzutage noch eine nicht unwesentliche Bedeutung. Denn für Altverträge gilt die Übergangsregelung aus § 33 Abs. 5 S. 1 AGG[437], nach der § 20 Abs. 2 S. 1 AGG a.F. auf die vor dem 21. Dezember 2012 begründeten Verträge noch anwendbar ist.[438]

Abs. 3 Gender-RL wortgleich um und soll aufgrund der Irrelevanz im Hinblick auf die Thematik der Arbeit nicht weiter thematisiert werden.

435 Zu den Hintergründen der Streichung, siehe sogleich.

436 Siehe § 5 D.II.3. dieser Arbeit.

437 § 33 Abs. 5 S. 1 AGG lautet: *„Bei Versicherungsverhältnissen, die vor dem 21. Dezember 2012 begründet werden, ist eine unterschiedliche Behandlung wegen des Geschlechts im Falle des § 19 Abs. 1 Nr. 2 bei den Prämien oder Leistungen nur zulässig, wenn dessen Berücksichtigung bei einer auf relevanten und genauen versicherungsmathematischen und statistischen Daten beruhenden Risikobewertung ein bestimmender Faktor ist.“*

438 Teilweise wird zwar die Meinung vertreten, dass § 20 Abs. 2 S. 1 AGG a.F. seit Inkrafttreten der Gender-RL am 21. Dezember 2007 unanwendbar sei (*Purnhagen*, NJW 2013, 113, 114 f.). Richtigerweise ist jedoch von der Wirksamkeit der Übergangsvorschrift des § 33 Abs. 5 S. 1 AGG auszugehen und damit von einer Unanwendbarkeit seit dem

Jedoch wird in dieser Arbeit nur ein zukunftsorientierter Blick auf Verträge gerichtet, die seit dem 21. Dezember 2012 abgeschlossen worden sind bzw. zukünftig abgeschlossen werden. Folglich wird auf § 33 Abs. 5 S. 1 AGG nicht weiter eingegangen.

3. *§ 20 Abs. 2 S. 3 AGG a.F. bzw. § 20 Abs. 2 S. 2 AGG*

§ 20 Abs. 2 S. 3 AGG a.F. wurde im Wege der Streichung des § 20 Abs. 2 S. 1 AGG a.F. wortgleich als § 20 Abs. 2 S. 2 AGG übernommen.[439] Gemäß § 20 Abs. 2 S. 2 AGG ist eine unterschiedliche Behandlung wegen der Religion, einer Behinderung, des Alters oder der sexuellen Identität bei Privatversicherungen nur zulässig, wenn diese auf anerkannten Prinzipien risikoadäquater Kalkulation beruht, insbesondere auf einer versicherungsmathematisch ermittelten Risikobewertung unter Heranziehung statistischer Erhebungen. Folglich enthält auch § 20 Abs. 2 S. 2 AGG eine Rechtfertigungsmöglichkeit bei Diskriminierungen, allerdings in Bezug auf die Diskriminierungsmerkmale Religion, Behinderung und sexuelle Identität sowie auf das für die Thematik der vorliegenden Arbeit entscheidende Diskriminierungsmerkmal Alter.

4. *Vergleichbarkeit von § 20 Abs. 2 S. 1 AGG a.F. mit § 20 Abs. 2 S. 2 AGG*

Fraglich ist, inwiefern sich die dargestellten § 20 Abs. 2 S. 1 AGG a.F. und § 20 Abs. 2 S. 2 AGG voneinander unterscheiden. Beim Vergleich des Wortlauts beider Vorschriften fallen im Wesentlichen drei Unterschiede auf. Erstens enthielt § 20 Abs. 2 S. 1 AGG a.F. im Tatbestand eine Einschränkung auf Prämien und Leistungen was bei § 20 Abs. 2 S. 2 AGG nicht der Fall ist. Zweitens musste die Risikobewertung gemäß § 20 Abs. 2 S. 1 AGG a.F. auf relevanten und genauen Daten beruhen, wohingegen § 20 Abs. 2 S. 2 AGG auf anerkannte Prinzipien risikoadäquater Kalkulation abstellt. Und drittens musste das im Rahmen des § 20 Abs. 2 S. 1 AGG a.F. entsprechende Diskriminierungsmerkmal Geschlecht ein bestimmender Faktor bei der Risikobewertung sein, was dem Wortlaut des § 20

---

21. Dezember 2012 (so auch *Looschelders*, VersR 2011, 421, 428 und *Raulf*, NZA-Beilage 2012, 88, 96 mit Verweis auf Erwägungsgrund 18 Gender-RL, in dem statuiert ist, dass es auch bei der Umsetzung der Gender-RL nicht zu einer abrupten Umstellung des Marktes kommen müsse und die Anwendung dieser Regel nur für neue Verträge gelten solle, die nach dem Zeitpunkt der Umsetzung dieser Richtlinie abgeschlossen werden).

439 Aufgrund der inhaltsgleichen Bedeutung wird nachfolgend lediglich der nunmehr geltende § 20 Abs. 2 S. 2 AGG als Referenznorm verwendet.

Abs. 2 S. 2 AGG im Hinblick auf seine Diskriminierungsmerkmale nicht entnommen werden kann.

a) Sachlicher Anwendungsbereich

Im Hinblick auf den ersten Aspekt dürfte davon ausgegangen werden, dass die unterschiedliche Formulierung bei ansonsten ähnlicher Strukturierung der Vorschriften kein Zufall sein kann. Dies bedeutet, dass bei § 20 Abs. 2 S. 2 AGG – im Umkehrschluss zu § 20 Abs. 2 S. 1 AGG a.F. – eine Rechtfertigungsmöglichkeit nicht lediglich bei Prämien und Leistungen gegeben ist, sondern auch bei anderen unterschiedlichen Behandlungen im Hinblick auf das Versicherungsverhältnis, bspw. den Zugang zum Vertrag. Dennoch wurde vertreten, dass § 20 Abs. 2 S. 1 AGG a.F. entgegen seinem Wortlaut nicht nur bei Prämien und Leistungen eine Rechtfertigung von Diskriminierungen zuließe, sondern auch bei anderen unterschiedlichen Behandlungen wie etwa den Zugang zum Versicherungsvertrag.[440] Diese Ansicht basierte auf der Annahme, dass im Hinblick auf andere unterschiedliche Behandlungen ein Rückgriff des Versicherers auf § 20 Abs. 1 AGG, der weiter formuliert ist und damit die Möglichkeit einer Rechtfertigung eher zulässt, möglich sei.[441] Aus dieser Annahme wird sodann der Schluss gezogen, dass ein gänzlicher Ausschluss vom Versicherungsvertrag den (potentiellen) Versicherungsnehmer schwerer treffe als eine höhere Prämie und er somit schutzwürdiger sei, was sicherlich auch zutrifft. Deshalb könne bei anderen unterschiedlichen Behandlungen, etwa im Hinblick auf den Zugang zum Vertrag, der Schutz des Versicherungsnehmers nicht schwächer sein als bei den Prämien und Leistungen.[442] Für eine derartige Öffnung des Tatbestands spricht sich paradoxerweise auch die amtliche Begründung aus[443], womit sie freilich ihre eigene Wortwahl konterkariert. Es wird jedoch auch der gegenteilige Standpunkt in der Literatur eingenommen. Dieser besagt, dass aus § 20 Abs. 2 S. 1 AGG a.F. zu schließen sei, dass auch eine Rechtfertigung im Rahmen des § 20 Abs. 2 S. 2 AGG lediglich bei Prämien und Leistungen in Betracht komme, obwohl der Tatbestand offener

---

440 *Adomeit/Mohr* – AGG, 2. Aufl. 2011, § 20 Rn. 35; so auch noch *Ambrosius*, in: Däubler/Bertzbach – AGG-Hk., 2. Aufl. 2008, § 20 Rn. 40; *Meinel/Heyn/Herms* – AGG, 1. Aufl. 2007, § 20 Rn. 24.

441 Hierzu später unter C.IV.3.

442 *Adomeit/Mohr* – AGG, 2. Aufl. 2011, § 20 Rn. 35; so auch noch *Ambrosius*, in: Däubler/Bertzbach – AGG-Hk., 2. Aufl. 2008, § 20 Rn. 40.

443 BT-Drucks. 16/1780, S. 45.

formuliert sei.[444] Richtigerweise ist bei den Vorschriften der jeweilige Wortlaut ernst zu nehmen. Dies bedeutet, dass § 20 Abs. 2 S. 1 AGG a.F. tatsächlich lediglich eine Rechtfertigung von Diskriminierungen bei Prämien und Leistungen zulässt[445] und § 20 Abs. 2 S. 2 AGG – im Gegensatz hierzu – nicht lediglich bei Prämien und Leistungen gilt, sondern auch bei anderen unterschiedlichen Behandlungen im Hinblick auf das Versicherungsverhältnis, wie etwa dem Zugang zum Vertrag.[446]

b) Kalkulatorische Grundlagen

Die zweite Unterscheidung liegt bei der Grundlage der Risikobewertung. § 20 Abs. 2 S. 1 AGG a.F. verlangte, dass letztere auf relevanten und genauen versicherungsmathematischen und statistischen Daten beruht. § 20 Abs. 2 S. 2 AGG sieht grundsätzlich eine auf anerkannten Prinzipien beruhende risikoadäquate Kalkulation vor, insbesondere eine versicherungsmathematische Risikobewertung unter Heranziehung statistischer Erhebungen. Die Formulierung in § 20 Abs. 2 S. 2 AGG zeigt, dass eine versicherungsmathematische Risikobewertung gar nicht zwingend erforderlich ist, sondern lediglich eine auf anerkannten Prinzipien beruhende risikoadäquate Kalkulation. Wird aber eine versicherungsmathematische Risikobewertung durchgeführt, so müssen lediglich statistische Daten herangezogen werden, die dem Wortlaut zufolge – im Gegensatz zu § 20 Abs. 2 S. 1 AGG a.F. – nicht relevant und genau sein müssen. Richtigerweise ist davon auszugehen, dass die statistischen Daten bzw. Erhebungen sehr wohl relevant sein müssen. Dies ergibt sich jedoch nicht in erster Linie aus der Forderung der amtlichen Begründung nach einem deutlichen statistischen Zusammenhang

---

444 *Armbrüster*, in: Erman – AGG, 14. Aufl. 2014, § 20 Rn. 20; *Thüsing*, in: MüKo – AGG, 7. Aufl. 2015, § 20 Rn. 59, der wie selbstverständlich davon spricht, dass § 20 Abs. 2 S. 2 AGG „*die Anforderungen an die [Diskriminierungsmerkmale] bei der Festlegung der Versicherungsprämien und -leistungen*" regelt.

445 *Ambrosius/Klose/Braunroth*, in: Däubler/Bertzbach – AGG-Hk., 3. Aufl. 2013, § 20 Rn. 40; *Thüsing*, in: MüKo – AGG, 7. Aufl. 2015, § 20 Rn. 56, der aber bei anderen unterschiedlichen Behandlungen im Hinblick auf das Versicherungsverhältnis einen Rückgriff auf § 20 Abs. 1 AGG zulässt; *Schiek*, in: dies. – AGG, § 20 Rn. 9, die davon spricht, dass „*wegen des Geschlechts […] niemandem eine Versicherung verweigert werden*" dürfe, womit wohl ein Rückgriff auf § 20 Abs. 1 AGG bei anderen unterschiedlichen Behandlungen im Hinblick auf das Versicherungsverhältnis auszuschließen sein dürfte.

446 *Ambrosius/Klose/Braunroth*, in: Däubler/Bertzbach – AGG-Hk., 3. Aufl. 2013, § 20 Rn. 40, die davon sprechen, dass § 20 Abs. 2 S. 2 AGG „*für jede unterschiedliche Behandlung gilt*"; *Schiek*, in: dies. – AGG, § 20 Rn. 11.

mit der Schadenserwartung[447] oder dem versicherungsrechtlichen Gleichbehandlungsgebot[448], sondern aus der Tatsache, dass irrelevante Daten bzw. Erhebungen schon unter Gesichtspunkten nach Treu und Glauben nicht für eine Rechtfertigung einer unterschiedlichen Behandlung in Betracht kommen können. Denn aus rechtsstaatlicher Sicht ist ein Zusammenhang zum konkreten Sachverhalt unerlässlich. Zudem wird der Versicherer spätestens vor Gericht im Rahmen der ihm obliegenden Beweislast gezwungen sein, relevante Daten bzw. Erhebungen zur Rechtfertigung vorzulegen. Die Genauigkeit der Daten bzw. Erhebungen ist hingegen nicht auf den Tatbestand des § 20 Abs. 2 S. 2 AGG zu übertragen. Selbst grobe (aber relevante) Statistiken genügen zur Rechtfertigung einer Benachteiligung.[449] Aus diesem Grunde stellt die Formulierung des § 20 Abs. 2 S. 2 AGG für Versicherer geringere Anforderungen auf[450] und eröffnet größere Freiräume.[451]

c) Maßgeblichkeit des Diskriminierungsmerkmals

Schließlich unterscheiden sich § 20 Abs. 2 S. 1 AGG a.F. und § 20 Abs. 2 S. 2 AGG im Hinblick auf die Maßgeblichkeit des jeweiligen Diskriminierungsmerkmals bei der Risikoprüfung. Eine Rechtfertigung kam im Rahmen von § 20 Abs. 2 S. 1 AGG a.F. nur dann in Betracht, wenn das Geschlecht als Diskriminierungsmerkmal ein bestimmender Faktor gewesen war. Diese Vorgabe ist dem § 20 Abs. 2 S. 2 AGG nicht zu entnehmen. Fraglich ist, was unter einem „bestimmenden Faktor" zu verstehen ist. Die Tatsache, dass die Norm von einem „bestimmenden Faktor" sprach, lässt zunächst den Schluss zu, dass es auch nicht-bestimmende Faktoren gegeben haben muss, welche man als „einfache Faktoren" bezeichnen könnte. Ausgehend von der Semantik des Wortes „bestimmend" könnte man die Ansicht vertreten, dass jegliche Faktoren, die bei der Risikoprüfung eine Rolle spielen, bestimmend sind. Denn wird ein Faktor bei der Risikoprüfung berücksichtigt, so bestimmt er stets das Ergebnis selbiger Prüfung zumindest mit.[452] An diese Selbstverständlichkeit kann der Gesetzgeber bei der Implementierung des § 20 Abs. 2 S. 1 AGG a.F. jedoch nicht gedacht haben, da stets von einem

447 BT-Drucks. 16/1780, S. 45.

448 *Ambrosius/Klose/Braunroth*, in: Däubler/Bertzbach – AGG-Hk., 3. Aufl. 2013, § 20 Rn. 57.

449 So auch *Ambrosius/Klose/Braunroth*, in: Däubler/Bertzbach – AGG-Hk., 3. Aufl. 2013, § 20 Rn. 57.

450 *Thüsing*, in: MüKo – AGG, 6. Aufl. 2012, § 20 Rn. 88.

451 *Armbrüster*, in: Erman – AGG, 14. Aufl. 2014, § 20 Rn. 18.

452 *Thüsing*, in: MüKo – AGG, 6. Aufl. 2012, § 20 Rn. 81.

Regelungswillen ausgegangen werden kann. Dem Sinn und Zweck der Vorschrift lässt sich jedoch entnehmen, dass eine Rechtfertigung für eine unterschiedliche Behandlung nicht in allen Fällen in Betracht kommt, in denen das Geschlecht als Faktor bei der Risikoprüfung verwendet wird, sondern nur dann, wenn das Geschlecht eine bedeutende bzw. maßgebliche Rolle bei der Risikoprüfung spielt.[453] Im Umkehrschluss bedeutet dies, dass eine Rechtfertigung ausscheidet, sobald das Geschlecht als Faktor bei der Risikoprüfung keine maßgebliche Bedeutung erlangt.[454] In diesem Sinne kann das Wort „bestimmend" nur dahingehend verstanden werden, dass der Faktor zwar ein bedeutender, jedoch nicht der einzige Faktor sein muss.[455] Dies hatte zur Folge, dass bei untergeordneten bzw. einfachen Faktoren eine unmittelbare Benachteiligung nicht gerechtfertigt sein konnte. Im Gegensatz hierzu verzichtet § 20 Abs. 2 S. 2 AGG im Rahmen einer Rechtfertigung auf das Erfordernis, dass die Diskriminierungsmerkmale Religion, Behinderung, sexuelle Identität und Alter, bestimmende Faktoren bei der Risikoprüfung sind. Dies hat zur Folge, dass bereits bei untergeordneten bzw. einfachen Faktoren eine unmittelbare Benachteiligung gerechtfertigt sein konnte.

5. *Stufenmodell*

Die dargelegten Unterschiede zwischen § 20 Abs. 2 S. 1 AGG a.F. in Bezug auf das Diskriminierungsmerkmal Geschlecht auf der einen Seite und § 20 Abs. 2 S. 2 AGG in Bezug auf die Merkmale Religion, Behinderung, sexuelle Identität und Alter auf der anderen Seite zeigen, dass der deutsche Gesetzgeber die Tatbestände bewusst abweichend voneinander formuliert hat. Nimmt man zu den genannten Merkmalen auch das Diskriminierungsmerkmal Rasse/ ethnische Herkunft, welches in § 20 AGG nicht genannt und dementsprechend eine Benachteiligung im Hinblick auf dieses Merkmal im Bereich von Privatversicherungen stets unzulässig ist[456], hinzu, so ergeben sich insgesamt drei Gruppen von Diskriminierungsmerkmalen: erstens die Rasse/ ethnische Herkunft, zweitens das Geschlecht und drittens die Merkmale Religion, Behinderung, sexuelle Identität und auch das

453 So auch BT-Drucks. 16/1780, S. 45.

454 Ein Erst-recht-Schluss, dahingehend, dass wenn schon bei bedeutenden Faktoren eine Rechtfertigung ausscheidet, erst recht bei einfachen Faktoren eine Rechtfertigung ausscheiden muss, dürfte in diesem Zusammenhang ausscheiden, da diese Konstellation alle Faktoren umfasst hätte und der europäische Gesetzgeber für diesen Fall das Wort „bestimmender" ganz hätte weglassen können.

455 BT-Drucks. 16/1780, S. 45.

456 Diese bereits aus systematischer Sicht notwendige Folgerung wird durch § 19 Abs. 2 AGG nochmals klargestellt.

Merkmal Alter. Im Bereich der Privatversicherungen verfolgte der Gesetzgeber ein Stufenmodell: Eine unterschiedliche Behandlung aufgrund der Rasse/ ethnischen Herkunft konnte bzw. kann nach wie vor nicht gerechtfertigt werden. Dies führt im Ergebnis dazu, dass das Diskriminierungsmerkmal Rasse/ ethnische Herkunft als Faktor bei der Risikoprüfung unberücksichtigt bleiben muss. Eine unterschiedliche Behandlung aufgrund des Geschlechts des Versicherungsnehmers konnte bei den Prämien und Leistungen gerechtfertigt werden, wenn das Geschlecht bei der Risikoprüfung, die auf genauen und statistischen Daten beruhen musste, ein bedeutender Faktor war. Eine unterschiedliche Behandlung aufgrund der Religion, Behinderung, sexuellen Identität und des Alters kann nach wie vor in allen Bereichen der Privatversicherung gerechtfertigt sein, und zwar auch dann, wenn das entsprechende Merkmal bei der Risikoprüfung lediglich ein einfacher Faktor ist.

Die ursprünglichen gesetzlichen Regelungen statuieren somit hinsichtlich der Diskriminierungsmerkmale ein unterschiedliches Schutzniveau im Bereich von privaten Versicherungen.[457] Mit diesem Stufenmodell hat der Gesetzgeber unweigerlich zum Ausdruck gebracht, dass er das Diskriminierungsmerkmal Rasse/ ethnische Herkunft als das wichtigste Merkmal ansieht. Das Diskriminierungsmerkmal Geschlecht wird vom Gesetzgeber zwar als unwichtiger als das Merkmal Rasse/ ethnische Herkunft betrachtet, aber als wichtiger als die Diskriminierungsmerkmale Religion, Behinderung, sexuelle Identität und Alter. Letztere stufte der Gesetzgeber als unwichtiger ein als das Merkmal Geschlecht. Damit steht auch das für die vorliegende Arbeit relevante Merkmal Alter auf der dritten und letzten Stufe der „Merkmalsleiter". Die Entscheidung des Gesetzgebers die letztgenannten Merkmale auf der untersten Stufe mit dem geringsten Schutzniveau anzusiedeln, dürfte auch mit der überschießenden Umsetzung dieser Merkmale im Zivilrechtsverkehr in Zusammenhang stehen. Da keine europarechtlichen Vorgaben zu beachten waren, man aber dennoch den Diskriminierungsschutz auf breiter Basis, d.h. mit vielen Diskriminierungsmerkmalen, im AGG verankert haben wollte[458], musste man zunächst auf Tatbestandsebene einen einheitlichen grundsätzlichen Schutz in Bezug auf alle erfassten Diskriminierungsmerkmale gewähren. Eine überschießende Umsetzung war mit Beachtung

457 Dies gilt ausnahmsweise nicht bei mittelbaren Diskriminierungen, denn bei allen Gruppen führt die Rechtfertigung einer mittelbaren Diskriminierung dazu, dass eine solche gerade nicht vorliegt (§ 3 Abs. 2 AGG). Ebenso ist in Bezug auf alle Gruppen bei Vorliegen eines Nähe- oder Vertrauensverhältnisses eine Diskriminierung ausgeschlossen (§ 19 Abs. 5 AGG).

458 BT-Drucks. 16/1780, S. 26.

dieses Gesetzgeberwillens unvermeidlich. Um jedoch eine zu weitgehende überschießende Umsetzung zu vermeiden, musste man auf der Rechtfertigungsebene geringere Anforderungen an die Rechtfertigung von Benachteiligungen stellen. Der Gesetzgeber zeigte sich demzufolge hinsichtlich der Diskriminierungsverbote auf der Tatbestandsebene generös; auf der Rechtfertigungsebene jedoch schränkt er seine Großzügigkeit zu einem nicht unwesentlichen Teil wieder ein.

IV. Urteil des EuGH in der Rechtssache „Test-Achats“

1. Inhalt

Durch das Urteil des EuGH in der Rechtssache „Test-Achats“[459] erfolgte die bereits erwähnte Neufassung des § 20 Abs. 2 AGG. In dieser Rechtssache ging es um die Vorlage des belgischen Cour constitutionnelle[460] an den EuGH im Rahmen einer Klage der belgischen Verbrauchervereinigung „Test-Achats“ sowie zwei belgischen Privatpersonen auf Nichtigerklärung des belgischen Umsetzungsgesetzes zur Gender-RL. Der belgische Gesetzgeber hatte – ebenso wie der deutsche Gesetzgeber – die in Art. 5 Abs. 2 S. 1 Gender-RL vorgesehene Möglichkeit proportionale Unterschiede bei den Prämien und Leistungen zuzulassen, wenn die Berücksichtigung des Geschlechts bei einer auf relevanten und genauen versicherungsmathematischen und statistischen Daten beruhenden Risikobewertung ein bestimmender Faktor ist, wahrgenommen. Die Kläger waren der Ansicht, dass das belgische Umsetzungsgesetz zur Gender-RL mit dem Grundsatz der Gleichbehandlung von Männern und Frauen unvereinbar sei. Es verstoße u.a. gegen die GRCh, insbesondere dessen Art. 21.[461] Der Cour constitutionnelle fragte den EuGH sogleich nach der Vereinbarkeit von Art. 5 Abs. 2 S. 1 Gender-RL mit dem früheren Art. 6 Abs. 2 EUV, der auf die Grundrechte der Union Bezug nahm[462], und mit dem durch diese Bestimmung gewährleisteten Gleichheits- und

---

459 EuGH, Urteil v. 01.03.2011 – Rs. C-236/09; Slg. 2011, I-773 ff., (Test-Achats).

460 Der Cour constitutionnelle ist der belgische Verfassungsgerichtshof, vergleichbar mit dem deutschen BVerfG.

461 Schlussanträge der Generalanwältin *Kokott* v. 30.09.2010 – Rs. C-236/09; Slg. 2011, I-773, 782, Tz. 17 (Test-Achats).

462 Der genaueWortlaut von Art. 6 Abs. 2 EUV a.F. war: „*Die Union achtet die Grundrechte, wie sie in der am 4. November 1950 in Rom unterzeichneten Europäischen Konvention zum Schutze der Menschenrechte und Grundfreiheiten gewährleistet sind und wie sie sich aus den gemeinsamen Verfassungsüberlieferungen der Mitgliedstaaten als allgemeine Grundsätze des Gemeinschaftsrechts ergeben.*“

Nichtdiskriminierungsgrundsatz.[463] Die Generalanwältin am EuGH *Juliane Kokott* schloss sich in ihren Schlussanträgen der Auffassung der Kläger an und begründete einen Verstoß von gegen Art. 21 GRCh mit dem Umstand, dass Art. 5 Abs. 2 S. 1 Gender-RL nicht an biologische Unterschiede anknüpfe, sondern an Statistiken, die pauschale Unterstellungen beinhalteten und an traditionellen Rollenbildern festhielten.[464]

In den Entscheidungsgründen bezieht sich der EuGH sogleich auf die GRCh, die seit Inkrafttreten des Vertrags von Lissabon europäisches Primärrecht darstellt.[465] Der Gerichtshof legt zunächst fest, dass Art. 5 Abs. 2 S. 1 Gender-RL am Maßstab der Art. 21 und 23 GRCh[466] zu messen sei.[467] Die Heranziehung der GRCh dürfte auf die Tatsache zurückgehen, dass sich die Gender-RL selbst in ihrem Erwägungsgrund 4 explizit auf die genannten Normen der GRCh bezieht.[468] Weiter geht der EuGH auf die Möglichkeit der Mitgliedstaaten ein, angemessene Übergangszeiten zu schaffen, um das in den Art. 21 und 23 GRCh genannte Ziel, die Gleichheit von Männern und Frauen in allen Bereichen, zu gewährleisten.[469] In diesem Zusammenhang bezieht sich der EuGH auf die Grundregel zu Versicherungs- und Finanzdienstleistungen in Art. 5 Abs. 1 Gender-RL.[470] Diese besagt, dass die Mitgliedstaaten dafür Sorge tragen, dass spätestens bei den nach dem 21. Dezember 2007 neu abgeschlossenen Verträgen die Berücksichtigung

---

463 Schlussanträge der Generalanwältin *Kokott* v. 30.09.2010 – Rs. C-236/09; Slg. 2011, I-773, 781, Tz. 19 (Test-Achats).

464 Schlussanträge der Generalanwältin *Kokott* v. 30.09.2010 – Rs. C-236/09; Slg. 2011, I-773, 781, Tz. 58 ff. (Test-Achats); *Karpenstein*, EuZW 2010, 885.

465 Siehe § 2.B.III.2. dieser Arbeit.

466 Artikel 23 GRCh bezieht sich ausschließlich auf das Merkmal Geschlecht und besagt: „*Die Gleichheit von Frauen und Männern ist in allen Bereichen, einschließlich der Beschäftigung, der Arbeit und des Arbeitsentgelts, sicherzustellen. Der Grundsatz der Gleichheit steht der Beibehaltung oder der Einführung spezifischer Vergünstigungen für das unterrepräsentierte Geschlecht nicht entgegen.*“

467 EuGH, Urteil v. 01.03.2011 – Rs. C-236/09; Slg. 2011, I-773, 812, Tz. 16 f. (Test-Achats).

468 In Erwägungsgrund 4 der Gender-RL heisst es: „*Die Gleichstellung von Männern und Frauen ist ein grundlegendes Prinzip der Europäischen Union. Nach Artikel 21 und 23 der Charta der Grundrechte der Europäischen Union ist jegliche Diskriminierung wegen des Geschlechts verboten und muss die Gleichheit von Männern und Frauen in allen Bereichen gewährleistet werden.*“; so auch die Schlussanträge der Generalanwältin *Kokott* v. 30.09.2010 – Rs. C-236/09; Slg. 2011, I-773, 782, Tz. 28 (Test-Achats) sowie *Kahler*, NJW 2011, 894.

469 EuGH, Urteil v. 01.03.2011 – Rs. C-236/09; Slg. 2011, I-773, 812, Tz. 18 ff. (Test-Achats).

470 EuGH, Urteil v. 01.03.2011 – Rs. C-236/09; Slg. 2011, I-773, 814, Tz. 24 (Test-Achats).

des Faktors Geschlecht bei der Berechnung von Prämien und Leistungen im Bereich des Versicherungswesens und verwandter Finanzdienstleistungen nicht zu unterschiedlichen Prämien und Leistungen führen dürfe. Die Ausnahme zu der Grundregel in Art. 5 Abs. 2 S. 1 Gender-RL[471] wurde vom belgischen Gesetzgeber – ebenso wie bei der deutschen Umsetzung der Gender-RL[472] – unbefristet übernommen. Damit wurde den Versicherern ermöglicht, auf unbestimmte Zeit das Geschlecht als Risikofaktor bei der Prämienberechnung zu verwenden. Durch eine unbefristete Implementierung des als Ausnahmeregelung gedachten Art. 5 Abs. 2 S. 1 Gender-RL sei die Grundregel, die auf geschlechtsneutrale Prämien und Leistungen abzielt, gefährdet, so der EuGH.[473] Demzufolge konnte mit einer solchen Regelung das übergeordnete Ziel der Gender-RL, die Gleichstellung von Männern und Frauen in allen Bereichen, und das konkrete Ziel der Gender-RL im Versicherungsbereich, nämlich die vollständige Gleichheit von Männern und Frauen in Bezug auf Prämien und Leistungen bei Privatversicherungen[474], nicht erreicht werden. Aufgrund der Tatsache, dass damit Art. 5 Abs. 2 S. 1 Gender-RL letztlich dem Ziel der Gender-RL widerspreche, sei die Regelung mit Art. 21 und 23 GRCh unvereinbar.[475] Die Regelung sei, nach Ablauf der in Art. 5 Abs. 1 Gender-RL benannten Übergangszeit mit Wirkung vom 21. Dezember 2012, als ungültig anzusehen.[476] In tatsächlicher Hinsicht wird jedoch nicht die Ausnahmeregelung des Art. 5 Abs. 2 S. 1 Gender-RL für europarechtswidrig erklärt, sondern der zuvor beschriebene Regelungszusammenhang von der Grundregel des Art. 5 Abs. 1 Gender-RL und der dazugehörigen Ausnahmevorschrift in Art. 5 Abs. 2 S. 1 Gender-RL. Mit der Erklärung der Ungültigkeit von Art. 5 Abs. 2 S. 1 Gender-RL ist der Regelungszusammenhang wieder mit der Europäischen Grundrechte-Charta vereinbar. Die Erklärung der Ungültigkeit von Art. 5 Abs. 2 S. 1 Gender-RL seitens des EuGH ist der Grund, warum der deutsche Gesetzgeber mittlerweile den auf Art. 5 Abs. 2 S. 1 Gender-RL basierenden § 20 Abs. 2 S. 1 AGG mit Wirkung zum 21. Dezember 2012 aufhob und in dessen Folge auch § 20 Abs. 2 S. 2

---

471 Dass es sich bei Artikel 5 Abs. 2 Gender-RL um eine Ausnahmeregelung handelt zeigt sich bereits an dessen einleitender Formulierung „*Unbeschadet des Absatzes 1*".

472 Siehe § 5 D.II.2. dieser Arbeit.

473 EuGH, Urteil v. 01.03.2011 – Rs. C-236/09; Slg. 2011, I-773, 816, Tz. 30 f. (Test-Achats).

474 In Erwägungsgrund 18 S. 2 der Gender-RL heisst es wörtlich: „*Zur Gewährleistung der Gleichbehandlung von Männern und Frauen sollte die Berücksichtigung geschlechtsspezifischer versicherungsmathematischer Faktoren nicht zu Unterschieden bei den Prämien und Leistungen führen.*"

475 EuGH, Urteil v. 01.03.2011 – Rs. C-236/09; Slg. 2011, I-773, 816, Tz. 32 (Test-Achats).

476 EuGH, Urteil v. 01.03.2011 – Rs. C-236/09; Slg. 2011, I-773, 816, Tz. 33 f. (Test-Achats).

AGG a.F. zu § 20 Abs. 2 S. 1 AGG und § 20 Abs. 2 S. 3 AGG a.F. zu § 20 Abs. 2 S. 2 AGG wurde.[477]

2. *Dogmatische Folgerungen*

In dogmatischer Hinsicht war das Urteil des EuGH in Bezug auf die Frage relevant, ob die Rechtsprechung des EuGH in Bezug auf Regelungen einer Richtlinie primärrechtliche Grundsätze konkretisieren können. Wie bereits erläutert, sah die Gender-RL ursprünglich eine Rechtfertigungsmöglichkeit in Art. 5 Abs. 2 S. 1 als Ausnahme zum grundsätzlichen Diskriminierungsverbot nach Art. 5 Abs. 1 Gender-RL vor. Damit entsprach die ursprüngliche Konzeption der Gender-RL in Bezug auf die Berechnung von Prämien und Leistungen im Bereich des Versicherungswesens den Vorgaben des Art. 21 GRCh. Dieser sieht ebenfalls die Möglichkeit einer Rechtfertigung vor und statuiert kein absolutes Diskriminierungsverbot.[478] Das Urteil des EuGH hatte zur Konsequenz, dass die Erklärung der Ungültigkeit von Art. 5 Abs. 2 S. 1 Gender-RL zur ausschließlichen Geltung des Art. 5 Abs. 1 Gender-RL führte. Dieser sah jedoch nunmehr – anders als Art. 21 GRCh – einen absoluten Diskriminierungsschutz bei der Berechnung von Prämien und Leistungen im Bereich des Versicherungswesens vor. Die mit dem Urteil einhergehende Konkretisierung ist jedoch als unproblematisch anzusehen. Es ist zulässig und notwendig, dass sekundärrechtliche Regelungen das europäische Primärrecht konkretisieren.[479] Erfolgt die Konkretisierung aufgrund der Nichtigerklärung durch den EuGH, welche – genau wie das Primärrecht – allgemeine Wirkung (*erga omnes*) entfaltet[480], so muss die Zulässigkeit einer derartigen Konkretisierung erst recht möglich sein. Das Urteil des EuGH schränkte somit in zulässiger Weise das relative Diskriminierungsverbot des Art. 21 GRCh im Hinblick auf das Diskriminierungsmerkmal Geschlecht bei der Berechnung von Prämien und Leistungen im Bereich des Versicherungswesens zu einem absoluten Diskriminierungsverbot ein.

---

477 Die Änderung erfolgte rückwirkend durch Art. 8 des sog. SEPA-Begleitgesetzes v. 3. April 2013 (BGBl. I S. 610).

478 Siehe § 2 B.III.3.c) dieser Arbeit.

479 *Arndt/Fischer/Fetzer*, Europarecht, 11. Aufl. 2015, Rn. 153.

480 *Haratsch/Koenig/Pechstein*, Europarecht, 9. Aufl. 2014, Rn. 535; *Oppermann/Classen/Nettesheim*, Europarecht, 6. Aufl. 2014, § 13 Rn. 53.

3. Rechtsfolgen und Auswirkungen

Unmittelbare Rechtsfolge des Urteils war neben der Ungültigkeit von Art. 5 Abs. 2 Gender-RL die Unanwendbarkeit von § 20 Abs. 2 S. 1 AGG a.F.[481]

Die praktische Bedeutung des EuGH-Urteils in der Rechtssache „Test-Achats" war für die Versicherungswirtschaft sehr groß. Ihre bisherigen Prämienkalkulationen, die u.a. auf dem Merkmal Geschlecht beruhten, wurden nicht mehr anerkannt. Mit der vom EuGH im Urteil festgelegten Ablauffrist für derartige Prämienkalkulationen war jedoch noch nicht geklärt, ob das Verbot der bisherigen Prämienkalkulation auch für bestehende Verträge gilt. Die Kommission sprach sich in ihren Leitlinien zur Anwendung der Gender-RL gegen die Erstreckung auf Altverträge aus[482], was in der Übergangsvorschrift des § 33 Abs. 5 S. 1 AGG zum Ausdruck kommt.[483] Anhand der Vorgaben des EuGH waren die Versicherer jedenfalls gezwungen ab dem 21. Dezember 2012 neue Prämienkalkulationen ohne die Berücksichtigung des Geschlechts des Versicherungsnehmers anzubieten, freilich nicht ohne die Möglichkeit zu nutzen, Kampagnen zum Abschluss von noch günstigen Versicherungsverträgen bis zum 20. Dezember 2012 zu starten.[484]

Das EuGH-Urteil in der Rechtssache „Test-Achats" hat jedoch nicht nur große praktische Bedeutung entfaltet, sondern auch nicht unerhebliche rechtliche Auswirkungen. Mit der Aufhebung von § 20 Abs. 2 S. 1 AGG a.F. könnte das vom deutschen Gesetzgeber eingeführte, zuvor beschriebene Stufenmodell tangiert worden sein. Tatsächlich führt die Aufhebung des § 20 Abs. 2 S. 1 AGG a.F. zu dem Umstand, dass sich das Geschlecht als Diskriminierungsmerkmal auf der Rechtfertigungsebene von § 20 AGG nicht mehr wiederfindet. Dies könnte zur Folge haben, dass eine Rechtfertigung von Benachteiligungen aufgrund des Geschlechts im Bereich von Privatversicherungen – genauso wie Benachteiligungen aufgrund der Rasse/ ethnischen Herkunft – gänzlich unzulässig wäre. Bildlich

---

481 *Purnhagen*, NJW 2013, 113.

482 Leitlinien zur Anwendung der Richtlinie 2004/113/EG des Rates auf das Versicherungswesen im Anschluss an das Urteil des Gerichtshofs der Europäischen Union in der Rechtssache C-236/09 (Test-Achats) v. 22. Dezember 2011, K(2011) 9497 endg. Rn. 10. unter http://www.antidiskriminierungsstelle-datenbanken.de/SharedDocs/Downloads/DE/newsletter_pdf/nl_01_2012_leitlinien_.pdf?__blob=publicationFile, zuletzt abgerufen am 28. Februar 2016.

483 Zweifelnd, ob eine derartige Auslegung der Übergangsvorschrift in Betracht kommt: *Purnhagen*, NJW 2013, 113, 114 ff.; *Hoffmann*, VersR 2012, 1073, 1076 ff.

484 Vgl. hierzu http://www.sueddeutsche.de/geld/neue-unisex-tarife-schnell-noch-eine-versicherung-abschliessen-bloss-nicht-1.1541911, zuletzt abgerufen am 28. Februar 2016.

gesprochen wäre damit seit dem 21. Dezember 2012 aus dem vom deutschen Gesetzgeber intendierten Drei-Stufen-Modell ein Zwei-Stufen-Modell mit fehlender Mittelstufe geworden. Die Diskriminierungsmerkmale Geschlecht und Rasse/ ethnische Herkunft wären im Bereich des Versicherungsrechts gleichermaßen auf der obersten Stufe, d.h. mit einem identisch hohen Schutzniveau, anzusiedeln.

4. *Rückgriff auf § 20 Abs. 1 AGG?*

Die These, dass die Diskriminierungsmerkmale Geschlecht und Rasse/ ethnische Herkunft im Bereich des Versicherungsrechts gleichermaßen auf der obersten Stufe anzusiedeln wären, ist jedoch nur dann zutreffend, wenn in Bezug auf das Diskriminierungsmerkmal Geschlecht nicht ein Rückgriff auf § 20 Abs. 1 AGG möglich ist. Ein Rückgriff auf den allgemeinen Rechtfertigungstatbestand von § 20 Abs. 1 AGG führte dazu, dass Diskriminierungen aufgrund des Geschlechts im Bereich von Privatversicherungen gerechtfertigt werden können, wie dies schon vor dem 21. Dezember 2012 der Fall gewesen war. Ob ein solcher Rückgriff auf § 20 Abs. 1 AGG in Betracht kommt, ist indes fraglich.

Nach einer in der Literatur vertretenen Ansicht wird § 20 Abs. 2 AGG nicht als abschließend betrachtet und zumindest teleologisch dahingehend reduziert, dass das Regelbeispiel aus § 20 Abs. 1 S. 2 Nr. 3 AGG neben § 20 Abs. 2 AGG anwendbar bleibt.[485] Gemäß § 20 Abs. 1 S. 2 Nr. 3 AGG liegt ein rechtfertigender sachlicher Grund für eine Diskriminierung vor, wenn die unterschiedliche Behandlung besondere Vorteile gewährt und ein Interesse an der Durchsetzung der Gleichbehandlung fehlt. Ohne eine teleologische Reduktion wären die Versicherer gehindert, bestimmte Menschen, die für gewöhnlich weniger leistungsfähig sind, z.B. junge Kunden, besonders zu umwerben, was zudem sozialpolitisch erwünscht sei.[486] Teilweise wird auch eine Anwendbarkeit von § 20 Abs. 1 AGG auf diejenigen Gründe reduziert, die verhältnismäßig i.S.d. Art. 4 Abs. 5 Gender-RL sind.[487] Art. 4 Abs. 5 Gender-RL wurde durch § 20 Abs. 1 AGG umgesetzt[488] und beinhaltet eine gewöhnliche Verhältnismäßigkeitsprüfung als Maßstab für eine Rechtfertigung von Diskriminierungen. Nach anderer Ansicht in der Literatur handelt es sich bei § 20 Abs. 2 AGG jedoch um eine abschließende Sonderregelung für

---

485 *Armbrüster*, in: Erman-AGG, 14. Aufl. 2014, § 20 Rn. 20; *Wandt*, Versicherungsrecht, 5. Aufl. 2010, Rn. 233; *Purnhagen*, NJW 2013, 113, 114.; *Armbrüster*, VersR 2006, 1297, 1300 f.

486 *Armbrüster*, VersR 2006, 1297, 1301.

487 So aber *Purnhagen*, NJW 2013, 113, 114.

488 Siehe § 5.D.II.2. dieser Arbeit.

private Versicherungsverträge.[489] Ob § 20 Abs. 2 AGG eine abschließende Sonderregelung zu § 20 Abs. 1 AGG darstellt womit ein Rückgriff ausgeschlossen wäre, vermag jedoch bei der aufgeworfenen Frage nicht mehr weiter zu helfen. Seit dem 22. Dezember ist eine gänzlich neue Situation im Rahmen des Rechtfertigungstatbestands im Hinblick auf das Diskriminierungsmerkmal Geschlecht eingetreten. § 20 Abs. 2 AGG kann – jedenfalls in Bezug auf das Merkmal Geschlecht nach seinem Satz 1 – keine abschließende Regelung darstellen, da § 20 Abs. 2 S. 1 AGG vom Gesetzgeber ersatzlos gestrichen wurde. Zur Beantwortung der Frage muss daher auf den Sinn und Zweck der Konzeption von § 20 AGG zurückgegriffen werden.

Seiner Konzeption zufolge stellt § 20 Abs. 1 AGG einen allgemeinen Rechtfertigungstatbestand dar, demzufolge unterschiedliche Behandlungen leichter zu rechtfertigen sind als im besonderen Bereich der Privatversicherungen, für welchen § 20 Abs. 2 AGG konzipiert wurde. Vergleicht man § 20 Abs. 1 AGG mit § 20 Abs. 2 AGG, so fällt auf, dass § 20 Abs. 1 S. 1 AGG lediglich einen sachlichen Grund für die Rechtfertigung einer Benachteiligung anführt. Weitere inhaltliche Anforderungen werden von § 20 Abs. 1 S. 1 AGG nicht gestellt – auch nicht durch § 20 Abs. 1 S. 2 AGG, der mit Hilfe von Regelbeispielen lediglich das Erfordernis des sachlichen Grundes konkretisiert. § 20 Abs. 2 S. 1 AGG a.F. hingegen stellte dezidierte Anforderungen an die Rechtfertigung einer Benachteiligung, etwa im Hinblick auf die Tatsache, dass relevante und genaue Daten erforderlich waren und das Geschlecht ein bestimmender Faktor der Risikobewertung sein musste. Insofern galten für § 20 Abs. 2 S. 1 AGG a.F. auch stringentere Vorgaben als für § 20 Abs. 2 S. 2 AGG.[490] Erlaubt man nunmehr, nach der Aufhebung von § 20 Abs. 2 S. 1 AGG a.F., einen Rückgriff auf § 20 Abs. 1 AGG im Hinblick auf das Diskriminierungsmerkmal Geschlecht, so wäre eine Diskriminierung aufgrund des Geschlechts leichter zu rechtfertigen als im Hinblick auf die überschießend umgesetzten Merkmale Religion, Behinderung, sexuelle Identität und Alter. Diese Konsequenz wäre zwar im Grundsatz hinnehmbar, da der deutsche Gesetzgeber in Bezug auf die überschießend umgesetzten Merkmale keine europäischen Vorgaben zu beachten hatte und insofern auch auf der Rechtfertigungsebene frei entscheiden kann, wo er den Rechtfertigungsstandard, d.h. die Hürden für eine

---

489 *Ambrosius/Klose/Braunroth*, in: Däubler/Bertzbach – AGG-Hk., 3. Aufl. 2013, § 20 Rn. 36; *Thüsing*, in: MüKo – AGG, 7. Aufl. 2015, § 20 Rn. 1; *Rödl*, in: Rust/Falke – AGG, 1. Aufl. 2007, § 20 Rn. 44 mit dem Hinweis auf den Wortlaut von § 20 Abs. 2 AGG.

490 Siehe oben unter C.III.4.; *Maier-Reimer*, NJW 2006, 2577, 2581, der noch auf § 20 Abs. 2 S. 3 AGG a.F. verweist.

mögliche Rechtfertigung, setzt. Es würde aber der ursprüngliche Wille des Gesetzgebers, nämlich die überschießend umgesetzten Diskriminierungsmerkmale leichter rechtfertigen zu können, als Diskriminierungen aufgrund des Geschlechts, konterkariert. Zudem berücksichtigte man auch die Vorgaben des Test-Achats-Urteils nicht hinreichend. Denn diesem Urteil zufolge, sollen – unter Verweis auf die Zielsetzung der Gender-RL – Diskriminierungen aufgrund des Geschlechts zukünftig gänzlich unterbleiben.[491] Demzufolge kann sowohl nach dem Sinn und Zweck der Konzeption von § 20 Abs. 2 AGG als auch unter Berücksichtigung des Test-Achats-Urteils vom EuGH ein Rückgriff auf § 20 Abs. 1 AGG bei Benachteiligungen aufgrund des Geschlechts nicht in Betracht kommen. Vielmehr ist in der ersatzlosen Streichung von § 20 Abs. 2 S. 1 AGG a.F. die Streichung eines Ausnahmetatbestandes zu sehen, sodass der gesetzliche und europarechtlich vorgegebene Grundsatz der Nichtdiskriminierung ausnahmslos zur Anwendung gelangt. Dies hat zur Folge, dass eine Rechtfertigung bei Diskriminierungen aufgrund des Geschlechts im Bereich von Privatversicherungen ausscheidet.

D. Fazit

Das Urteil des EuGH in der Rechtssache „Test-Achats“ brachte zweifelsohne eine erhebliche Änderung für die Kalkulationen der Privatversicherer mit sich. Die offensichtliche und unmittelbare Auswirkung war eine nicht mehr zulässige Risikoprüfung unter Berücksichtigung des Geschlechts der Versicherungsnehmer. Jedoch wirkt sich das Urteil auch mittelbar auf die gesetzlich intendierte Konzeption von § 20 AGG aus. Das ursprünglich vom deutschen Gesetzgeber vorgesehene Stufenmodell bei den Privatversicherungen hinsichtlich der vom AGG erfassten Diskriminierungsmerkmale hat aufgrund des EuGH-Urteils keinen Bestand mehr. Ein Rückgriff auf den allgemeinen Rechtfertigungsgrund aus § 20 Abs.1 AGG scheidet in Bezug auf das Merkmal Geschlecht aus. Die Diskriminierungsmerkmale Rasse/ ethnische Herkunft sowie Geschlecht stehen im Bereich der Privatversicherungen seit der Umsetzung des EuGH-Urteils zum 21. Dezember 2012 gleichermaßen auf der obersten Stufe, auf der keine Rechtfertigung von Diskriminierungen möglich ist. Im Hinblick auf das Diskriminierungsmerkmal Alter ergibt sich vordergründig keine Auswirkung durch das Urteil in der Rechtssache „Test-Achats“. Fraglich ist, ob dies tatsächlich der Fall ist oder, ob das gestörte Stufenverhältnis auch Auswirkungen auf die vom deutschen Gesetzgeber überschießend umgesetzten Diskriminierungsmerkmale und damit auch auf das Merkmal Alter hat. Hierauf wird zu einem späteren Zeitpunkt zurückzukommen sein.

491 Siehe oben.

§ 7 Vorschlag für eine neue Gleichbehandlungsrichtlinie

A. Historische Entwicklung

Bereits vor mehreren Jahren, im Juli 2008, hat die Europäische Kommission einen Vorschlag für eine weitere Richtlinie[492] im Bereich des Antidiskriminierungsrechts vorgelegt. Diesem Vorschlag gingen langfristige Studien und Anhörungen von Unternehmen, der Öffentlichkeit, Experten sowie nichtstaatlichen Organisationen voraus.[493] Er sieht eine Gleichbehandlung im Bereich des allgemeinen Zivilrechts hinsichtlich der Merkmale Religion, Weltanschauung, Behinderung, sexuelle Ausrichtung und auch Alter vor. Insofern wird von der vorlegenden Kommission eine horizontale Ausweitung des Antidiskriminierungsschutzes in den Bereichen des allgemeinen Zivilrechts beabsichtigt, welche sich ausdrücklich an die bereits erlassenen Antidiskriminierungsrichtlinien anlehnt.[494] Wie schon die Antirassismus-RL, die Rahmen-RL Beschäftigung/ Beruf und die Gender-RL stützt sich der Vorschlag der Kommission auf den damals geltenden Art. 13 EGV (nunmehr Art. 19 AEUV). Grund für die Ausarbeitung der Richtlinie war, dass die Kommission die Ansicht vertrat, dass eine Richtlinie am besten ein kohärentes Mindestmaß an Schutz vor Diskriminierungen gewährleisten könne.[495]

Rechtsgrundlage für den Richtlinienvorschlag war seinerzeit das ungeschriebene, aber allgemein anerkannte Initiativmonopol der Kommission im Hinblick auf die Sekundärrechtsetzung.[496] Auf die Initiative der Kommission im Juli 2008

---

492 Europäische Kommission, Vorschlag für eine Richtlinie des Rates zur Anwendung des Grundsatzes der Gleichbehandlung ungeachtet der Religion oder der Weltanschauung, einer Behinderung, des Alters oder der sexuellen Ausrichtung, KOM (2008) 426 endg., S. 14 ff unter http://eur-lex.europa.eu/LexUriServ/LexUriServ.do?uri=COM:2008:0426:FIN:DE:PDF, zuletzt abgerufen am 16. Januar 2016; nachfolgend kurz als RL-Vorschlag benannt, wenn auf Normen selbiger Richtlinie Bezug genommen wird.

493 Europäische Kommission, Begründung zum Richtlinienvorschlag KOM (2008) 426 endg., S. 3 ff.,unter http://eur-lex.europa.eu/LexUriServ/LexUriServ.do?uri=COM:2008:0426:FIN:DE:PDF.

494 Europäische Kommission, Begründung zum Richtlinienvorschlag KOM (2008) 426 endg., S. 2.

495 Europäische Kommission, Begründung zum Richtlinienvorschlag KOM (2008) 426 endg., S. 7.

496 Nach dem Inkrafttreten des Vertrags von Lissabon ist dieses Initiativmonopol in Art. 17 Abs. 2 S. 1 EUV, Art. 294 Abs. 2 AEUV kodifiziert.

folgte im April 2009 eine Lesung des Richtlinienvorschlags im Europäischen Parlament. Ursprünglich galt für das Vorhaben das Konsultationsverfahren gemäß Art. 192 EGV, welches lediglich eine Anhörung des Parlaments vorsah. Daneben bedurfte es gemäß Art. 250 EGV eines einstimmigen Ratsbeschlusses. Nach Inkrafttreten des Vertrags von Lissabon muss jedoch – neben der nunmehr gemäß Art. 293 AEUV erforderlichen einstimmigen Ratsentscheidung – das Europäische Parlament dem Vorschlag aktiv zustimmen.[497] Nach der Lesung des Vorschlags im Europäischen Parlament gab es zahlreiche Erörterungen im Rat der Europäischen Union. In der Erörterung des Rates vom 21. Juni 2012 wurden noch zahlreiche Punkte des Vorschlags kontrovers diskutiert. Zu einem der umstrittensten Punkte zählte dabei die Berücksichtigung des Merkmals Alter bei Finanz- und Versicherungsdienstleistungen, insbesondere der Umgang mit der EuGH-Entscheidung in der bereits erläuterten Rechtssache „Test-Achats".[498] Es bleibt abzuwarten, welche Formulierungen bzw. Änderungen sich im Rat durchsetzen werden. Aufgrund der Unklarheit hinsichtlich der in Zukunft verbindlichen Fassung, wird nachfolgend der ursprünglich von der Kommission vorgelegte Entwurf als Arbeitsgrundlage verwendet.

B. Regelungsinhalt

Der Richtlinienvorschlag betrifft Regelungen über die Diskriminierungsmerkmale Religion, Weltanschauung, Behinderung, sexuelle Ausrichtung und Alter im Bereich des allgemeinen Zivilrechts. Im Hinblick auf das Merkmal Alter statuiert Art. 2 Abs. 6 S. 1 RL-Vorschlag, dass die Mitgliedstaaten festlegen können, dass eine Ungleichbehandlung aufgrund des Alters keine Diskriminierung darstellt, sofern sie im Rahmen des nationalen Rechts durch ein legitimes Ziel gerechtfertigt ist und die Mittel zur Erreichung dieses Ziels angemessen und erforderlich sind. Diese allgemeine Regelung des Verhältnismäßigkeitsgrundsatzes wird durch die speziell auf Finanzdienstleistungen zugeschnittene Regelung des Art. 2 Abs. 7 RL-Vorschlag ergänzt. Letztere bestimmt, dass die Mitgliedstaaten bei der Bereitstellung von Finanzdienstleistungen verhältnismäßige Ungleichbehandlungen zulassen können, wenn für das fragliche Produkt u.a. die Berücksichtigung des

497 Das Zustimmungserfordernis ergibt sich im Wesentlichen aus Art. 14 Abs. 1 EUV i.V.m. Art. 294 AEUV (ordentliches Gesetzgebungsverfahren).

498 Rat der EU, Erörterung v. 21. Juni 2012, in der es wörtlich heisst: „*In order to further improve legal certainty in the light of the Judgement of the Court of Justice […].*" Abrufbar unter http://www.europarl.europa.eu/oeil/popups/summary.do?id=1213884&t=e&l=en, zuletzt abgerufen am 28. Februar 2016.

Alters ein zentraler Faktor bei der auf relevanten und exakten versicherungsmathematischen oder statistischen Daten beruhenden Risikobewertung ist.[499] Damit sieht die Richtlinie in Bezug auf Finanzdienstleistungen, zu denen auch Versicherungsdienstleistungen zählen, eine besondere Rechtfertigungsprüfung vor.

C. Bereits erfolgte Umsetzung?

Wie bereits gesehen, ist der deutsche Gesetzgeber im Zuge des Inkrafttretens des AGG im Bereich des allgemeinen Zivilrechts (§§ 19–21 AGG) über die umzusetzenden Vorgaben der Antirassismus-RL und der Gender-RL hinausgegangen. In diesem Zusammenhang ist es möglich, dass der Bundestag die sich aus dem Richtlinienvorschlag ergebenden Vorgaben zu Versicherungsdienstleistungen bereits kodifiziert hat.

I. Umsetzung auf Tatbestandsebene

Eine bereits erfolgte Kodifizierung ist jedenfalls auf der Tatbestandsebene weitestgehend zu bejahen. § 19 Abs. 1 AGG erfasst – bis auf das Merkmal Weltanschauung[500] – alle in dem Richtlinienvorschlag benannten Diskriminierungsmerkmale.

II. Umsetzung auf Rechtfertigungsebene

1. Sachlicher Anwendungsbereich

In Bezug auf das Diskriminierungsmerkmal Alter ist fraglich, ob die überschießende deutsche Umsetzung auf der Rechtfertigungsebene den Anforderungen des Vorschlags entspricht. Wie bereits gesehen, lässt § 20 Abs. 2 S. 2 AGG unterschiedliche Behandlungen wegen eines Merkmals im Rahmen von Versicherungsdienstleistungen zu, wenn diese auf anerkannten Prinzipien risikoadäquater Kalkulation beruhen, insbesondere auf einer versicherungsmathematisch ermittelten Risikobewertung unter Heranziehung statistischer Erhebungen. Der Wortlaut des Art. 2 Abs. 7 RL-Vorschlag spricht indes von Ungleichbehandlungen bei der Bereitstellung von Finanzdienstleistungen. Diese Formulierung könnte auf eine Einschränkung des sachlichen Anwendungsbereiches hindeuten. Mit der Bereitstellung einer Dienstleistung könnte lediglich der Zugang zur

---

499 Das weitere in Artikel 2 Abs. 7 RL-Vorschlag genannte Diskriminierungsmerkmal ist dasjenige der Behinderung. Dieses Merkmal kann jedoch aufgrund der Thematik der Arbeit unberücksichtigt bleiben.

500 Hinsichtlich des Merkmals Weltanschauung bietet sich eine Erweiterung des Merkmalkatalogs in § 19 Abs. 1 AGG an.

Dienstleistung erfasst sein, nicht hingegen eine unterschiedliche Behandlung bei den Prämien und Leistungen. Wäre dies der Fall, so wäre selbst nach Inkrafttreten des Richtlinienvorschlags von einer überschießenden Umsetzung durch den deutschen Gesetzgeber auszugehen, da § 20 Abs. 2 S. 2 AGG in der derzeitigen Fassung neben dem Zugang zur Dienstleistung auch die inhaltliche Ausgestaltung, d.h. die Prämien und Leistungen, erfasst.[501] Jedoch sprechen mehrere Aspekte gegen eine Beschränkung auf den Zugang zur Dienstleistung. Zunächst spricht die Formulierung im 15. Erwägungsgrund zum Richtlinienvorschlag, in dem allgemein von Versicherungs-, Bank- und anderen Finanzdienstleistungen die Rede ist, gegen eine Beschränkung auf den Zugang zur Dienstleistung. Der Begründung zum Richtlinienvorschlag kann eine explizite Aussage hinsichtlich dieses Punktes nicht entnommen werden. Dennoch lässt sich aus der Begründung im Hinblick auf den Sinn und Zweck der Regelung eine Aussage ableiten. Denn der europäische Gesetzgeber begründet die Ausnahmeregelung des Art. 2 Abs. 7 RL-Vorschlag damit, dass bei vollständiger Untersagung einer Berücksichtigung des Merkmals Alter, „die zusätzlichen Kosten vollständig vom übrigen „Pool" der Versicherten getragen werden müssten, was höhere Gesamtkosten und eine geringere Deckung der Verbraucher zur Folge hätte".[502] Ginge es lediglich um den Zugang zur Versicherung, würde eine solche Formulierung keinen Sinn ergeben, da die aufgrund der Differenzierung Benachteiligten keinen Versicherungsvertrag abschließen würden und damit naturgemäß auch nicht zur Gruppe der Versicherungsnehmer bzw. zum „Pool" der Versicherten gehörten. nsofern könnte man nicht von den übrigen Versicherungsnehmern sprechen. Zudem spricht die einleitende Formulierung der Begründung „[f]ür Versicherungs- und Bankdienstleistungen"[503] für einen gesamttechnischen Ansatz des europäischen Gesetzgebers. Es ist gerade nicht die Formulierung „für den Zugang zu Versicherungs- und Bankdienstleistungen" gewählt worden. Damit erfasst der Richtlinienvorschlag nicht lediglich den Zugang zum Vertrag, sondern zugleich die inhaltliche Ausgestaltung des Vertrages, in concreto die Prämien und Leistungen. Bezogen auf den sachlichen Anwendungsbereich ist demnach davon auszugehen, dass der Richtlinienvorschlag bereits durch den deutschen Gesetzgeber umgesetzt wurde.

---

501 Siehe § 6.C.III.4.a) dieser Arbeit.

502 Europäische Kommission, Begründung zum Richtlinienvorschlag KOM (2008) 426 endg., S. 9.

503 Europäische Kommission, Begründung zum Richtlinienvorschlag KOM (2008) 426 endg., S. 9.

2. *Kalkulatorische Grundlagen*

Des Weiteren fällt auf, dass dem Richtlinienvorschlag zufolge die Risikobewertung auf relevanten und exakten versicherungsmathematischen oder statistischen Daten beruhen muss. Die im Rahmen der überschießenden Umsetzung gewählte Formulierung stellt grundsätzlich auf anerkannte Prinzipien risikoadäquater Kalkulation ab. Letztere Formulierung ist deutlich allgemeiner bzw. abstrakter, sodass der Gestaltungsspielraum für den Versicherer deutlich größer ist. Der deutsche Gesetzgeber müsste den Gestaltungsspielraum verkleinern und statuieren, dass nur relevante und exakte Daten bei der Risikobewertung zu verwenden sind. Insofern bestünde in Bezug auf diesen Punkt Handlungsbedarf.

3. *Maßgeblichkeit des Diskriminierungsmerkmals*

Schließlich soll nach dem Richtlinienvorschlag eine unterschiedliche Behandlung nur zulässig sein, wenn die Berücksichtigung des Merkmals[504] ein zentraler Faktor bei der Risikobewertung ist. Die Voraussetzung, dass das Merkmal ein zentraler Faktor für die Berücksichtigung sein muss, sieht § 20 Abs. 2 S. 2 AGG gerade nicht vor. Vielmehr werden in § 20 Abs. 2 S. 2 AGG keinerlei Anforderungen an die Maßgeblichkeit des Merkmals als Faktor bei der Risikobewertung aufgestellt. Ob das Merkmal als Faktor bei der Risikobewertung zentral ist oder eine minimale Rolle spielt, ist gemäß § 20 Abs. 2 S. 2 AGG unerheblich. Erheblich ist lediglich eine risikoadäquate Berücksichtigung aufgrund von Statistiken und anerkannten Prinzipien. Die Anforderungen an eine Berücksichtigung des Merkmals Alter und damit zugleich an eine Zulässigkeit von unterschiedlichen Behandlungen sind demnach bei dem Richtlinienvorschlag höher. Der deutsche Gesetzgeber müsste § 20 Abs. 2 S. 2 AGG insofern ergänzen, dass eine Rechtfertigung nur in Betracht käme, wenn das Alter ein zentraler Faktor bei der Berücksichtigung im Rahmen der Risikobewertung ist.

III. Zwischenergebnis

Die Anforderungen, die der Richtlinienvorschlag an eine Rechtfertigung für unterschiedliche Behandlungen enthält, sind lediglich zum Teil bereits durch den deutschen Gesetzgeber umgesetzt worden. Einer Umsetzung in Bezug auf den sachlichen Anwendungsbereich ist nicht vonnöten, da bereits § 20 Abs. 2 S. 2 AGG für unterschiedliche Behandlungen im Hinblick auf das gesamte

504 Dies gilt jedenfalls für die Merkmale Alter und Behinderung, nicht hingegen für die Merkmale Religion, Weltanschauung und sexuelle Ausrichtung.

Versicherungsverhältnis gilt und damit die Vorgaben des Richtlinienvorschlags erfüllt. Jedoch wären bei Verabschiedung des Vorschlags sowohl Änderungen im Hinblick auf die rechnerischen Grundlagen als auch in Bezug auf die Maßgeblichkeit des Diskriminierungsmerkmals bei der Risikobewertung erforderlich. Neben einer auf relevanten und exakten Grundlagen beruhenden Risikobewertung, müsste das Merkmal bei der Berücksichtigung im Rahmen der Risikobewertung ein zentraler Faktor sein. Eine entsprechende Änderung von § 20 Abs. 2 S. 2 AGG führte zu erhöhten Anforderungen an die Möglichkeit einer Rechtfertigung.[505]

D. Vergleich mit der Gender-RL

I. Vorabüberlegungen

Im Hinblick auf den Regelungsinhalt des Richtlinienvorschlags in Bezug auf Finanzdienstleistungen drängt sich ein Vergleich mit der Gender-RL auf. Eine Vergleichbarkeit der Vorschlag-RL mit der Gender-RL führte neben einer Vergleichbarkeit der beiden Diskriminierungsmerkmale Alter und Geschlecht, auch zu der Frage, ob das Urteil des EuGH in der Rechtssache „Test-Achats" auf einen Richtlinienvorschlag in der oben erläuterten Form übertragbar ist.

Auch die mittlerweile umgesetzte Gender-RL, die sich im Bereich des allgemeinen Zivilrechts lediglich auf das Merkmal Geschlecht bezog, beinhaltet zum einen eine generelle Regelung über eine mögliche Rechtfertigung von Ungleichbehandlungen und zum anderen eine spezielle, ergänzende Vorschrift für den Bereich von Finanzdienstleistungen. Art. 4 Abs. 5 Gender-RL statuiert, dass die Richtlinie eine unterschiedliche Behandlung nicht ausschließt, wenn es durch ein legitimes Ziel gerechtfertigt ist, die Güter und Dienstleistungen ausschließlich oder vorwiegend für die Angehörigen eines Geschlechts bereitzustellen, und die Mittel zur Erreichung dieses Ziels angemessen und erforderlich sind. Damit ist diese Vorschrift mit Art. 2 Abs. 6 RL-Vorschlag vergleichbar. Beide Regelungen sehen eine generelle Verhältnismäßigkeitsprüfung bei Ungleichbehandlungen vor. Gemäß Art. 5 Abs. 2 S. 1 Gender-RL können die Mitgliedstaaten im Bereich des Versicherungswesens und verwandter Finanzdienstleistungen beschließen, proportionale Unterschiede bei den Prämien und Leistungen dann zuzulassen, wenn die Berücksichtigung des Geschlechts bei einer auf relevanten und genauen versicherungsmathematischen und statistischen Daten beruhenden Risikobewertung ein bestimmender Faktor ist. Fraglich ist, ob diese Regelung mit der zuvor erwähnten Regelung des Art. 2 Abs. 7 RL-Vorschlag vergleichbar ist.

505 So auch *Armbrüster*, in: Prölss/Martin, VVG, 29. Aufl. 2015, Einl. Rn. 321.

II. Vergleichbarkeit von Art. 2 Abs. 7 RL-Vorschlag mit Art. 5 Abs. 2 S. 1 Gender-RL

Genau wie bei Art. 5 Abs. 2 S. 1 Gender-RL dürfte es sich bei Art. 2 Abs. 7 RL-Vorschlag um einen Ausnahmetatbestand handeln.[506] Dies bestätigt bereits der Wortlaut von Art. 2 Abs. 7 RL-Vorschlag, der „ungeachtet des Absatzes 2" gilt. Die Grundregel ist somit in Art. 2 Abs. 2 verankert. Dieser definiert die unmittelbare und mittelbare Diskriminierung in seinen Unterabschnitten a) und b), welche identisch mit den Legaldefinitionen in Art. 2 lit. a) und b) Gender-RL sind. Dies wirft sogleich die Frage auf, inwiefern es möglich ist, eine Ausnahmeregelung zu einer Legaldefinition zu statuieren. Eine Legaldefinition soll sicherlich jederzeit ihren Geltungsanspruch verwirklichen. Die Nichtanwendung einer Legaldefinition ist offenkundig nicht gewollt und wäre zudem eine ausgesprochene Rarität. Die unglückliche Formulierung dürfte daher in dem Sinne zu verstehen sein, dass aus der Definition von unmittelbarer und mittelbarer Diskriminierung zugleich ein Verbot einer solchen Diskriminierung gefolgert werden muss.[507] Die Grundregel in der Gender-RL, von der abgewichen wird, ist jedoch richtigerweise nicht die Legaldefinition des Art. 2 lit. a) und b) Gender-RL, sondern der bereits erwähnte[508] Art. 5 Abs. 1. Dieser besagt, dass die Mitgliedstaaten dafür Sorge tragen, dass spätestens bei den nach dem 21. Dezember 2007 neu abgeschlossenen Verträgen die Berücksichtigung des Faktors Geschlecht bei der Berechnung von Prämien und Leistungen im Bereich des Versicherungswesens und verwandter Finanzdienstleistungen nicht zu unterschiedlichen Prämien und Leistungen führt. Fraglich ist, ob sich aus dem Umstand, dass die Grundregel des Art. 5 Abs. 1 Gender-RL nicht explizit die Definition der unmittelbaren und mittelbaren Diskriminierung enthält, ein Unterschied zum Richtlinienvorschlag ergibt.

1. *Vergleichbarkeit der jeweiligen Grundregel*

Ein Unterschied zum Richtlinienvorschlag wäre zu bejahen, wenn die Grundregel der Gender-RL (Art. 5 Abs. 1 Gender-RL) einen anderen Inhalt hätte als die Grundregel des Richtlinienvorschlags (Art. 2 Abs. 2 RL-Vorschlag). Dies ist vordergründig zweifelsfrei der Fall. Art. 5 Abs. 1 Gender-RL enthält eine Fristenregelung, während Art. 2 Abs. 2 RL-Vorschlag die Definitionen von unmittelbarer und mittelbarer Diskriminierung statuiert. Für die Unterschiedlichkeit beider

506 Vgl. § 5 D.II.2. dieser Arbeit.

507 Zu dieser missverständlichen Formulierung enthalten die Erläuterungen zum Richtlinienvorschlag leider keine Aussage.

508 Vgl. § 5 D.II.2. dieser Arbeit.

Regelungen spricht ferner, dass auch die Gender-RL in ihrem Art. 2 lit. a) und b) Definitionen zur unmittelbaren und mittelbaren Diskriminierung enthält. Man könnte daher geneigt sein, zu argumentieren, dass der europäische Gesetzgeber nicht Art. 5 Abs. 1 Gender-RL als Grundregel hätte statuieren dürfen, sondern Art. 2 lit. a) und b) Gender-RL, um einen inhaltlichen Gleichlauf beider Regelungen zu erreichen. Eine solche Argumentation geht freilich ins Leere. Denn zum einen wurde die Gender-RL mehrere Jahre vor dem Richtlinienvorschlag ausgearbeitet, sodass sich der Richtlinienvorschlag an der Gender-RL orientiert und nicht umgekehrt. Zum anderen beinhaltet die Gender-RL in Art. 5 Abs. 1 eine besondere Fristenregelung. Eine vergleichbare Fristenregelung sieht der Richtlinienvorschlag nicht vor, sodass auch die Möglichkeit, eine solche Regelung als Grundregel auszugestalten, nicht gegeben war.

Trotz der vordergründigen Unterschiedlichkeit der beiden Grundregeln muss untersucht werden, ob die Fristenregelung des Art. 5 Abs. 1 Gender-RL letztlich nicht auch eine Konkretisierung der Diskriminierungsdefinitionen beinhaltet. Ist dies der Fall, wäre eine Vergleichbarkeit der beiden Grundregeln gegeben. Verkürzt könnte man die Regelung des Art. 5 Abs. 1 Gender-RL derart zusammenfassen, dass es nach dem 21. Dezember 2007 verboten ist, das Geschlecht der Versicherungsnehmer bei der Berechnung von Prämien und Leistungen zu berücksichtigen. Diese Zusammenfassung der Regelung zeigt, dass sie inhaltlich letztlich nichts anderes festlegt als ein Diskriminierungsverbot hinsichtlich des Geschlechts einer Person, mit der Besonderheit der Fristenregelung. Wie bereits gesehen, beinhaltet auch die Grundregel des Art. 2 Abs. 2 RL-Vorschlag nicht lediglich eine Legaldefinition, sondern zugleich ein Diskriminierungsverbot. Daher sind die beiden Grundregeln trotz ihres unterschiedlichen Wortlauts inhaltlich ähnlich ausgestaltet.

2. *Vergleichbarkeit der jeweiligen Ausnahmeregelung*

Des Weiteren ist zu untersuchen, ob auch die Ausnahmetatbestände, d.h. Art. 5 Abs. 2 S. 1 Gender-RL und Art. 2 Abs. 7 RL-Vorschlag, inhaltlich ähnlich ausgestaltet sind. Der Wortlaut der Ausnahmeregelungen weicht jedenfalls voneinander ab.

Zur Erinnerung: Gemäß Art. 5 Abs. 2 S. 1 Gender-RL können die Mitgliedstaaten im Bereich des Versicherungswesens und verwandter Finanzdienstleistungen beschließen, proportionale Unterschiede bei den Prämien und Leistungen dann zuzulassen, wenn die Berücksichtigung des Geschlechts bei einer auf relevanten und genauen versicherungsmathematischen und statistischen Daten beruhenden Risikobewertung ein bestimmender Faktor ist. Gemäß Art. 2 Abs. 7

RL-Vorschlag können die Mitgliedstaaten bei der Bereitstellung von Finanzdienstleistungen verhältnismäßige Ungleichbehandlungen zulassen, wenn für das fragliche Produkt die Berücksichtigung des Alters oder einer Behinderung ein zentraler Faktor bei der auf relevanten und exakten versicherungsmathematischen oder statistischen Daten beruhenden Risikobewertung ist. Fraglich ist, ob mit der wörtlichen auch eine inhaltliche Abweichung einhergeht.

a) *„proportionale Unterschiede" – „verhältnismäßige Ungleichbehandlungen"*

Zunächst ist zu untersuchen, ob die in Art. 5 Abs. 2 S. 1 Gender-RL genannten „proportionalen Unterschiede" inhaltlich von den „verhältnismäßigen Ungleichbehandlungen" in Art. 2 Abs. 7 RL-Vorschlag abweichen. Das deutsche Wort „Proportionalität" wird jedenfalls sprachlich als Synonym für das Wort „Verhältnismäßigkeit" verwendet.[509] Dass keine inhaltliche Abweichung mit den unterschiedlichen Formulierungen beabsichtigt ist, zeigen die jeweiligen englischen Fassungen der Regelungen. Sowohl die englische Fassung der Gender-RL als auch diejenige der Vorschlag-RL sprechen von „proportionate differences". Der gleichlautende Wortlaut ist ein klares Indiz, dass eine inhaltliche Abweichung nicht vorgesehen war. Somit kann zweifelsfrei davon ausgegangen werden, dass trotz des unterschiedlichen deutschen Wortlauts, ein inhaltlicher Unterschied nicht angenommen werden kann.

b) *„bei Prämien und Leistungen" – „bei der Bereitstellung von Finanzdienstleistungen"*

Hinsichtlich des unterschiedlichen Wortlauts der beiden Regelungen fällt weiter auf, dass die Gender-RL eine verhältnismäßige Ungleichbehandlung „bei Prämien und Leistungen" zulässt, während der Richtlinienvorschlag selbige „bei der Bereitstellung von Finanzdienstleistungen" zulässt. Nach Ansicht des Verfassers handelt es sich bei der letztgenannten Regelung um einen erweiterten Anwendungsbereich, einschließlich der Anwendung bei Prämien und Leistungen.[510] Die Bereitstellung erfasst nicht lediglich den Zugang zur Dienstleistung, sondern auch deren inhaltliche Ausgestaltung. Neben den bereits genannten Gründen, spricht auch die Tatsache, dass der Richtlinienvorschlag u.a. auf der Gender-RL basiert[511] und in der Begründung zum Vorschlag implizit das fehlende Verbot

---

509 Vgl. Duden, 25. Aufl. 2009, Stichwort: Proportionalität.

510 Siehe oben unter D.II.1.

511 Europäische Kommission, Begründung zum Richtlinienvorschlag KOM (2008) 426 endg., S. 2.

von Diskriminierungen im Bereich des allgemeinen Zivilrechts in Bezug auf die Merkmale Alter etc. im Vergleich zu den Merkmalen Rasse/ ethnische Herkunft und Geschlecht kritisiert wird[512], für einen gegenüber der Gender-RL sachlich erweiterten Anwendungsbereich. Es ist somit nicht davon auszugehen, dass der Richtlinienvorschlag hinter dem Diskriminierungsschutz der Gender-RL zurückbleiben soll. Somit erfasst das Tatbestandsmerkmal „bei der Bereitstellung von Finanzdienstleistungen" auch die inhaltliche Ausgestaltung der Finanzdienstleistung und damit auch die Ausgestaltung der Prämien und Leistungen.

c) „bestimmender Faktor" – „zentraler Faktor"

Schließlich fällt auf, dass die Mitgliedstaaten es gemäß Art. 5 Abs. 2 S. 1 Gender-RL zulassen können, dass das Diskriminierungsmerkmal berücksichtigt werden darf, wenn es bei der durchzuführenden Risikobewertung ein „bestimmender Faktor" ist. Im Unterschied hierzu spricht Art. 2 Abs. 7 RL-Vorschlag davon, dass die Mitgliedstaaten eine Ungleichbehandlung zulassen können, wenn bei der durchzuführenden Risikobewertung des Produkts die Berücksichtigung des Alters ein „zentraler Faktor" ist. Auch in den englischen Fassungen wird eine voneinander abweichende Terminologie gewählt. Die Gender-RL spricht von „determining factor"; der Richtlinienvorschlag von „key factor". Wie bereits erläutert, erfolgt die Berechnung von Prämien und Leistungen anhand von mehreren Faktoren.[513] Der europäische Gesetzgeber dürfte die abweichende Formulierung deshalb verwendet haben, da er in der Zwischenzeit, d.h. zwischen dem Erlass der Gender-RL und der Veröffentlichung des Richtlinienvorschlags, erkannt hat, dass jeder Faktor bestimmend ist.[514] Wie bei der Gender-RL dürfte das Anliegen des europäischen Gesetzgebers jedoch gewesen sein, dass die Versicherer nur solche Faktoren berücksichtigen dürfen, die im Vergleich zu den anderen Faktoren eine hervorgehobene Stellung einnehmen.[515] Um seinem Anliegen besser Ausdruck zu geben, dürfte der europäische Gesetzgeber daher die Begrifflichkeit vom „zentralen Faktor" bzw. „key factor" gewählt haben. Ein inhaltlicher Unterschied in Bezug auf die Maßgeblichkeit des Diskriminierungsmerkmals geht damit nicht einher.

---

512 Europäische Kommission, Begründung zum Richtlinienvorschlag KOM (2008) 426 endg., S. 3.

513 Siehe § 4 B.II. dieser Arbeit.

514 Siehe § 6 C.III.4.c) dieser Arbeit.

515 Siehe § 6 C.III.4.c) zu § 20 Abs. 2 S. 1 AGG a.F., der jedoch auf der Gender-RL basiert und wortgleich übernommen wurde.

3. *Zwischenergebnis*

Der Vergleich zwischen der Gender-RL und dem Richtlinienvorschlag der Kommission zeigt, dass sich die genannten Artikel – trotz des mitunter unterschiedlichen Wortlauts – inhaltlich sehr ähnlich sind. Beide Regelungen überlassen es den Mitgliedstaaten vom grundsätzlichen Diskriminierungsverbot abzuweichen, indem sie eine Ungleichbehandlung ausnahmsweise zulassen, wenn die Berücksichtigung des Diskriminierungsmerkmals bei der durchzuführenden Risikobewertung ein zentraler Faktor ist. Diese inhaltliche Vergleichbarkeit lässt den Schluss zu, dass der europäische Gesetzgeber jedenfalls ursprünglich, d.h. beim Entwurf des Richtlinienvorschlags, von einer Vergleichbarkeit der Merkmale Geschlecht und Alter ausging.

III. Übertragbarkeit der EuGH-Rechtsprechung

Wie bereits aufgezeigt, entschied der EuGH am 1. März 2011 in der Rechtssache „Test-Achats“[516], dass die Regelung des Art. 5 Abs. 2 S. 1 Gender-RL mit Art. 21 GRCh unvereinbar ist. Nach der aufgezeigten Vergleichbarkeit von Art. 5 Abs. 2 S. 1 Gender-RL mit Art. 2 Abs. 7 RL-Vorschlag stellt sich die Frage, ob die letztgenannte Regelung des Richtlinienvorschlags überhaupt mit der GRCh, insbesondere ihrem Art. 21, vereinbar wäre. Um diese Frage dürfte es wohl auch in den Erörterungen des Rates zu dem Richtlinienvorschlag gehen. In der Erörterung vom 21. Juni 2012 heisst es, dass Änderungen des Richtlinienvorschlags aus dem Grunde vorgenommen werden, um die Rechtssicherheit im Lichte der Rechtsprechung des EuGH zu verbessern.[517] Damit wird zwar nicht explizit die EuGH-Entscheidung in der Rechtssache „Test-Achats“ angesprochen; jedoch dürfte wohl davon ausgegangen werden, dass diese Entscheidung gemeint ist. Die Beantwortung der Frage, ob der EuGH auch im Hinblick auf den Richtlinienvorschlag von einer Unvereinbarkeit mit Art. 21 GRCh ausgehen würde, muss dezidiert anhand seines Urteils in der Rechtssache „Test-Achats“ geklärt werden. Wie bereits aufgezeigt, geht der EuGH zwar von einer Unvereinbarkeit des Art. 5 Abs. 2 S. 1 Gender-RL mit Art. 21 GRCh aus. Jedoch prüft er Art. 5 Abs. 2 S. 1 Gender-RL nicht an der GRCh, sondern folgert die Unvereinbarkeit aus der Umstand, dass die Ausnahmeregelung zeitlich nicht befristet wurde und daher die Ziele der Richtlinie auf

516 EuGH, Urteil v. 01.03.2011 – Rs. C-236/09; Slg. 2011, I-773 ff. (Test-Achats).

517 Rat der EU, Erörterung v. 21. Juni 2012, abrufbar unter http://www.europarl.europa.eu/oeil/popups/summary.do?id=1213884&t=e&l=en, zuletzt abgerufen am 28. Februar 2016.

absehbare Zeit nicht erreicht werden könnten.[518] Ausgehend von dieser Vorgabe, muss somit zunächst geprüft werden, ob der Richtlinienvorschlag einen ähnlichen Regelungszusammenhang vorsieht, der letztlich – ebenso wie bei der Gender-RL – ungeeignet ist, die Ziele des Richtlinienvorschlags zu erreichen.

Art. 1 RL-Vorschlag legt als Hauptzweck die Bekämpfung der Diskriminierung aus Gründen der Religion oder der Weltanschauung, einer Behinderung, des Alters oder der sexuellen Ausrichtung zur Verwirklichung des Gleichbehandlungsgrundsatzes außerhalb von Beschäftigung und Beruf fest.[519] In den Erwägungsgründen ist festgehalten, dass Diskriminierungen aus Gründen der Religion oder der Weltanschauung, einer Behinderung, des Alters oder der sexuellen Ausrichtung in einer Reihe von Bereichen außerhalb des Arbeitsmarktes gesetzlich verboten werden sollten.[520] Zudem sollte die Gemeinschaft darauf hinwirken, bei der Verwirklichung des Grundsatzes der Gleichbehandlung ungeachtet der Religion oder Weltanschauung, einer Behinderung, des Alters oder der sexuellen Ausrichtung, Ungleichheiten zu beseitigen.[521] Schließlich ist darauf hinzuweisen, dass auch auf den Grundsatz der Nichtdiskriminierung aus Art. 21 GRCh hingewiesen wird.[522] Diese Erwägungen zeigen, dass als Ziel des Richtlinienvorschlags letztlich – genau wie in der Gender-RL – ein ausnahmsloses Verbot von Diskriminierungen bei den erfassten Diskriminierungsmerkmalen angestrebt wird. Neben dem Ziel ist auch die Ausnahmeregelung des Art. 2 Abs. 7 RL-Vorschlag mit Art. 5 Abs. 2 S. 1 Gender-RL vergleichbar. Denn auch Art. 2 Abs. 7 RL-Vorschlag sieht eine zeitlich unbefristete Ausnahme zum eigentlichen Ziel des Richtlinienvorschlags im Bereich von Privatversicherungen vor. Die Heranziehung des Regelungszusammenhangs des Richtlinienvorschlags zeigt damit, dass der Richtlinienvorschlag eine ähnliche Systematik wie die Gender-RL aufweist. Aus der Parallelität der Bestimmungen kann geschlossen werden, dass der EuGH auch den in Rede stehenden Richtlinienvorschlag kritisch beäugen wird und gegebenenfalls die Ausnahmevorschrift für den Bereich der Privatversicherungen für europarechtswidrig erachten wird. Dies gilt insbesondere im Hinblick auf den in dem Vorschlag enthaltenen Bezug zu Art. 21 GRCh.

---

518 Siehe § 6 C.IV.1. dieser Arbeit.

519 Europäische Kommission, Begründung zum Richtlinienvorschlag KOM (2008) 426 endg., S. 7.

520 Erwägungsgrund 9 RL-Vorschlag.

521 Erwägungsgrund 13 RL-Vorschlag.

522 Erwägungsgrund 3 RL-Vorschlag.

IV. Zwischenergebnis

Der Vergleich mit der Gender-RL zeigt, dass der europäische Gesetzgeber auch bei dem Vorschlag für eine neue Gleichbehandlungsrichtlinie auf die altbekannte Richtlinienstruktur zurückgreift. Sowohl der Regelungszusammenhang im Bereich von Privatversicherungen als auch die Ausnahmevorschrift (Art. 2 Abs. 7 RL-Vorschlag) sind mit dem Regelungsbereich der Privatversicherungen in der Gender-RL und ihrer vom EuGH für europarechtswidrig erklärten Ausnahmeregelung (Art. 5 Abs. 2 S. 1) vergleichbar. Aus diesem Grund stellt sich die Frage der Vereinbarkeit von Art. 2 Abs. 7 RL-Vorschlag mit der Grundrechte-Charta. Diese Frage kann jedoch nicht sicher beantwortet werden. Es lässt sich aber festhalten, dass es durchaus möglich erscheint, dass sich der EuGH seiner Entscheidungsgründe aus dem Urteil in der Rechtssache „Test-Achats" auch in einem Vorlageverfahren in Bezug auf einen derartigen zukünftigen Richtlinienvorschlag bedienen wird. Dies gilt umso mehr, da der europäische Gesetzgeber dem Anschein nach als eigentliches Ziel der Antidiskriminierungsrichtlinien ein ausnahmsloses Diskriminierungsverbot anstrebt.

E. Fazit

Der Vorschlag der Kommission für eine neue Gleichbehandlungsrichtlinie würde zu einem einheitlichen Schutzniveau im Bereich des Arbeits- und des allgemeinen Zivilrechts führen. Diese Vereinheitlichung ist auch das erklärte Ziel der Richtlinie. Daher verwundert es nicht, dass hinsichtlich der Struktur des Vorschlags auf die Struktur der bereits erlassenen Richtlinien zurückgegriffen wurde. Das EuGH-Urteil in der Rechtssache „Test-Achats" dürfte die Arbeiten, die zum Erlass des Vorschlags stattfanden, gehörig ins Schleudern gebracht haben – sieht es doch in dem Zusammenspiel zwischen der Grundregel des Art. 5 Abs. 1 Gender-RL und der Ausnahmeregelung des Art. 5 Abs. 2 S. 1 Gender-RL, der ähnlich wie Art. 7 Abs. 2 RL-Vorschlag konzipiert ist, einen Verstoß gegen höherrangiges europäisches Recht, in concreto Art. 21 GRCh. Aufgrund der Tatsache, dass eine neue, horizontale Gleichbehandlungs-RL im Bereich des allgemeinen Zivilrechts jedoch Zukunftsmusik darstellt und zudem nicht absehbar ist, wann bzw. ob die Verhandlungen über den Richtlinienvorschlag wieder in Gang kommen, wird nachfolgend der Richtlinienvorschlag nicht weitergehend thematisiert. Vielmehr sollte ausführlich auf § 20 Abs. 2 S. 2 AGG eingegangen werden. Denn die abstrakte Möglichkeit, dass der EuGH auch einen in Kraft getretenen Art. 7 Abs. 2 RL-Vorschlag als für unvereinbar mit Art. 21 GRCh erachtet, könnte auch Auswirkungen auf die deutsche Rechtslage haben. Beim deutschen Gesetzgeber dürfte das EuGH-Urteil in der Rechtssache „Test-Achats" daher umso mehr für Aufmerksamkeit gesorgt haben – hat der deutsche Gesetzgeber doch mit § 20 Abs. 2 S. 2 AGG eine dem Art. 7 Abs. 2 RL-Vorschlag ähnliche Vorschrift bereits kodifiziert.

§ 8 Vereinbarkeit von § 20 Abs. 2 S. 2 AGG mit höherrangigem Recht

Fraglich ist, ob § 20 Abs. 2 S. 2 AGG bzw. der Regelungszusammenhang in §§ 19, 20 AGG in seiner durch das Urteil des EuGH in der Rechtssache „Test-Achats" vorgegebenen neuen Ausgestaltung noch mit höherrangigem Recht vereinbar ist. Im Hinblick auf die Thematik der Arbeit soll § 20 Abs. 2 S. 2 AGG jedoch lediglich in Bezug auf das Merkmal Alter untersucht werden. Die weiteren in § 20 Abs. 2 S. 2 AGG genannten Merkmale – Religion, Behinderung und sexuelle Identität – finden nur Berücksichtigung, soweit der Regelungszusammenhang in §§ 19, 20 AGG thematisiert wird.

A. Vereinbarkeit mit Unionsrecht

I. Vereinbarkeit mit der GRCh

§ 20 Abs. 2 S. 2 AGG könnte mit europäischem Primärrecht unvereinbar sein. Nach der Kodifizierung des Verbots von Altersdiskriminierungen als allgemeinen Grundsatz des Unionsrechts in der GRCh, kommt insbesondere eine Unvereinbarkeit von § 20 Abs. 2 S. 2 AGG mit der GRCh in Betracht. Nachdem bereits die generelle Anwendbarkeit der GRCh erläutert und bejaht wurde[523], soll nunmehr geprüft werden, ob die Charta auch im konkreten Fall anwendbar ist. Dabei bildet Art. 51 GRCh, der den Anwendungsbereich der GRCh festlegt, den Ausgangspunkt einer jeden Prüfung der Vereinbarkeit einer Norm mit der Charta.

1. Art. 51 GRCh

a) Gesetzesintention

Art. 51 GRCh soll nach dem Willen seiner Verfasser auf der einen Seite den Anwendungsbereich der Charta regeln, auf der anderen Seite jedoch nicht in die Fragen der Kompetenzverteilung zwischen Union und Mitgliedstaaten eingreifen. Diese Intention zeigt sich besonders an Art. 51 Abs. 1 S. 2 und Abs. 2 GRCh. Diese Regelungen bestimmen ausdrücklich, dass die Charta die Grenzen der Zuständigkeiten, die der Union übertragen wurden, achtet, den Geltungsbereich des Unionsrechts nicht ausdehnt und keine neuen Zuständigkeiten für die Union begründet. Das Hauptziel von Art. 51 GRCh ist eine trennscharfe Abgrenzung

523 Siehe § 2 B.III. dieser Arbeit.

der europäischen Grundrechteordnung von den jeweiligen Rechtsordnungen der Mitgliedstaaten.[524]

b) *Tatbestand*

In materieller Hinsicht müssten die Tatbestandsvoraussetzungen von Art. 51 Abs. 1 S. 1 GRCh erfüllt sein. Gemäß Art. 51 Abs. 1 S. 1 GRCh gilt die Charta für die Organe, Einrichtungen und sonstigen Stellen der Union unter Wahrung des Subsidiaritätsprinzips und für die Mitgliedstaaten ausschließlich bei der Durchführung des Rechts der Union. Der Tatbestand setzt sich demnach aus zwei Merkmalen zusammen. Zum einen die Benennung der Normadressaten als Unionsgrundrechtsverpflichtete und zum anderen die Tatbestandshandlung der Durchführung von Unionsrecht. Normadressat ist neben den genannten Stellen der Union ausdrücklich auch der einzelne Mitgliedstaat. Das Recht der Union meint neben dem Primärrecht alle in Art. 288 AEUV genannten Handlungsformen der Union, insbesondere Verordnungen und Richtlinien.[525] Unter der Durchführung von Unionsrecht könnte allgemein die Gesamtheit all jener staatlicher Maßnahmen verstanden werden, die zur Realisierung unionsrechtlicher Vorgaben bzw. in Vollziehung von Normen des Unionsrechts von staatlichen Organen gesetzt werden.[526] Gemessen an diesem Verständnis ist fraglich, ob eine Durchführung von Unionsrecht im Hinblick auf § 20 Abs. 2 S. 2 AGG überhaupt gegeben ist. Die Richtlinien, die zur Kodifizierung des AGG führten, sahen kein privatrechtliches Verbot der Altersdiskriminierung vor, sodass die Bundesrepublik Deutschland die Regelungen zum benannten Verbot, in concreto §§ 19, 20 AGG, überschießend umgesetzt hat. Unter Zugrundelegung dieses Verständnisses dürfte mit der Umsetzung von § 20 Abs. 2 S. 2 AGG gerade nicht Unionsrecht durchgeführt worden sein. Auf den ersten Blick erscheint es daher abwegig § 20 Abs. 2 S. 2 AGG auf seine Vereinbarkeit mit der GRCh prüfen zu wollen.

Zu beachten ist jedoch, dass die Frage, inwiefern bei der Umsetzung von Richtlinien Unionsrecht durchgeführt wird, ausführlich in Literatur und Rechtsprechung diskutiert wird. Zunächst wird daher nachfolgend dargestellt, inwiefern die Literatur und die Rechtsprechung bereits eine Konkretisierung dieses Tatbestandsmerkmals vorgenommen haben. Im Rahmen dieser Diskussion geht es nicht lediglich um die Frage der Durchführung von Unionsrecht, sondern auch um die Frage, inwiefern die Mitgliedstaaten bei der Umsetzung von Richtlinien

---

524 *Hatje*, in: Schwarze – EU-Kommentar, 3. Aufl. 2012, Art. 51 GRCh Rn. 2.
525 *Kingreen*, in: Calliess/Ruffert – EUV/AEUV, 4. Aufl. 2011, Art. 51 GRCh Rn. 8.
526 So *Ranacher*, ZÖR 2003, 21, 24.

an die Unionsgrundrechte gebunden sind. Letztgenannte Frage geht zwingend mit der Frage einer Durchführung des Unionsrechts einher. Denn wird Unionsrecht durchgeführt, so sind die Mitgliedstaaten ipso iure auch an die Unionsgrundrechte gebunden.

c) Bindung der Mitgliedstaaten an die Unionsgrundrechte bei der Umsetzung von Richtlinien

i. Literatur

In der Literatur werden zur Problematik, ob die Mitgliedstaaten bei der Umsetzung von Richtlinien an die Unionsgrundrechte gebunden sind, im Wesentlichen drei Ansätze vertreten.

(1) Restriktive Ansicht

Eine vereinzelt vertretene restriktive Auffassung besagt, dass die Mitgliedstaaten bei der Umsetzung von Richtlinien gänzlich nicht an die Unionsgrundrechte gebunden seien.[527] Dies rührte teilweise aus der früher vertretenen Ansicht her, dass sekundäres Gemeinschaftsrecht ohne unmittelbaren Geltungsanspruch keinen Vorrang vor nationalem Recht beanspruchen könne.[528] Die auch in der damaligen Zeit bereits entgegengesetzte Rechtsprechung des EuGH[529] hat sich in der heutigen Zeit verfestigt, so dass dieser Begründungsansatz zweifelsohne als überholt anzusehen ist. Jedoch wird nach wie vor die restriktive Auffassung unter Zugrundelegung eines anderen Begründungsansatzes vertreten. Dieser neuere Ansatz stellt den Sinn und Zweck einer Heranziehung von Unionsgrundrechten als Maßstab für eine Überprüfung von umgesetztem nationalem Recht in Frage. Die Vermeidung von verfassungswidrigen und damit nichtigen nationalen Vorschriften, was im Falle des Eintretens zu der Entstehung eines „Flickenteppichs" in Europa führen würde, könne auch dadurch erreicht werden, dass die Richtlinie selbst an den Unionsgrundrechten gemessen werde.[530] Ein Bedürfnis die Unionsgrundrechte als Prüfungsmaßstab für die umgesetzten nationalen

527 *Kingreen*, in: Calliess/Ruffert – EUV/AEUV, 4. Aufl. 2011, Art. 51 GRCh Rn. 12; *Kingreen*, JuS 2000, 857, 864; *Di Fabio*, NJW 1990, 947, 952.

528 *Di Fabio*, NJW 1990, 947, 952.

529 EuGH, Urteil v. 07.07.1976 – Rs. 118/75; Slg. 1976, 1185, 1198, Tz. 16 (Watson und Belmann) in dem erläutert wird, dass Bestimmungen des primären und sekundären Gemeinschaftsrechts jeder entgegenstehenden innerstaatlichen Rechtsvorschrift vorgehen.

530 *Kingreen*, in: Calliess/Ruffert – EUV/AEUV, 4. Aufl. 2011, Art. 51 GRCh Rn. 12; *Kingreen*, JuS 2000, 857, 864.

Vorschriften heranzuziehen gäbe es darüber hinaus nicht. Denn falls die Richtlinie den Unionsgrundrechten widerspricht, ist sie auf unionsrechtlicher Ebene verfassungswidrig und damit durch den EuGH für nichtig zu erklären.[531] Nach einer Nichtigerklärung der Richtlinie durch den EuGH könnten die umgesetzten nationalen Vorschriften an den nationalen Grundrechten gemessen werden. Dies dürfte als logische Folge der Nichtigerklärung zu akzeptieren sein, da die Rechtsgrundlage für die nationalen Vorschriften, d.h. die Richtlinie, weggefallen wäre. Ein Bedürfnis für eine Prüfung der umgesetzten nationalen Vorschriften am Maßstab der Unionsgrundrechte bestehe somit schon gar nicht.

(2) Differenzierende Ansicht

Ausgangspunkt der vermittelnden Ansicht in der Literatur ist, dass Richtlinien regelmäßig zweierlei Arten von Vorgaben beinhalten. Einerseits solche, die zwingend vom nationalen Gesetzgeber in der von der Richtlinie vorgegebenen Art und Weise umgesetzt werden müssen und andererseits solche Bestimmungen, die dem nationalen Gesetzgeber einen gewissen Handlungs- oder Ermessensspielraum belassen. Diese Handlungs-oder Ermessensspielräume dürften sich vorwiegend aus der Verwendung von unbestimmten Rechtsbegriffen, Wahlmöglichkeiten oder Ermächtigungen zu Ausnahmen oder Einschränkungen in den Richtlinienvorgaben ergeben.[532]

Der vermittelnden Ansicht zufolge müssen bei denjenigen Richtlinienvorgaben, die dem nationalen Gesetzgeber einen Handlungs- oder Ermessensspielraum belassen, die nationalen Grundrechte als Prüfungsmaßstab für die auf der Richtlinie basierenden nationalen Regelungen herangezogen werden; diejenigen nationalen Regelungen, die aufgrund von Richtlinienvorgaben ergangen sind, die den Mitgliedstaaten keinen Gestaltungsspielraum belassen, müssen hingegen an den Unionsgrundrechten gemessen werden.[533] Dieser Ansatz wird damit begründet, dass im Falle des Fehlens einer zwingenden Richtlinienvorgabe der nationale Gesetzgeber über einen Gestaltungsspielraum verfügt – wie dies auch bei gewöhnlichen Parlamentsgesetzen der Fall ist – und innerhalb dieses Gestaltungsspielraumes

---

531 Dies gilt nach einer entsprechenden Nichtigkeitsklage gemäß Artikel 263 AEUV durch einen klagebefugten Kläger.

532 So die Aufzählung bei *Ladenburger*, in: Tettinger/Stern – GRCh, Art. 51, Rn. 35.

533 *Rengeling/Szczekalla*, Grundrechte in der EU, § 4, Rn. 312f., 316; *Cremer*, EuGRZ 2011, 545, 550; *Ziegenhorn*, NVwZ 2010, 803, 808; wohl auch *Weber*, NJW 2000, 537, 542, der jedoch nur auf Richtlinienvorgaben mit Ermessensspielraum eingeht und nicht auf zwingende Richtlinienvorgaben.

gemäß Art. 1 Abs. 3 GG lediglich an die deutschen Grundrechte gebunden sei.[534] Zudem lässt sich für eine derartig differenzierende Ansicht vorbringen, dass sich zwingende Richtlinienvorgaben nicht wesentlich von Verordnungen unterscheiden. Verordnungen sind gemäß Art. 288 Abs. 2 S. 2 AEUV unmittelbar anwendbar. Es steht außer Frage, dass die Unionsgrundrechte für die Bestimmungen einer Verordnung bindend sind. In der Literatur besteht Einigkeit darüber, dass auch für den nationalen Vollzug von Verordnungen die Unionsgrundrechte der richtige Prüfungsmaßstab sind.[535] Zwar muss der nationale Gesetzgeber bei zwingenden Richtlinienvorgaben noch handeln in dem er die zwingenden Vorgaben gewissermaßen eins-zu-eins in nationales Recht „gießt“, während er für die Anwendbarkeit von Verordnungen nicht mehr tätig werden muss. In praktischer Hinsicht unterscheiden sich beide Regelungsmaßnahmen in Bezug auf den Inhalt der Regelung jedoch nicht. Denn der nationale Gesetzgeber hat in beiden Konstellationen keine inhaltliche Entscheidungsgewalt. Der Inhalt einer Norm ist jedoch stets ausschlaggebend für die Frage, an welchen höheren Regelungen die Norm selbst gemessen wird. Auf welchem Wege die in Rede stehende Norm zur Anwendung gelangt, spielt für diese Frage keine Rolle. Demnach müssten zumindest unter den vorgenannten Gesichtspunkten die Unionsgrundrechte als Prüfungsmaßstab für die auf zwingenden Richtlinienvorgaben beruhenden nationalen Regelungen herangezogen werden.

(3) Umfassende Ansicht

Eine vielfach vertretene Ansicht in der Literatur befürwortet eine umfassende Bindung der Mitgliedstaaten an die Unionsgrundrechte bei der Umsetzung von Richtlinien.[536] Es wird keinerlei Unterscheidung dahingehend getroffen, ob die Richtlinie den Mitgliedstaaten einen Gestaltungsspielraum belässt oder nicht.

Zur Begründung dieses Standpunktes wird angeführt, dass es sachgerecht sei, wenn sämtliche richtlinienbedingte nationale Regelungen der Bindung an die Unionsgrundrechte unterfallen, da diese Regelungen letztlich durch das Gemeinschaftsrecht veranlasst worden seien und es ohne des gemeinschafts-

---

534 *Rengeling/Szczekalla*, Grundrechte in der EU, 2004, § 4, Rn. 315; wohl auch *Ziegenhorn*, NVwZ 2010, 803, 807.

535 *Ehlers*, in: ders., Europ. Grundrechte und Grundfreiheiten, 4. Aufl. 2014, § 14 Rn. 73; *Rengeling/Szczekalla*, Grundrechte in der EU, § 4, Rn. 305; *Kingreen*, JuS 2000. 857, 864.

536 *Jarass*, EU-Grundrechte, § 4 Rn. 13; *Kühling*, in: von Bogdandy/Bast – Europ. Verfassungsrecht, 2. Aufl. 2009, S. 682; § 14 Rn. 50; *Dreier*, in: ders. – GG, 3. Aufl. 2013, Art. 1 III Rn. 13; *Wallrab*, Die Verpflichteten der Gemeinschaftsgrundrechte, S. 84 ff.

rechtlichen Ausgangspunktes schon nicht zu einem grundrechtsgefährdenden mitgliedstaatlichen Handeln gekommen wäre.[537] Auch im Hinblick auf die Gewährleistung eines unionsweiten, einheitlichen Grundrechts(mindest)standards sei eine umfassende Bindung an die Unionsgrundrechte notwendig.[538] Auch solle sich die Union mit einer Delegation an die Mitgliedstaaten nicht ihrer Bindung an die eigenen Grundrechte entledigen können.[539] Der freundliche Akt der Delegation einerseits und die Schaffung von Gestaltungsspielräumen im Rahmen der Delegation darf nicht dazu führen, dass dies von den Mitgliedstaaten gewissermaßen ausgenutzt wird und sie sich ihrerseits im Rahmen der Ausfüllung ihres Gestaltungsspielraumes nicht mehr an die Unionsgrundrechte gebunden fühlen. Auch die häufig schwierige Trennung zwischen solchen Regelungen, die aufgrund einer zwingenden Vorgabe und solchen, die der Ausfüllung eines Gestaltungsspielraumes dienen, wird zur Begründung einer umfassenden Bindung der Mitgliedstaaten an die Unionsgrundrechte bei der Umsetzung von Richtlinien vorgebracht.[540] Daneben wird auch ein klassisch europarechtliches Argument angeführt: Die von der Richtlinie gegebenen Gestaltungsspielräume dürften nicht im Widerspruch zum Unionsrecht insgesamt und damit auch zu den Unionsgrundrechten im Besonderen ausgefüllt werden.[541] Eine solche Vorgehensweise der Mitgliedstaaten widerspreche dem in Art. 4 Abs. 3 EUV verankerten Prinzip der Gemeinschaftstreue und stünde damit letztlich auch dem effet utile entgegen.[542]

(4) Zwischenergebnis

Die zuerst genannte Ansicht ist abzulehnen. Es ist zum einen aus europarechtlichen Gesichtspunkten nicht hinzunehmen, wenn die Mitgliedstaaten bei der Umsetzung von Richtlinien den Unionsgrundrechten keinerlei Beachtung schenken müssen. Dies würde gerade dem effet utile widersprechen, da die Mitgliedstaaten lediglich ihre eigenen Grundrechte bei der Umsetzung zu berücksichtigen haben. Aufgrund der Tatsache, dass die nationalen Grundrechte der Mitgliedstaaten zum Teil stark voneinander abweichen, würde der von einer Richtlinie angestrebte einheitliche Standard gefährdet. Sowohl für die differenzierende als

537 *Kühling*, in: von Bogdandy/Bast – Europ. Verfassungsrecht, 2. Aufl. 2009, S. 682.

538 *Kühling*, in: von Bogdandy/Bast – Europ. Verfassungsrecht, 2. Aufl. 2009, S. 682.

539 In diese Richtung weisend: *Jarass*, EU-Grundrechte, § 4 Rn. 13.

540 *Wallrab*, Die Verpflichteten der Gemeinschaftsgrundrechte, S. 87.

541 *Pernice*, NJW 1990, 2409, 2417; *Wallrab*, Die Verpflichteten der Gemeinschaftsgrundrechte, S. 86.

542 *Wallrab*, Die Verpflichteten der Gemeinschaftsgrundrechte, S. 86.

auch für die umfassende Ansicht sprechen gute Argumente. Beide Ansichten müssen jedoch unter Berücksichtigung der Rechtsprechung betrachtet werden. Dabei nimmt sowohl das BVerfG als auch der EuGH für sich in Anspruch, sagen zu können, wo die Grenzlinien des Bereichs verlaufen, ab dem eine Bindung der Mitgliedstaaten an die Unionsgrundrechte beginnt.

ii. Rechtsprechung

(1) Bundesverfassungsgericht

Das BVerfG stellte mit seiner berühmten Solange-II Rechtsprechung klar, dass es selbst keine Kompetenz zur Überprüfung von Gemeinschaftsrecht besitze, solange die Europäischen Gemeinschaften, insbesondere die Rechtsprechung des EuGH, einen wirksamen Schutz der Grundrechte gegenüber der Hoheitsgewalt der Gemeinschaften generell gewährleisten, der dem vom Grundgesetz statuierten Grundrechtsschutz vergleichbar ist.[543] In dem Solange-II-Beschluss war das in Rede stehende Gemeinschaftsrecht eine europäische Verordnung. Dass diese Rechtsprechung grundsätzlich auch im Hinblick auf gemeinschaftsrechtliche Richtlinien gilt, entschied das BVerfG mit Beschluss vom 13. März 2007.[544] Jedoch deutete das BVerfG an, dass es hinsichtlich der Richtlinienbestimmungen zwischen solchen unterscheidet, die zwingende Vorgaben enthalten und solchen, die den Mitgliedstaaten Umsetzungsspielräume belassen. Eine Prüfung der Vereinbarkeit der umgesetzten Richtlinienvorgaben soll nur insoweit nicht an den deutschen Grundrechten gemessen werden können, als das Gemeinschaftsrecht keinen Umsetzungsspielraum belässt, sondern zwingende Vorgaben macht.[545] Diese Aussage bestätigte das BVerfG später in der Folgeentscheidung.[546] Damit folgte das BVerfG grundsätzlich der in der Literatur vertretenen differenzierenden Ansicht. Zunächst ließ das Gericht jedoch offen, wann es davon ausgeht, dass ein Umsetzungsspielraum zugunsten der Mitgliedstaaten vorliegt. Eine Konkretisierung hinsichtlich dieser Frage erfolgte in einem Beschluss zur einstweiligen Aussetzung der Vorratsdatenspeicherung[547] sowie in dem sich anschließenden

543 BVerfG, Beschl. v. 22.10.1986 – 2 BvR 197/83; BVerfGE 73, 339, 387 (Solange II).

544 BVerfG, Beschl. v. 13.03.2007 – 1 BvF 1/05; BVerfGE 118, 79, 95 (Emissionshandel I).

545 BVerfG, Beschl. v. 13.03.2007 – 1 BvF 1/05; BVerfGE 118, 79, 95 (Emissionshandel I).

546 BVerfG, Beschl. v. 14.05.2007 – 1 BvR 2036/05; NVwZ 2007, 942ff. (Emissionshandel II).

547 BVerfG, Beschl. v. 11.03.2008 – 1 BvR 256/08; BVerfGE 121, 1, 15 (Vorratsdatenspeicherung I).

Verfahren in der Hauptsache.[548] In dem Beschluss bestätigte das BVerfG zunächst abermals, dass

> *„eine innerstaatliche Rechtsvorschrift, die eine Richtlinie in deutsches Recht umsetzt, insoweit nicht an den Grundrechten des Grundgesetzes gemessen wird, als das Gemeinschaftsrecht keinen Umsetzungsspielraum lässt, sondern zwingende Vorgaben macht.[549] Hingegen kann eine Norm des deutschen Rechts, durch die der Gesetzgeber die Vorgaben einer Richtlinie in eigener Regelungskompetenz konkretisiert hat oder über solche Vorgaben hinausgegangen ist, zulässigerweise mit einer Verfassungsbeschwerde angegriffen werden.“*[550]

Letztere Aussage bedeutet nichts anderes, als die Tatsache, dass bei einer Konkretisierung einer Richtlinienvorgabe oder bei einer überschießenden Umsetzung die deutschen Grundrechte als Prüfungsmaßstab heranzuziehen sind. Im Gesamtzusammenhang dürfte zumindest hinsichtlich der ersten Alternative, d.h. der Konkretisierung einer Richtlinienvorgabe, von einem Umsetzungsspielraum gesprochen werden. Hinsichtlich der zweiten Alternative, d.h. der überschießenden Umsetzung, dürfte sich jedoch der Terminus „Umsetzungsspielraum“ verbieten, da es sich zum einen schon begriffslogisch nicht um eine Umsetzung handelt und zum anderen auch kein Spielraum besteht, da bei einer überschießenden Umsetzung die Bandbreite der möglichen Regelungen nach oben hin offen ist.

Hinsichtlich der Aufnahme des Diskriminierungsmerkmals Alter in den allgemein-zivilrechtlichen Bereich des AGG gab es keinerlei Vorgabe in den entsprechenden Richtlinien, die zur Ausarbeitung des AGG führten. Der deutsche Gesetzgeber ging also über die europäischen Vorgaben hinaus und bewegte sich damit in seinem eigenen Umsetzungsspielraum. Nach Ansicht des BVerfG wäre für diejenigen Bestimmungen, die über die europäischen Vorgaben hinausgehen, der deutsche Grundrechtskatalog der richtige Prüfungsmaßstab. Die unionsrechtlichen Grundrechte dürften als Prüfungsmaßstab nicht herangezogen werden. Das BVerfG geht damit offensichtlich davon aus, dass sich die überschießend umgesetzten Normen einer EU-Richtlinie von den anderen Bestimmungen, die auf den Richtlinienvorgaben beruhen, abspalten lassen und diese Normen rein nationales Recht darstellen.

---

548 BVerfG, Urteil v. 02.03.2010 – 1 BvR 256, 263, 586/08; BVerfGE 125, 260, 306 f. (Vorratsdatenspeicherung II).

549 BVerfG, Beschl. v. 11.03.2008 – 1 BvR 256/08, Tz. 135; NVwZ 2008, 543, 543 (Vorratsdatenspeicherung).

550 BVerfG, Beschl. v. 11.03.2008 – 1 BvR 256/08, Tz. 135; NVwZ 2008, 543, 543 (Vorratsdatenspeicherung).

(2) EuGH

Im Gegensatz zum BVerfG geht der EuGH von einem – aus seiner Sicht verständlicherweise – erweiterten Anwendungsbereich der Unionsgrundrechte aus. Der heutige Anwendungsbereich, den der EuGH für die Unionsgrundrechte annimmt, lässt sich nur mit Blick auf seine bisherige Rechtsprechung zu der Frage einer Bindung der Mitgliedstaaten an die Unionsgrundrechte verstehen. Aus diesem Grunde erfolgt zunächst eine ausführliche Darstellung der Rechtsprechung des EuGH zu dieser Thematik.

(a) Rechtssache „Cinéthèque"

Im Jahre 1985 formulierte der EuGH in der Rechtssache „Cinéthèque"[551] erstmals eine Konkretisierung für diejenigen Fälle, in denen die Mitgliedstaaten an die Gemeinschafts- bzw. Unionsgrundrechte[552] gebunden sind. Der Gerichtshof stellte zwar zunächst fest, dass er selbst für die Einhaltung der Grundrechte auf dem Gebiet des Gemeinschaftsrechts zu sorgen hätte, gelangte jedoch letztlich zu dem Schluss, dass er selbst nicht prüfen könne, ob ein nationales Gesetz, das zu einem Bereich gehört, der in das Ermessen des nationalen Gesetzgebers fällt, mit der EMRK vereinbar sei.[553] Die Verwendung der Begriffe „Grundrechte" und „EMRK" in unmittelbarem Zusammenhang lässt darauf schließen, dass der EuGH zur damaligen Zeit die in der EMRK festgeschriebenen Rechte als Grundrechte der Gemeinschaft verstand. Dies ist insoweit nachvollziehbar, da ein kodifizierter Grundrechtekatalog zu jener Zeit noch nicht existierte. Wenngleich der EuGH in dieser Entscheidung zu dem Ergebnis einer Nichtbindung der Mitgliedstaaten an die EMRK gelangte, wird diese Entscheidung überwiegend dahingehend verstanden, dass sie den Beginn einer ständigen Rechtsprechung markiert, nach der die Mitgliedstaaten immer dann an die Unionsgrundrechte gebunden sind, wenn

551 EuGH, Urteil v. 11.07.1985 – verb. Rs. 60 und 61/84; Slg. 1985, 2605 ff. (Cinéthèque).

552 Nachfolgend werden beide Begriffe synonym verwendet. Richtigerweise muss vor dem Inkrafttreten des Vertrags von Lissabon von Gemeinschaftsrecht bzw. Gemeinschaftsgrundrechten und seitdem von Unionsrecht bzw. Unionsgrundrechten gesprochen werden.

553 EuGH, Urteil v. 11.07.1985 – verb. Rs. 60 und 61/84; Slg. 1985, 2605, 2627, Tz. 26 (Cinéthèque).

sie im Anwendungsbereich des Gemeinschaftsrechts handeln.[554] Diese Aussage wurde anschließend seitens der Literatur als „offene Suchformel“ bezeichnet.[555]

(b) Rechtssache „Wachauf“

Die Entscheidung in der Rechtssache „Wachauf“[556] aus dem Jahre 1989 behandelte die Frage, ob die Anwendung einer Verordnung durch die Mitgliedstaaten mit dem unionsrechtlichen Eigentumsgrundrecht vereinbar ist. Der EuGH führte zunächst aus, dass eine unionsrechtliche Regelung, die nach Ablauf eines Pachtverhältnisses in bestimmten Fällen keine Entschädigung für den Pächter vorsieht, dem unionsrechtlichen Eigentumsgrundrecht widerspreche.[557] Im Anschluss stellte er fest, dass auch die Mitgliedstaaten an diese Erfordernisse bei der Durchführung von gemeinschaftsrechtlichen Regelungen gebunden seien, und daher diese gemeinschaftsrechtlichen Entschädigungsregelungen, soweit möglich, in Übereinstimmung mit diesen Erfordernissen anzuwenden hätten.[558] Im Gegensatz zur Entscheidung „Cinéthèque“ bejahte der EuGH damit die Bindung der Mitgliedstaaten an europäisches Recht. Die Wachauf-Entscheidung bestätigte den in der Entscheidung „Cinéthèque“ aufgestellten Grundsatz, dass die Mitgliedstaaten immer dann an die Grundrechte der Union gebunden seien, wenn sie im Anwendungsbereich des Gemeinschaftsrechts handeln. Ein Handeln im Anwendungsbereich des Unions- bzw. Gemeinschaftsrechts wird seitdem bei einer Durchführung von Unions- bzw. Gemeinschaftsrecht angenommen. Insofern wird die Wachauf-Entscheidung in Konkretisierung der Cinéthèque-Entscheidung als eine der beiden Fallgruppen[559] angeführt, in denen die Mitgliedstaaten

554 *Kingreen*, in: Calliess/Ruffert – EUV/AEUV, 4. Aufl. 2011, Art. 51 GRCh Rn. 7; *Calliess*, JZ 2009, 113, 115. Obwohl der EuGH diesen Wortlaut erst in der späteren ERT-Entscheidung (ERT – Rs. 260/89, Slg. 1991, I-2925, 2964, Tz. 42) gebraucht, wird er gleichwohl bereits mit dieser Entscheidung in Zusammenhang gebracht, was damit zu tun haben dürfte, dass sich der EuGH selbst in der ERT-Entscheidung auf die Rechtssache „Cinéthèque“ beruft.

555 *Scheuing*, EuR 2005, 162.

556 EuGH, Urteil v. 13.07.1989 – Rs. 5/88; Slg. 1989, 2609, 2639 (Wachauf).

557 EuGH, Urteil v. 13.07.1989 – Rs. 5/88; Slg. 1989, 2609, 2639, Tz. 18 (Wachauf).

558 EuGH, Urteil v. 13.07.1989 – Rs. 5/88; Slg. 1989, 2609, 2639/ 2640, Tz. 19 (Wachauf).

559 Neben der ersten Fallgruppe, der Durchführung von Unionsrecht, wird als zweite Fallgruppe diejenige angenommen, in denen die Mitgliedstaaten durch nationales Recht die Grundfreiheiten einschränken, siehe EuGH, Urteil v. 18.06.1991 – Rs. 260/89, Slg. 1991, I-2925 ff. (ERT). Letztere Entscheidung ist im Hinblick auf die Thematik der Arbeit jedoch zu vernachlässigen, sodass sie im Folgenden nicht weiter thematisiert wird.

im Anwendungsbereich des Unionsrechts handeln.[560] Vielfach wird bei dieser Fallgruppe auch von einer „agency situation“ gesprochen, da die Mitgliedstaaten quasi als Vertreter der Union deren Vorgaben ausführen.[561]

(c) Rechtssache „Saldanha und MTS“

Eine weitere Konkretisierung hinsichtlich der Frage, in welchen Fällen der EuGH von einer Bindung der Mitgliedstaaten an die Unionsgrundrechte ausgeht, erfolgte ein Jahr später mit der Entscheidung in der Rechtssache „Saldanha und MTS“[562]. Der EuGH bejahte eine Bindung der Mitgliedstaaten bei Anwendung einer nationalen Regelung bereits in den Fällen, in denen die nationale Regelung auch in einem Bereich lag, den die Union mit Hilfe einer europäischen Bestimmung, etwa einer Richtlinie, hätte regeln können.[563] Dieser Rechtsprechung zufolge genügte die schlichte Möglichkeit der Union zum Erlass von bestimmten Maßnahmen für ein Handeln im Anwendungsbereich des Unionsrechts aus. In der später erfolgten „Bartsch“-Entscheidung[564] grenzte der EuGH diese Rechtsprechung jedoch wieder ein.

(d) Rechtssache „Parlament/ Rat“

In der Rechtssache „Parlament/ Rat“[565] aus dem Jahre 2006 äußerte sich der EuGH abermals zu der Frage, inwiefern die Mitgliedstaaten an die Unionsgrundrechte gebunden sind. Explizit nahm der Gerichtshof in dieser Entscheidung zu zwei Fragen Stellung: Erstens, ob eine Bindung der Mitgliedstaaten an die Unionsgrundrechte bei der normativen Umsetzung von Richtlinien besteht und

---

560 So u.a. *Borowsky*, in: Meyer – GRCh, 4. Aufl. 2014, Art. 51 Rn. 24; *Kingreen*, in: Calliess/Ruffert – EUV/AEUV, 4. Aufl. 2011, Art. 51 GRCh Rn. 7; *Pötters/Traut*, ZESAR 2007, 267, 269.

561 *J.H.H. Weiler*, Fundamental Rights and Fundamental Boundaries: On Standards and Values in the Protection of Human Rights, in: N.A. Neuwahl/ A. Rosas (Hrsg.), The European Union and Human Rights, S. 51, 67 ff..; *Kühling*, in: von Bogdandy/ Bast – Europ. Verfassungsrecht, 2. Aufl. 2009, S. 680.

562 EuGH, Urteil v. 02.10.1997 – Rs. C-122/96; Slg. 1997, I-5325 ff. (Saldanha und MTS).

563 EuGH, Urteil v. 02.10.1997 – Rs. C-122/96; Slg. 1997, I-5325, 5344, Tz. 23 (Saldanha und MTS).

564 Siehe sogleich.

565 EuGH, Urteil v. 27.06.2006 – Rs. C-540/03; Slg. 2006, I-5769 ff. (Parlament/ Rat). In der Literatur wird dieses Urteil auch häufig als Urteil zur Familienzusammenführungsrichtlinie (Richtlinie 2003/86//EG des Rates vom 22. September 2003 betreffend das Recht auf Familienzusammenführung) benannt.

zweitens, ob eine derartige Bindung auch bei der Ausfüllung von Ermessensspielräumen, die die Richtlinie vorsieht, durch die Mitgliedstaaten gegeben ist.

Im Hinblick auf die erste Frage äußerte sich der EuGH insofern, dass eine Regelung der Richtlinie nicht dahingehend ausgelegt werden könne, dass sie die Mitgliedstaaten ermächtigt, Umsetzungsbestimmungen zu erlassen, die im Widerspruch zum Recht auf Achtung des Familienlebens stehen.[566] Das Recht auf Achtung des Familienlebens war zum Zeitpunkt des Urteils in Art. 8 EMRK statuiert, gehörte damit zu einer Erkenntnisquelle der Union und dürfte auch als ungeschriebenes Unionsgrundrecht anzusehen gewesen sein.[567] Eine Richtlinie könne demnach nicht dahingehend ausgelegt werden, dass sie die Mitgliedstaaten ermächtigt, Normen zu erlassen, die im Widerspruch zu den Unionsgrundrechten stehen. Somit bejahte der EuGH grundsätzlich eine Bindung der Mitgliedstaaten an die Unionsgrundrechte bei der normativen Umsetzung von Richtlinien.

Im Hinblick auf die zweite Frage, d.h., ob eine Bindung der Mitgliedstaaten an die Unionsgrundrechte auch bei der Ausfüllung von Ermessensspielräumen, die die Richtlinie vorsieht, gegeben ist, stellte der EuGH fest, dass der Umstand, dass die Richtlinien

> *„den Mitgliedstaaten einen gewissen Beurteilungsspielraum einräumen und es ihnen erlauben, unter bestimmten Umständen nationale Rechtsvorschriften anzuwenden, die von den mit der Richtlinie vorgegebenen Grundsatzregelungen abweichen, nicht dazu führen kann, dass diese Bestimmungen der Überprüfung durch den Gerichtshof [...] entzogen werden.“*[568]

Dies bedeutet nichts anderes, als dass die Unionsgrundrechte auch bei einer mitgliedstaatlichen Ausfüllung von Beurteilungsspielräumen als Prüfungsmaßstab heranzuziehen sind. Weiter stellte der EuGH fest, dass bei einer Richtlinie, die

> *„den Mitgliedstaaten einen Ermessensspielraum belässt, dieser [Ermessensspielraum] weit genug ist, um [den Mitgliedstaaten] die Anwendung der Vorschriften der Richtlinie in einer mit den Erfordernissen des Grundrechtsschutzes im Einklang stehenden Weise zu ermöglichen.“*[569]

---

566 EuGH, Urteil v. 27.06.2006 – Rs. C-540/03; Slg. 2006, I-5769, 5831, Tz. 71 (Parlament/ Rat).

567 Mittlerweile ist es in Artikel 7 GRCh kodifiziert und gehört damit ohne jeden Zweifel zu den Unionsgrundrechten.

568 EuGH, Urteil v. 27.06.2006 – Rs. C-540/03; Slg. 2006, I-5769, 5817, Tz. 22 (Parlament/ Rat).

569 EuGH, Urteil v. 27.06.2006 – Rs. C-540/03; Slg. 2006, I-5769, 5841, Tz. 104 (Parlament/Rat).

Der EuGH setzt demnach – wie selbstverständlich – voraus, dass der Ermessensspielraum einer Richtlinie im Einklang mit den Unionsgrundrechten ausgefüllt werden müsse. Die vom EuGH verwendeten Begriffe „Beurteilungsspielraum" und „Ermessensspielraum" dürften dabei nicht – wie im deutschen Recht – als Umsetzungsspielräume auf Tatbestands- und Rechtsfolgenseite zu verstehen sein. Denn die Urteilspassage weist generell auf die Möglichkeit der Mitgliedstaaten, von Grundsatzregelungen abweichen zu können, hin und knüpft nicht an den Tatbestand oder die Rechtsfolge der Richtlinienvorgabe an.[570] Vielmehr sollte davon ausgegangen werden, dass der Gerichtshof beide Begriffe synonym verwendete und dabei einen Umsetzungsspielraum zugunsten der Mitgliedstaaten betonen wollte.

(e) Rechtssache „Bartsch"

In der Rechtssache „Bartsch"[571] ging es um die Frage der Vereinbarkeit von Altersabstandsklauseln in betrieblichen Versorgungsrichtlinien mit dem europäischen Primärrecht, insbesondere mit dem in der Mangold-Entscheidung formulierten Verbot der Altersdiskriminierung. Der EuGH äußerte sich jedoch auch zu seiner Rechtsprechung in der oben genannten Entscheidung „Saldanha und MTS". Der Gerichtshof stellte fest, dass nicht jeder Kompetenztitel für die Begründung einer Bindung der Mitgliedstaaten an die Unionsgrundrechte ausreiche. Wörtlich erklärte der Gerichtshof:

> *„Art. 13 EGV[572] […] kann als solcher nicht Sachverhalte in den Anwendungsbereich des Gemeinschaftsrechts für die Zwecke des Verbots der Diskriminierung aus Gründen des Alters bringen, die […] nicht in den Rahmen der auf der Grundlage dieses Artikels erlassenen Maßnahmen[573] […] fallen."*[574]

Dies bedeutet, dass ein Sachverhalt immer dann in den Anwendungsbereich des Unionsrechts fällt, wenn er in den Rahmen einer auf der Grundlage von Art. 19 AEUV erlassenen Maßnahme, z.B. einer Richtlinie, fällt. *Ziegenhorn* misst dieser

570 Vgl. EuGH, Urteil v. 27.06.2006 – Rs. C-540/03; Slg. 2006, I-5769, 5817, Tz. 22 (Parlament/Rat); so wie hier wohl auch *Ziegenhorn*, der von einem Umsetzungsspielraum spricht, vgl. *Ziegenhorn*, NVwZ 2010, 803, 807.

571 EuGH, Urteil v. 23.09.2008 – Rs. C-427/06; Slg. 2008, I-7245 ff. (Bartsch).

572 Diesem Artikel entspricht nunmehr im Hinblick auf die Union der Artikel 19 AEUV.

573 Die auf der Grundlage des Artikels 13 EGV erlassenen Maßnahmen dürften regelmäßig Richtlinien sein.

574 EuGH, Urteil v. 23.09.2008 – Rs. C-427/06; Slg. 2008, I-7245, 7294, Tz. 18 (Bartsch).

etwas verunglückten[575] Formulierung keinen eigenen Regelungsgehalt bei.[576] Die Formulierung habe ihren Grund darin, dass sich gemäß Art. 19 AEUV – die Nachfolgenorm zu Art. 13 EGV – der zu erlassende Rechtsakt seinerseits im Rahmen der durch die Verträge auf die Union übertragenen Zuständigkeiten befinden müsse.[577] Diese formalistische Ansicht ist jedoch abzulehnen. Vielmehr muss danach gefragt werden, was der EuGH mit dem „Rahmen" der erlassenen Maßnahmen, d.h. insbesondere Richtlinien, meint. Der EuGH selbst, scheint seiner Formulierung ebenfalls nicht lediglich einen deklaratorischen Charakter beimessen zu wollen. Denn einen ersten Anhaltspunkt, in welchen Fällen ein Sachverhalt in den Rahmen einer Richtlinie fällt, nennt der EuGH in der Bartsch-Entscheidung selbst. Der Anhaltspunkt ergibt sich aus einer Bezugnahme[578] auf die Mangold-Entscheidung[579].

Zur Erinnerung[580]: Ausgangspunkt für die Mangold-Entscheidung war eine erneute, nicht durch eine Richtlinienvorgabe verpflichtende Absenkung der Altersgrenze auf 52 Jahre, ab derer Arbeitnehmer ohne Angabe eines sachlichen Grundes befristet eingestellt werden konnten. Diese Absenkung wurde vom Gesetzgeber nach dem Ablauf der Umsetzungsfrist vorgenommen. Der EuGH bestimmte in der Mangold-Entscheidung zum einen, dass auch die spätere, nicht auf der Richtlinie beruhende zweite Absenkung des Lebensalters in Umsetzung der Richtlinie erfolgte.[581] Diese Feststellung zeigt, dass der Gerichtshof nicht lediglich die direkte Umsetzung innerhalb der Umsetzungsfrist als Umsetzung einer Richtlinie ansieht, sondern auch eine spätere Änderung der nationalen

575 Es handelt sich um eine etwas verunglückte Formulierung, denn ein Sachverhalt kann unmittelbar nur in den Rahmen einer auf der Grundlage von Art. 19 AEUV erlassenen Maßnahme, d.h. insbesondere einer Richtlinie, fallen, wenn diese ausnahmsweise unmittelbare Anwendung findet. In den weit überwiegenden Fällen dürfte ein Sachverhalt aber in den Anwendungsbereich einer nationalen Regelung fallen, die in Umsetzung der Richtlinie erlassen wurde. In diesen Fällen dürfte sich vielmehr die Frage stellen, ob die umgesetzte nationale Regelung in den Rahmen der Richtlinie fällt und hiermit der Sachverhalt ebenfalls, jedoch mittelbar, in den Rahmen der Richtlinie fällt.

576 *Ziegenhorn*, NVwZ 2010, 803, 807.

577 *Ziegenhorn*, NVwZ 2010, 803, 807.

578 In der Rechtssache „Bartsch" bezieht sich der EuGH zwar explizit auf die Rechtssache „Mangold", verneint jedoch aufgrund der Unterschiedlichkeit der Sachverhalte ein der Mangold-Entscheidung entsprechendes Ergebnis.

579 EuGH, Urteil v. 22.11.2005 – Rs. C-144/04; Slg. 2005, I-9981 ff. (Mangold).

580 Siehe hierzu § 2 B.V.1. dieser Arbeit.

581 EuGH, Urteil v. 22.11.2005 – Rs. C-144/04; Slg. 2005, I-9981, 10034, Tz. 51 Hs. 1 (Mangold).

Regelung eine Umsetzung darstellen kann. Zum zweiten, so der Gerichtshof, umfasse die Umsetzung

> *„alle nationalen Maßnahmen […], die die Erreichung des mit der Richtlinie verfolgten Ziels gewährleisten sollen, einschließlich derjenigen, mit denen nach der eigentlichen Umsetzung die bereits erlassenen nationalen Rechtsvorschriften ergänzt […] werden“.*[582]

Gerade die letztgenannte Aussage zeigt, dass der Gerichtshof den Begriff der Umsetzung weit versteht und auch nationale Vorschriften, die im Zusammenhang mit der Umsetzung einer Richtlinie stehen bzw. die auf früheren nationalen Vorschriften aufbauen, welche ihrerseits auf Richtlinienvorgaben beruhen, noch als Umsetzung der Richtlinie einstuft. Somit handelte es sich in der Rechtssache „Mangold“ bei der Regelung des § 14 Abs. 3 S. 4 TzBfG, der die neue Altersgrenze von 52 Jahren vorsah, um eine Maßnahme zur Umsetzung einer Richtlinie, wodurch die betreffende Regelung in den Anwendungsbereich des Gemeinschaftsrechts – und damit auch in denjenigen der Gemeinschaftsgrundrechte – fiel.[583]

In der Rechtssache „Bartsch“ hingegen geht der EuGH davon aus, dass die in dieser Entscheidung maßgeblichen Vorschriften keine Maßnahmen zur Umsetzung von Gemeinschaftsbestimmungen seien, da es sich um rein nationale Versorgungsrichtlinien handelte.[584] Die Bezugnahme auf die Mangold-Entscheidung zeigt jedoch, dass der EuGH den Rahmen einer Richtlinie extensiver versteht als das Verständnis von *Ziegenhorn*, der in der Formulierung lediglich einen Hinweis auf den Wortlaut von Art. 19 AEUV sieht und ihr damit keinen eigenen Regelungsgehalt beimisst. Eine nationale Regelung kann dem EuGH zufolge auch dann in den Rahmen einer auf Grundlage von Art. 19 AEUV erlassenen Regelung fallen, wenn sie erst nach Ablauf der Umsetzungsfrist und damit eindeutig nicht in Umsetzung einer auf Grundlage von Art. 19 AEUV erlassenen Maßnahme kodifiziert wird. Der Rahmen einer Richtlinie ist daher nicht mit den Richtlinienvorgaben identisch. Vielmehr können über den Rahmen einer Richtlinie somit auch Regelungen in den Anwendungsbereich der Unionsgrundrechte gelangen, die in der Richtlinie selbst nicht entsprechend vorgegeben sind.

(f) Rechtssache „Kücükdeveci“

Die bereits erwähnte Rechtssache „Kücükdeveci“ bestätigte nicht nur den in der Rechtssache „Mangold“ deklarierten primärrechtlichen Grundsatz des Verbots

---

582 EuGH, Urteil v. 22.11.2005 – Rs. C-144/04; Slg. 2005, I-9981, 10034, Tz. 51 Hs. 2 (Mangold).

583 EuGH, Urteil v. 22.11.2005 – Rs. C-144/04; Slg. 2005, I-9981, 10040, Tz. 75 (Mangold).

584 EuGH, Urteil v. 23.09.2008 – Rs. C-427/06; Slg. 2008, I-7245, 7296, Tz. 24 (Bartsch).

von Altersdiskriminierungen.[585] Vielmehr enthielt das Urteil auch Ausführungen zu der Frage, wann eine nationale Regelung in den Anwendungsbereich des Unionsrechts fällt. Zunächst äußerte sich der EuGH zu der Frage, inwiefern eine nationale Regelung in zeitlicher Hinsicht an den Unionsgrundrechten zu messen ist. Die in der Entscheidung maßgebliche Vorschrift des § 622 Abs. 2 S. 2 BGB stammt aus dem Jahre 1926 und sieht (unverändert)[586] vor, dass vor Vollendung des 25. Lebensjahres liegende Beschäftigungszeiten des Arbeitnehmers bei der Berechnung der allgemeinen Kündigungsfrist des Arbeitgebers nicht berücksichtigt werden. Der Gerichtshof führte aus, dass § 622 Abs. 2 S. 2 BGB in den Anwendungsbereich der Rahmen-RL Beschäftigung/ Beruf falle, da auch die Richtlinie Entlassungsbedingungen regele.[587] Damit stellte der EuGH implizit klar, dass auch nationale Regelungen, die zu einem Zeitpunkt erlassen wurden, in dem die Europäische Union noch gar nicht existierte, zu einem späteren Zeitpunkt in den Anwendungsbereich des Unionsrechts fallen können und in diesem Fall auch an den Unionsgrundrechten zu messen seien.

Des Weiteren äußerte sich der EuGH zu der Frage, ab welchem Zeitpunkt eine solche nationale Vorschrift in den Anwendungsbereich des Unionsrechts fällt. Dies könne erst nach dem Ablauf der Frist zur Umsetzung der Richtlinie der Fall sein.[588] Ferner stellte der EuGH in dem Urteil keine Anforderungen an den subjektiven Willen des Gesetzgebers auf. Diese Tatsache wird dahingehend verstanden, dass ausschließlich ein objektiver Maßstab bei der Beantwortung der Frage anzulegen ist, ob eine Vorschrift in den Anwendungsbereich des Unionsrechts fällt.[589]

(g) Zwischenergebnis

Die Rechtssachen „Cinéthèque" und „Wachauf" ebneten den Weg zu der Ansicht, dass auch die Mitgliedstaaten im Rahmen ihrer Gesetzgebung an die Unionsgrundrechte gebunden sein können. Hinsichtlich der Umsetzung von Richtlinien stellte der EuGH in dem Urteil in der Rechtssache „Parlament/ Rat" zwei Dinge

---

585 EuGH, Urteil v. 19.01.2010 – Rs. C-555/07; Slg. 2010, I-365 ff. (Kücükdeveci); siehe § 2 B.V.2. dieser Arbeit.

586 Der Wortlaut des § 622 Abs. 2 S. 2 BGB wurde bislang noch nicht geändert. Die Vorschrift ist jedoch seit dem Urteil des EuGH in der Rechtssache „Kücükdeveci" nicht mehr anzuwenden, vgl. *Hesse*, in: MüKo – BGB, 6. Aufl. 2012, § 622 Rn. 23.

587 EuGH, Urteil v. 19.01.2010 – Rs. C-555/07; Slg. 2010, 365, 408, Tz. 25 f. (Kücükdeveci).

588 EuGH, Urteil v. 19.01.2010 – Rs. C-555/07; Slg. 2010, 365, 408, Tz. 24 f. (Kücükdeveci).

589 *Ziegenhorn*, NVwZ 2010, 803, 807; so bereits *Pötters/Traut*, ZESAR 2007, 267, 272.

klar: Erstens: die im Wege einer Richtlinienumsetzung geschaffenen nationalen Gesetze sind an den Unionsgrundrechten zu messen und zweitens: diejenigen nationalen Gesetze, die im Rahmen eines von der Richtlinie erlaubten Ermessensspielraums erlassen wurden, sind ebenfalls an den Unionsgrundrechten zu messen. Im Hinblick auf die letztgenannte Klarstellung des EuGH dürfte außer Frage stehen, dass erst recht diejenigen nationalen Gesetze, die im Rahmen einer zwingenden Vorgabe der Richtlinie erlassen wurden, an den Unionsgrundrechten zu messen sind. In den Entscheidungen „Bartsch" und „Kücükdeveci" stellte der EuGH klar, wann eine nationale Regelung in zeitlicher Hinsicht an den Unionsgrundrechten zu messen ist. Nach der Bartsch-Entscheidung, die die Mangold-Entscheidung zugrunde legt, kann auch eine nationale Regelung, die nach Ablauf der Umsetzungsfrist statuiert wird, in den Rahmen einer Richtlinie fallen. In diesem Fall ist die nationale Regelung auch an den Unionsgrundrechten zu messen. Die entgegengesetzte Konstellation wird in der Rechtssache „Kücükdeveci" geklärt. Demnach kann auch eine nationale Regelung, die bereits vor Erlass der Richtlinie kodifiziert wurde, in den Rahmen einer Richtlinie fallen. Dieses Ergebnis dürfte zwingend sein. Denn wenn ein Mitgliedstaat noch vor Erlass einer Richtlinie Vorschriften kodifiziert, die zu einem späteren Zeitpunkt in einer Richtlinie verabschiedet werden sollen, müssen diese Vorschriften sobald die Umsetzungsfrist abgelaufen ist, auch in den Rahmen der Richtlinie fallen und damit an den Unionsgrundrechten zu messen sein. Andernfalls könnte sich ein Mitgliedstaat einer Prüfung an den Unionsgrundrechten dadurch entziehen, dass er vorab nationale Gesetze verabschiedet, deren Regelungsinhalte bereits auf der Agenda der Europäischen Union für zukünftige Richtlinien stehen. Eine solche „Flucht in die nationalen Grundrechte" stünde dem Vorrang des Unionsrechts und damit dem effet utile entgegen.

Zusammenfassend kann gesagt werden, dass der EuGH – im Gegensatz zum BVerfG – davon ausgeht, dass der Anwendungsbereich des Unionsrechts und damit derjenige der Unionsgrundrechte auch dann eröffnet ist, wenn das nationale Gesetz auf einer Richtlinienbestimmung beruht, die den Mitgliedstaaten einen Umsetzungsspielraum belässt. Innerhalb dieses Grundsatzes ist der Anwendungsbereich der Unionsgrundrechte eröffnet, wenn der Regelungsgehalt des nationalen Gesetzes in den Rahmen der Richtlinie fällt und die Umsetzungsfrist der Richtlinie abgelaufen ist.

d) Übertragung der Ansichten auf § 20 Abs. 2 S. 2 AGG

Wie aufgezeigt, kann zur Beurteilung der Frage, ob § 20 Abs. 2 S. 2 AGG überhaupt an den Unionsgrundrechten zu messen ist, auf eine hinreichende Meinungsvielfalt in Literatur und Rechtsprechung zurückgegriffen werden. Auf die Literaturansichten soll an dieser Stelle jedoch nicht weiter eingegangen werden. Denn zum einen greift die Praxis in solchen Fällen weitestgehend auf die bisherige Rechtsprechung zurück und lässt Literaturansichten außer Betracht. Zum anderen vermögen die aufgezeigten Literaturansichten bei der Frage, ob § 20 Abs. 2 S. 2 AGG an den Unionsgrundrechten zu messen ist, nicht weiterzuhelfen, da sie eine nicht hinreichend differenzierende Betrachtungsweise wiedergeben. In Bezug auf § 20 Abs. 2 S. 2 AGG könnten insbesondere die EuGH-Urteile in den Rechtssachen „Parlament/ Rat" und „Bartsch" von Bedeutung sein. Im Rahmen der Übertragung der Urteile ist zu beachten, dass die Kodifizierung von § 20 Abs. 2 S. 2 AGG nicht im Rahmen der Umsetzung von lediglich einer Richtlinie stattfand, sondern im Rahmen der Umsetzung der vier europäischen Antidiskriminierungsrichtlinien, also mehreren Richtlinien. Daher müssen bei einer Prüfung, ob der deutsche Gesetzgeber innerhalb eines von einer Richtlinie vorgesehenen Beurteilungs- bzw. Ermessensspielraumes gehandelt hat, auch all diejenigen Richtlinien herangezogen werden, die für die Schaffung des AGG maßgeblich waren.[590]

i. Übertragung der in der Rechtssache „Parlament/ Rat" enthaltenen Aussagen

Dem Urteil in der Rechtssache „Parlament/ Rat"[591] zufolge wäre § 20 Abs. 2 S. 2 AGG an den Unionsgrundrechten zu messen, wenn der deutsche Gesetzgeber bei der Kodifizierung dieser Norm innerhalb eines von den Antidiskriminierungsrichtlinien vorgesehenen Beurteilungs- bzw. Ermessensspielraumes gehandelt hat. Fraglich ist, ob dies vorliegend der Fall war.

(1) Definition des BVerfG

Zunächst ist fraglich, was der EuGH unter einem Beurteilungs- bzw. Ermessensspielraum versteht. Der Gerichtshof selbst äußert sich in dem Urteil zur Rechtssache „Parlament/ Rat" nicht, wann ein solcher Beurteilungs- bzw. Ermessensspielraum vorliegt. Jedoch hat sich, wie bereits gesehen, das BVerfG im Hinblick auf eine ähnliche Frage in dem Beschluss zur Vorratsdatenspeicherung geäußert.[592] Dem Beschluss zur Vorratsdatenspeicherung zufolge, liegt ein Umsetzungsspielraum

590 Wie bereits gesehen, waren dies die Antirassismus-RL, die Rahmen-RL Beschäftigung/ Beruf, die revidierte Gleichbehandlungs-RL und die Gender-RL, siehe § 5 C. dieser Arbeit.

591 EuGH, Urteil v. 27.06.2006 – Rs. C-540/03; Slg. 2006, I-5769 ff. (Parlament/ Rat).

592 Siehe A.I.1.c)ii.(1).

vor, wenn der deutsche Gesetzgeber die Vorgaben einer Richtlinie in eigener Regelungskompetenz konkretisiert oder über die europäischen Vorgaben hinausgeht.[593] Daher könnte eine Übertragung der Definition des BVerfG weiterhelfen. Fraglich ist aber, ob man überhaupt die vom BVerfG verwendete Definition zum „Umsetzungsspielraum" zur Ausfüllung des Begriffs des „Beurteilungs- bzw. Ermessensspielraumes" übertragen kann.

Das BVerfG nennt zwei Alternativen, wann ein Umsetzungsspielraum vorliegt. Die erste Alternative kann sowohl eine Konkretisierung von richtlinieninternen Vorgaben als auch eine außerhalb der Richtlinie vorgenommene Konkretisierung umfassen. Eine Konkretisierung von richtlinieninternen Vorgaben dürfte dann vorliegen, wenn die Richtlinie dem Mitgliedstaat zwei Möglichkeiten der Umsetzung belässt; eine außerhalb der Richtlinie vorgenommene Konkretisierung dürfte hingegen vorliegen, wenn die Richtlinie dem Mitgliedstaat nur eine Möglichkeit der Umsetzung belässt, jedoch noch weitere konkretisierende nationale Vorschriften im Rahmen der Umsetzung vorgenommen werden können. Die zweite Alternative, d.h. ein Hinausgehen über die europäischen Vorgaben, meint unmissverständlich eine überschießende Umsetzung. Im Gegensatz zum BVerfG spricht der EuGH hingegen eindeutig von einem Beurteilungs- bzw. Ermessensspielraum innerhalb der Richtlinienvorgaben und bringt damit zum Ausdruck, dass er eine überschießende Umsetzung nicht als Ausfüllung eines Beurteilungs- bzw. Ermessensspielraumes anerkennt. Eine Übertragung der Definition des BVerfG scheidet damit von vornherein aus.

(2) Mindestvorgaben als Ermessensspielraum?

(a) Wortlaut der Richtlinien

Der deutsche Gesetzgeber könnte mit der Kodifizierung von § 20 Abs. 2 S. 2 AGG auch aus einem anderen Grund innerhalb eines von den Antidiskriminierungsrichtlinien vorgesehenen Beurteilungs- bzw. Ermessensspielraumes gehandelt haben. Der erforderliche Ermessensspielraum könnte sich aus den Regelungen der Richtlinien zu Mindestanforderungen ergeben. Denn alle vier Antidiskriminierungsrichtlinien, die bei der Schaffung des AGG umgesetzt wurden, enthalten eine Regelung zu Mindestanforderungen der jeweiligen Richtlinie.[594] Der erste Absatz der jeweiligen Artikel besagt in der deutschen Fassung:

593 BVerfG, Beschl. v. 11.03.2008 – 1 BvR 256/08, Tz. 135; NVwZ 2008, 543 ff. (Vorratsdatenspeicherung).

594 Antirassismus-RL: Art. 6, Rahmen-RL Beschäftigung/ Beruf: Art. 8, revidierte Gleichbehandlungs-RL: Art. 1 Nr. 7 zur Änderung von Art. 8e RL 76/207/EWG, Gender-RL: Art. 7.

„Die Mitgliedstaaten können Vorschriften einführen oder beibehalten, die im Hinblick auf die Wahrung des Gleichbehandlungsgrundsatzes günstiger als die in dieser Richtlinie vorgesehenen Vorschriften sind."[595]

Die englische Fassung der jeweiligen Richtlinien lautet entsprechend:

„Member States may introduce or maintain provisions which are more favourable to the protection of the principle of equal treatment than those laid down in this Directive."[596]

Durch den jeweiligen Artikel soll gewährleistet werden, dass die Mitgliedstaaten ein einheitliches Mindestschutzniveau statuieren. Die Möglichkeit ein darüber hinausgehendes Schutzniveau zu schaffen, wird den Mitgliedstaaten ausdrücklich selbst überlassen. In objektiver Hinsicht spricht sich der Wortlaut der Richtlinien damit eindeutig für die Möglichkeit der Mitgliedstaaten, ein höheres Schutzniveau hinsichtlich des Gleichbehandlungsgrundsatzes zu schaffen, aus. Diese Regelung räumt den Mitgliedstaaten somit einen gewissen Ermessensspielraum im Hinblick auf die Wahrung des Gleichbehandlungsgrundsatzes ein.

(b) Historischer Kontext im Zusammenhang mit der Implementierung

Auch der historische Kontext im Zusammenhang mit der Implementierung des AGG spricht dafür, dass der deutsche Gesetzgeber bei der Schaffung des § 20 Abs. 2 S. 2 AGG einen Ermessensspielraum im Hinblick auf die Mindestvorgaben ausübte. Zwar dürfte es ebenso wie im Zusammenhang mit der Frage, ob eine Vorschrift in den Anwendungsbereich des Unionsrechts fällt[597], nicht darauf ankommen, ob der deutsche Gesetzgeber in subjektiver Hinsicht mit dem Willen handelte, den Ermessensspielraum in Form der Mindestvorgaben wahrzunehmen. Dennoch kann aus der Tatsache, dass der deutsche Gesetzgeber ein überobligationsmäßiges Schutzniveau statuierte und sich dessen auch bewusst war[598], geschlossen werden, dass auch in objektiver Hinsicht die neu statuierten Regelungen auf den

---

595 Lediglich die deutsche Fassung der Antirassismus-RL weicht von diesem Wortlaut ab. Der erste Halbsatz seines Art. 6 lautet: *„Es bleibt den Mitgliedstaaten unbenommen, Vorschriften einzuführen oder beizubehalten"*. Ein inhaltlicher Unterschied geht damit jedoch nicht einher, was sich schon allein daran zeigt, dass die englische Fassung keinen von dem oben genannten abweichenden Wortlaut enthält.

596 Einzig die Gender-RL formuliert inhaltlich abweichend *„im Hinblick auf die Wahrung des Grundsatzes der Gleichbehandlung von Männern und Frauen"* bzw. *„to the protection of the principle of equal treatment between men and women."*

597 Hierzu *Ziegenhorn*, NVwZ 2010, 803, 807 in Bezug auf das Urteil des EuGH in der Rs. „Kücükdeveci"; vgl. auch A.I.1.c)ii.(2)(f).

598 BT-Drucks. 16/1780, S. 26.

Regelungen der Richtlinien beruhen. Denn bei einem Sachverhalt, in dem lediglich eine Richtlinie mit einer Mindestvorgabenregelung überschießend umgesetzt wird und die überschießende Umsetzung unter die Mindestvorgabenregelung gefasst werden kann, dürfte davon auszugehen sein, dass die überschießende Regelung unter die Regelung zu den Mindestvorgaben zu fassen ist, wenn der Tatbestand der Mindestvorgabenregelung erfüllt ist. Eine auch mögliche überschießende Umsetzung außerhalb der Mindestvorgabenregelung erscheint in derartigen Fällen jedenfalls abwegig. Nichts anderes dürfte für Sachverhalte zutreffen, in denen – wie vorliegend – mehrere Richtlinien in einem einzigen Gesetz vereinigt werden und eine überschießende Umsetzung vorliegt. Die Heranziehung einer Mindestvorgabenregelung einer bestimmten Richtlinie dürfte bei einem Sachverhalt wie dem vorliegenden ausscheiden. Vielmehr sind die verschiedenen Regelungen zu den Mindestvorgaben in den Richtlinien als eine Vorgabe bzw. als ein Regelungszusammenhang anzusehen. Demzufolge ist davon auszugehen, dass § 20 Abs. 2 S. 2 AGG als überschießende Regelung unter die Regelungen der Antidiskriminierungsrichtlinien zu den Mindestvorgaben zu fassen ist.

(c) Zwischenergebnis

Grundsätzlich erscheint es möglich, die Mindestvorgabenregelungen der Antidiskriminierungsrichtlinien als Beurteilungs- bzw. Ermessensspielraum anzusehen. Auch kann die Regelung des § 20 Abs. 2 S. 2 AGG unter die Mindestvorgabenregelungen der Antidiskriminierungsrichtlinien zu fassen sein.

(3) Generelle Möglichkeit eines Handelns innerhalb einer Richtlinie bei überschießender Umsetzung

Fraglich ist jedoch, ob ein nationaler Gesetzgeber, der Regelungen schafft, die ein höheres Schutzniveau als das von den Richtlinien vorgesehene Mindestschutzniveau statuieren, in diesem Zusammenhang überhaupt innerhalb eines von den Richtlinien vorgesehenen Ermessensspielraumes handeln kann oder, ob die Schaffung eines höheren Schutzniveaus nicht zwangsläufig mit einem Handeln außerhalb der Richtlinie einhergeht.

(a) Rechtssachen „IP“ und „Deponiezweckverband Eiterköpfe“

Der EuGH hat sich in zwei ähnlich gelagerten Konstellationen zu dieser Frage zumindest teilweise geäußert. Sowohl in der Rechtssache „IP“[599] als auch in der

599 EuGH, Urteil v. 17.12.1998 – Rs. C-2/97; Slg. 1998, I-8597 ff. (IP). Zuweilen wird diese Rechtssache auch „Borsana“ genannt.

Rechtssache „Deponiezweckverband Eiterköpfe“[600] beruhten die über das Mindestschutzniveau hinausgehenden nationalen Vorschriften auf primärrechtlichen Schutzverstärkungsklauseln. Primärrechtliche Schutzverstärkungsklauseln ermöglichen dem nationalen Gesetzgeber bereits auf primärrechtlicher Ebene in bestimmten Bereichen, z.B. im Arbeitsschutz oder im Umweltrecht, den in einer Richtlinie vorgeschriebenen Mindeststandard zu überbieten, ohne dass es einer expliziten Regelung innerhalb der Richtlinie bedürfte.[601] In der Rechtssache „IP“ verabschiedete der italienische Gesetzgeber in Wahrnehmung der Schutzverstärkungsklausel des Art. 118a Abs. 3 EGV[602] ein über dem in der umzusetzenden Richtlinie[603] vorgesehenes Schutzniveau hinsichtlich des Gesundheitsschutzes für Arbeitnehmer. In der Rechtssache „Deponiezweckverband Eiterköpfe“ verabschiedete der deutsche Gesetzgeber gestützt auf die Schutzverstärkungsklausel des Art. 176 EGV[604] strengere Abfallvorschriften als es eine in diesem Bereich anwendbare Richtlinie[605] vorsah. In diesen beiden vom EuGH entschiedenen Rechtssachen handelte es sich demnach nicht um eine Maßnahme, die auf einer Vorschrift innerhalb der Richtlinie basierte, wie dies bei § 20 Abs. 2 S. 2 AGG der Fall war. Es handelte sich vielmehr um Maßnahmen, die auf Vorschriften im Primärrecht, nämlich den jeweiligen Schutzverstärkungsklauseln, beruhten. Die Sachverhalte sind dennoch miteinander vergleichbar, da sowohl in den beiden benannten Rechtssachen als auch bei § 20 Abs. 2 S. 2 AGG der nationale Gesetzgeber ein höheres Schutzniveau implementierte als es in den umzusetzenden Richtlinien angelegt gewesen war. Im Hinblick auf die anfangs aufgeworfene Frage, ob ein nationaler Gesetzgeber, der Regelungen mit einem höheren Schutzniveau schafft, innerhalb eines von den Richtlinien vorgesehenen Beurteilungs- bzw. Ermessensspielraumes handeln kann, lehnte es der EuGH in den angesprochenen Rechtssachen „IP“ und „Deponiezweckverband Eiterköpfe“ ab, die Regelungen mit dem höheren

---

600 EuGH, Urteil v. 14.04.2005 – Rs. C-6/03; Slg. 2005, I-2753 ff. (Deponiezweckverband Eiterköpfe).

601 *Bleckmann*, Nationale Grundrechte im Anwendungsbereich des Rechts der Europäischen Union, S. 40 f.

602 Dieser entspricht dem heutigen Art. 153 Abs. 4, 2. Spiegelstrich AEUV.

603 Es handelte sich um die Richtlinie 90/394/EWG des Rates vom 28. Juni 1990 über den Schutz der Arbeitnehmer gegen Gefährdung durch Karzinogene bei der Arbeit (Sechste Einzelrichtlinie im Sinne von Artikel 16 Abs. 1 der Richtlinie 89/391/EWG).

604 Art. 176 EGV, der besagt, dass Schutzmaßnahmen die einzelnen Mitgliedstaaten nicht daran hindern, verstärkte Schutzmaßnahmen beizubehalten oder zu ergreifen, entspricht dem heute gültigen Art. 193 AEUV.

605 Es handelte sich um die Richtlinie 1999/31/EG des Rates vom 26. April 1999 über Abfalldeponien.

Schutzniveau an dem unionsrechtlichen Grundsatz der Verhältnismäßigkeit zu messen.[606] Diese Ablehnung wurde zwar teilweise dahingehend verstanden, dass Regelungen, die vom nationalen Gesetzgeber überschießend umgesetzt werden, nicht am europäischen Primärrecht und damit auch nicht an den Unionsgrundrechten zu messen seien.[607] Diese Schlussfolgerung ist jedoch unzutreffend und ergibt sich insbesondere nicht aus den Urteilen zu den erwähnten Rechtssachen. Der Gerichtshof hat den unionsrechtlichen Grundsatz der Verhältnismäßigkeit lediglich deshalb nicht geprüft, da die Regelungen, die das höhere Schutzniveau kodifizierten, mit dem Primärrecht vereinbar gewesen waren.[608] Primärrechtliche Regelungen, gegen die die verstärkten Schutzmaßnahmen verstoßen könnten, waren somit nicht gegeben, womit sich der EuGH auch nicht in der Lage sah, den unionsrechtlichen Grundsatz der Verhältnismäßigkeit zu prüfen.[609] Der Gerichtshof betonte vielmehr, dass Maßnahmen, die ein höheres als in der Richtlinie vorgesehenes Schutzniveau statuieren, mit dem Vertrag (in den Rechtssachen: der EGV) vereinbar sein müssten und lediglich der Umfang des Schutzes den Mitgliedstaaten überlassen sei.[610] Diese Aussage des Gerichtshofs lässt den Schluss zu, dass der Gerichtshof sehr wohl Maßnahmen, die ein höheres als in einer Richtlinie vorgesehenes Schutzniveau statuieren, anhand des unionsrechtlichen Grundsatzes der Verhältnismäßigkeit prüfen würde, wenn Anhaltspunkte gegeben wären, die vermuten lassen, dass diese verstärkten Schutzmaßnahmen anderen Bestimmungen des europäischen Primärrechts entgegenstünden. Somit wären die Regelungen, die ein höheres als in einer Richtlinie vorgesehenes Schutzniveau statuieren, an den Unionsgrundrechten zu messen.

(b) Literatur

Es gibt bislang nur wenige Ansichten in der Literatur, die sich mit der Frage befassen, ob nationale Schutzmaßnahmen, die über die von einer Richtlinie vorge-

---

606 EuGH, Urteil v. 17.12.1998 – Rs. C-2/97; Slg. 1998, I-8597, 8636, Tz. 40 (IP); EuGH, Urteil v. 14.04.2005 – Rs. C-6/03; Slg. 2005, I-2753, 2799, Tz. 63 f. (Deponiezweckverband Eiterköpfe).

607 *Jarass*, NVwZ 2012, 457, 461.

608 EuGH, Urteil v. 17.12.1998 – Rs. C-2/97; Slg. 1998, I-8597, 8636, Tz. 40 (IP); EuGH, Urteil v. 14.04.2005 – Rs. C-6/03; Slg. 2005, I-2753, 2799, Tz. 64 (Deponiezweckverband Eiterköpfe).

609 So auch *Bleckmann*, Nationale Grundrechte im Anwendungsbereich des Rechts der Europäischen Union, S. 43 ff.

610 So ausdrücklich: EuGH, Urteil v. 14.04.2005 – Rs. C-6/03; Slg. 2005, I-2753, 2798, Tz. 61 (Deponiezweckverband Eiterköpfe).

sehenen Mindestvorgaben hinausgehen, zugleich eine Ausfüllung von Ermessen einer Richtlinie darstellen und daher nach der Rechtsprechung des EuGH in der Rechtssache „Parlament/ Rat" im Einklang mit den Unionsgrundrechten ausgefüllt werden müssen. Teilweise wird davon ausgegangen, dass derartige Regelungen an den Unionsgrundrechten zu messen seien.[611] Denn ordnet eine Richtlinie eine Mindestharmonisierung an, so handelten die Mitgliedstaaten zwar vordergründig autonom, da sie gesetzgeberische Wahlfreiheiten nutzten; jedoch bewegten sich die Mitgliedstaaten trotz des geringen Grades an richtlinienrechtlicher Determinierung im sachlichen Anwendungsbereich der Richtlinie, sodass auch die Unionsgrundrechte anwendbar seien.[612] Diese Aussagen dürften sich ausschließlich auf diejenigen Regelungen beziehen, die über die richtlinieninternen Mindestvorgaben hinausgehen. Denn lediglich bei diesen Regelungen hat der nationale Gesetzgeber eine Wahlfreiheit inne, so dass ein geringerer Grad an Determinierung besteht. Bei solchen Regelungen, die die Mindestvorgaben umsetzen, hat der nationale Gesetzgeber gerade keine Wahlfreiheit, so dass ein sehr hoher Grad an Determinierung vorhanden ist. Einem anderen Literaturansatz zufolge fallen Regelungen, die über die Mindestvorgaben einer Richtlinie hinausgehen, aufgrund von Art. 4 Abs. 3 EUV in den Anwendungsbereich des Unionsrechts, womit auch die Unionsgrundrechte als Maßstab für diese Regelungen heranzuziehen wären.[613] Art. 4 Abs. 3 EUV[614] verpflichtet die Mitgliedstaaten alle geeigneten Maßnahmen zur Erfüllung der Verpflichtungen zu treffen, die sich aus den europäischen Verträgen oder aus Handlungen der Organe der Gemeinschaft ergeben. Die Umsetzung von Mindestvorgaben seien Maßnahmen zur Erfüllung von Verpflichtungen aus dem Primärrecht.[615] Die Freiheit strengere Schutzvorschriften für den Bereich, der über die Mindestvorgaben hinausgeht[616], zu schaffen, entbinde nicht von den Verpflichtungen, die aus Art. 4 Abs. 3

611 *Ohler*, NVwZ 2013, 1433, 1437.

612 *Ohler*, NVwZ 2013, 1433, 1437.

613 *De Cecco*, Room to Move? Minimum Harmonization and Fundamental Rights, Common Market Law Rev. 43 (2006), S. 9 ff.

614 *De Cecco* beruft sich in seinem Aufsatz noch auf die Vorgängernorm Art. 10 EGV.

615 *De Cecco*, Room to Move? Minimum Harmonization and Fundamental Rights, Common Market Law Rev. 43 (2006), S. 20.

616 De Cecco nennt diesen Bereich die „*upwardly-flexible area*", vgl. *de Cecco*, Room to Move? Minimum Harmonization and Fundamental Rights, Common Market Law Rev. 43 (2006), S. 9.

EUV herrührten.[617] Aufgrund der Tatsache, dass Art. 4 Abs. 3 EUV zu beachten und damit anwendbar sei, könne nicht vornherein ausgeschlossen werden, dass der bezeichnete Bereich am Maßstab des Unionsrechts zu messen sei.[618]

(c) Zwischenergebnis

Sowohl die Rechtsprechung des EuGH als auch die wenigen Stimmen in der Literatur, die sich zur der Frage äußern, gehen davon aus, dass bei einer überschießenden Umsetzung von einer Richtlinie, dennoch innerhalb derselben gehandelt werden kann. Dies hätte zur Folge, dass auch die überschießend umgesetzten Regelungen an den Unionsgrundrechten zu messen sind.

(4) Entgegenstehen der Rechtsprechung des BVerfG?

Fraglich ist, ob die oben aufgezeigte Ansicht des BVerfG an dieser Auffassung etwas ändern vermag. Die Ansicht des BVerfG kann jedenfalls nur dann erheblich sein, wenn das Gericht bei seinen Entscheidungen zum Emissionshandel und zur Vorratsdatenspeicherung auch Mindestvorgaben in Richtlinien als mögliche Beurteilungs- bzw. Ermessensspielräume des nationalen Gesetzgebers im Blick hatte. Sowohl die maßgebliche Richtlinie[619] in den beiden Entscheidungen zum Emissionshandel als auch die für den Beschluss zur Vorratsdatenspeicherung relevante Richtlinie[620] beinhalteten jedoch keine den Antidiskriminierungsrichtlinien entsprechenden Artikel zu Mindestvorgaben. Insofern dürften diese Entscheidungen des BVerfG für die Frage, ob der über die Mindestvorgaben der Antidiskriminierungsrichtlinien hinausgehende § 20 Abs. 2 S. 2 AGG an den Unionsgrundrechten zu messen ist, nicht relevant sein.

---

617 *De Cecco*, Room to Move? Minimum Harmonization and Fundamental Rights, Common Market Law Rev. 43 (2006), S. 20.

618 *De Cecco*, Room to Move? Minimum Harmonization and Fundamental Rights, Common Market Law Rev. 43 (2006), S. 21, 25.

619 Richtlinie 2003/87/EG des Europäischen Parlaments und des Rates vom 13. Oktober 2003 über ein System für den Handel mit Treibhausgasemissionszertifikaten in der Gemeinschaft und zur Änderung der Richtlinie 96/61/EG des Rates.

620 Richtlinie 2006/24/EG des Europäischen Parlaments und des Rates vom 15. März 2006 über die Vorratsspeicherung von Daten, die bei der Bereitstellung öffentlich zugänglicher elektronischer Kommunikationsdienste oder öffentlicher Kommunikationsnetze erzeugt oder verarbeitet werden, und zur Änderung der Richtlinie 2002/58/EG.

ii. Übertragung der in der Rechtssache „Bartsch" enthaltenen Aussagen

Möglich erscheint auch, die in der Rechtssache „Bartsch"[621] enthaltenen Aussagen des EuGH auf den vorliegenden Fall zu übertragen. Die wesentliche Aussage in dem Bartsch-Urteil in Bezug auf die Frage einer Bindung der Mitgliedstaaten an die Unionsgrundrechte war, dass nationale Normen nur dann an den Unionsgrundrechten zu messen sind, wenn sie in den Rahmen[622] einer Richtlinie fallen. § 20 Abs. 2 S. 2 AGG wäre demnach an den Unionsgrundrechten zu messen, wenn er in den Rahmen der Antidiskriminierungsrichtlinien fällt. Unklar ist dabei, was genau unter dem Rahmen einer Richtlinie zu verstehen ist.

(1) Enges Verständnis

Einerseits könnte der Rahmen einer Richtlinie eng zu fassen sein. Dies wäre zweifelsfrei der Fall, wenn man sich auf den Standpunkt stellt, dass nur diejenigen nationalen Regelungen, die wortwörtlich umgesetzt wurden, in den Rahmen einer Richtlinie fallen. Eine etwas weitere, wenngleich noch immer enge Auffassung wäre, wenn nur diejenigen nationalen Regelungen in den Rahmen einer Richtlinie fallen, die sich zumindest inhaltlich in derselben Art und Weise in der Richtlinie wiederfinden. Bei dem Versuch der Konkretisierung, was unter dem Rahmen einer Richtlinie zu verstehen ist, muss jedoch berücksichtigt werden, dass sich der Rahmen einer Richtlinie nicht lediglich aus dem Wortlaut der Artikel der Richtlinie ergeben kann. Vielmehr dürfte die Richtlinie als Ganzes zu betrachten sein, d.h. nicht nur die Artikel der Richtlinie, sondern auch deren Erwägungsgründe und Erläuterungen dürften darüber Aufschluss geben, was unter dem Rahmen einer Richtlinie zu verstehen ist. Dies folgt schon aus semantischen Gründen: der Begriff des Rahmens zeigt, dass sämtliche Aspekte einer Richtlinie zur Konkretisierung herangezogen werden müssen, um überhaupt die Möglichkeit zu haben, einen Rahmen festzulegen. Letztlich ist damit einem engen Verständnis des Rahmens einer Richtlinie nicht zu folgen.

(2) Weites Verständnis

Der EuGH scheint selbst eher für ein weites Verständnisses zu plädieren. Wie bereits aufgezeigt, können dem EuGH zufolge nationale Regelungen sowohl in den Rahmen einer Richtlinie fallen, wenn sie erst nach dem Ablauf der Umset-

---

621 EuGH, Urteil v. 23.09.2008 – Rs. C-427/06; Slg. 2008, I-7245 ff. (Bartsch).

622 In der englischsprachigen Version des Urteil ist vom „*framework*" die Rede, vgl. EuGH, Urteil v. 23.09.2008 – Rs. C-427/06; Slg. 2008, I-7245, 7294, Tz. 18 (Bartsch).

zungsfrist (Rechtssache „Bartsch")[623] in Kraft treten als auch, wenn sie bereits vor der Implementierung der Richtlinie (Rechtssache „Kücükdeveci")[624] in Kraft traten. Dieses Verständnis zeigt, dass das zeitliche Moment in den Hintergrund tritt es vornehmlich auf den Inhalt der nationalen Regelung ankommt. Fraglich ist somit, welche inhaltlichen Anforderungen die nationalen Regelungen zu erfüllen haben, damit sie an den Unionsgrundrechten zu messen sind bzw. wo genau die Grenzlinien verlaufen, die bestimmen, ob der Inhalt einer nationalen Regelung noch an den nationalen Grundrechten zu messen ist oder bereits schon an den Unionsgrundrechten.[625] Jedenfalls lässt ein neueres Urteil des EuGH vermuten, dass der Gerichtshof tendenziell ein weites Verständnis zur Reichweite der Unionsgrundrechte zu Grunde legt.

(a) Rechtssache „Åkerberg Fransson"

Die Rechtssache „Åkerberg Fransson"[626] aus dem Jahre 2013 gab dem EuGH erneut die Möglichkeit zu der Frage der Reichweite der Unionsgrundrechte Stellung zu nehmen. Im Gegensatz zu den oben erwähnten EuGH-Entscheidungen war die Rechtssache „Åkerberg Fransson" jedoch unter dem Blickwinkel des im Dezember 2009 in Kraft getretenen Vertrages von Lissabon zu entscheiden. In dem Verfahren selbst wurde gegen einen schwedischen selbständigen Fischer, Herrn Åkerberg Fransson, aufgrund von unterlassenen Mitteilungspflichten gegenüber den zuständigen Steuerbehörden, ein steuerrechtliches Verwaltungsverfahren eingeleitet. Ihm wurde vorgeworfen, Steuerbeträge, darunter auch solche die sich aus der Mehrwertsteuer ergeben, hinterzogen zu haben. Nachdem die steuerrechtlichen Verfahren abgeschlossen und bestandskräftig geworden waren[627], wurde gegen ihn anschließend ein strafrechtliches Verfahren eingeleitet. Das schwedische Gericht, der Haparanda tingsrätt[628], setzte das Verfahren aus und legte dem EuGH u.a. die Frage vor, ob die Durchführung des anhängigen strafrechtlichen Verfahrens gegen Herrn Åkerberg Fransson gegen das in Art. 50 GRCh statuierte Verbot der Doppelbestrafung (Grundsatz des *ne bis in idem*) verstoße.

---

623 Siehe A.I.1.c)ii.(2)(e).

624 Siehe A.I.1.c)ii.(2)(f).

625 So auch *Thym*, NVwZ 2013, 889, 894; ggfs. muss die nationale Regelung auch sowohl an den nationalen Grundrechten als auch an den Unionsgrundrechten gemessen werden, hierzu später unter B.I.

626 EuGH, Urteil v. 26.02.2013 – Rs. C-617/10; EWS 2013, 99 ff. (Åkerberg Fransson).

627 EuGH, Urteil v. 26.02.2013 – Rs. C-617/10; EWS 2013, 99, 101, Tz. 13 (Åkerberg Fransson).

628 Der „tingsrätt" ist in Schweden das Gericht in der ersten Instanz.

Unabhängig von der materiellen Beantwortung dieser Frage[629], musste der EuGH zur Beantwortung selbiger zunächst zuständig sein. In der Frage der Zuständigkeit des EuGH liegt auch der eigentliche Mehrwert der Entscheidung im Hinblick auf die vorliegende Arbeit. Der EuGH nahm zunächst auf Art. 51 Abs. 1 GRCh Bezug und stellte fest, dass der Anwendungsbereich der GRCh, was das Handeln der Mitgliedstaaten betrifft, in diesem Artikel definiert sei.[630] Weiter führte er aus, dass diese Definition durch die Erläuterungen zu Art. 51 GRCh bestätigt werde, welche gemäß Art. 6 Abs. 1 Unterabs. 3 EUV sowie Art. 52 Abs. 7 GRCh für dessen Auslegung zu berücksichtigen sei.[631] Die Erläuterungen zu Art. 51 GRCh verweisen auf die bisherige Rechtsprechung des EuGH, nach der die Verpflichtung zur Einhaltung der Unionsgrundrechte nur dann gilt, wenn die Mitgliedstaaten im Anwendungsbereich des Unionsrechts handeln.[632] Sie dienen dem EuGH folglich als Rechtfertigung für eine Anknüpfung an seine bisherige Rechtsprechung. Der EuGH führte aus, dass die eingeleiteten Verfahren teilweise auf dem Gebiet der Mehrwertsteuer anzusiedeln seien.[633] Sowohl die Art. 2, Art. 250 Abs. 1 und

---

629 Der EuGH urteilte, dass ein Verstoß gegen den Grundsatz *ne bis in idem* nicht vorliegt, sofern, die erste Sanktion, hier die steuerrechtliche Sanktion, keinen strafrechtlichen Charakter hat, was jedoch von den nationalen Gerichten zu prüfen sei.

630 EuGH, Urteil v. 26.02.2013 – Rs. C-617/10; EWS 2013, 99, 102, Tz. 17 (Åkerberg Fransson).

631 EuGH, Urteil v. 26.02.2013 – Rs. C-617/10; EWS 2013, 99, 102, Tz. 20 (Åkerberg Fransson). Die Berücksichtigung der Erläuterungen zur GRCh ergibt sich ausdrücklich aus Artikel 52 Abs. 7 GRCh. Die Erläuterungen selbst haben jedoch gemäß ihrer Einleitung keinen rechtlichen Status.

632 Erläuterung zu Artikel 51 mit dem Verweis auf die bereits oben dargestellte Wachauf-Entscheidung, wobei die Formulierung des Anwendungsbereichs, wie oben gesehen, bereits in der Rechtssache „Cinéthèque“ (EuGH, Urteil v. 11.07.1985 – verb. Rs. 60 und 61/84; Slg. 1985, 2605 ff.) verwendet wurde. Zudem sei darauf hingewiesen, dass sich der europäische Gesetzgeber selbst keinen Gefallen tut, wenn er Artikel 51 GRCh einen restriktiveren Wortlaut gibt („*Diese Charta gilt […] ausschließlich bei der Durchführung des Rechts der Union.*“) und damit die frühere ERT-Rechtsprechung des EuGH (EuGH, Urteil v. 18.06.1991 – Rs. 260/89, Slg. 1991, I-2925 ff.) offensichtlich aus dem Anwendungsbereich der GRCh ausnehmen möchte, auf der anderen Seite jedoch in der Erläuterung zu Artikel 51 GRCh auf die bisherige Rechtsprechung verweist und sogar die ERT-Entscheidung explizit aufführt. Eine solche Gesetzgebung darf zweifelsfrei als widersprüchlich bezeichnet werden.

633 EuGH, Urteil v. 26.02.2013 – Rs. C-617/10; EWS 2013, 99, 102, Tz. 24 (Åkerberg Fransson).

Art: 273 der Richtlinie 2006/12/EG[634] als auch Art. 4 Abs. 3 EUV und Art. 325 AEUV sähen vor, dass jeder Mitgliedstaat verpflichtet ist, alle Rechts- und Verwaltungsvorschriften zu erlassen, die geeignet sind, die Erhebung der gesamten in seinem Hoheitsgebiet geschuldeten Mehrwertsteuer zu gewährleisten und ferner Maßnahmen, die zur Bekämpfung von Betrug, der sich gegen die finanziellen Interessen der Union richtet, zu ergreifen.[635] Die Annahme einer Durchführung von Unionsrecht im Sinne von Art. 51 GRCh wurde im konkreten Fall damit begründet, dass sich die Eigenmittel der Union u.a. aus dem Mehrwertsteueraufkommen der Mitgliedstaaten ergäben, da letztere die Mehrwertsteuermittel dem Haushalt der Union zur Verfügung stellen.[636] Jede versäumte Mehrwertsteuererhebung der Mitgliedstaaten führe potentiell zu einer Verringerung der Eigenmittel der Union.[637] Somit seien steuerliche Sanktionen und die Einleitung eines Strafverfahrens wegen Steuerhinterziehung hinsichtlich der Mehrwertsteuer als Durchführung von Art. 2, Art. 250 Abs. 1 und Art. 273 der Richtlinie 2006/12/EG sowie von Art. 325 AEUV und damit als Durchführung des Unionsrechts i.S.d. Art. 51 Abs. 1 GRCh anzusehen.[638] Ferner stellte der Gerichtshof – wie bereits in der Rechtssache „Kücükdeveci" angedeutet – klar, dass es bei der Frage, ob die nationalen Regelungen als Durchführung des Unionsrechts anzusehen sind, nicht auf den Willen des nationalen Gesetzgebers ankomme,[639] sondern rein objektiv zu beantworten ist.[640]

(b) Literatur zur Rechtssache „Åkerberg Fransson"

In der rechtswissenschaftlichen Literatur wird das Urteil in der Rechtssache „Åkerberg Fransson" mehrheitlich als Fortführung bzw. sogar als Weiterentwicklung der

---

634 Richtlinie 2006/112/EG des Rates vom 28. November 2006 über das gemeinsame Mehrwertsteuersystem.

635 EuGH, Urteil v. 26.02.2013 – Rs. C-617/10; EWS 2013, 99, 102, Tz. 25f. (Åkerberg Fransson).

636 EuGH, Urteil v. 26.02.2013 – Rs. C-617/10; EWS 2013, 99, 102, Tz. 26 (Åkerberg Fransson).

637 EuGH, Urteil v. 26.02.2013 – Rs. C-617/10; EWS 2013, 99, 102, Tz. 26 (Åkerberg Fransson).

638 EuGH, Urteil v. 26.02.2013 – Rs. C-617/10; EWS 2013, 99, 102, Tz. 27 (Åkerberg Fransson).

639 EuGH, Urteil v. 26.02.2013 – Rs. C-617/10; EWS 2013, 99, 102, Tz. 28 (Åkerberg Fransson).

640 So auch *Ohler*, NVwZ 2013, 1436.

bisherigen EuGH-Rechtsprechung verstanden.[641] Auch wenn der Gerichtshof ein sehr weites Verständnis zu Grunde legte, wann ein Sachverhalt in den Anwendungsbereich von europäischen Normen fällt, geht die Literatur insgesamt davon aus, dass der EuGH noch innerhalb seiner Auslegungsbefugnis, d.h. innerhalb seines eigenen Zuständigkeitsbereiches, und demnach nicht *ultra vires* handelte.[642] Das Urteil lässt jedoch offen, welche Qualität der unionsrechtliche Bezug haben muss bzw. welche Konstellation die Anwendung des Unionsrechts auslöst. Teilweise wird in der Literatur davon ausgegangen, dass das Vorhandensein eines – wenn auch nur marginalen – Anknüpfungspunktes an das Unionrecht genüge, um den Anwendungsbereich desselbigen zu eröffnen und damit auch den Maßstab der Unionsgrundrechte heranziehen zu müssen.[643] Abstrakt formulierte Aussagen des Unionsrechts zu einem Rechtsgebiet dürften jedenfalls nicht ausreichen, um zu einer Anwendbarkeit der Unionsgrundrechte zu gelangen.[644] Andere Stimmen in der Literatur entnehmen dem Urteil, dass das Unionsrecht und damit die Unionsgrundrechte Anwendung finden, wenn das Unionsrecht den Mitgliedstaaten messbare Handlungspflichten auferlege.[645]

Überträgt man diese Konkretisierungsversuche auf den vorliegen Fall, so wird man feststellen müssen, dass bei der Kodifizierung von § 20 Abs. 2 S. 2 AGG durchaus ein Anknüpfungspunkt zum Unionsrecht gegeben war. Diesen Anknüpfungspunkt könnte man zum einen aus der Tatsache herleiten, dass § 20 Abs. 2 S. 2 AGG im Wege der Umsetzung von europäischem Sekundärrecht geschaffen wurde. Zum anderen könnte man wiederum die Tatsache bemühen, dass die Antidiskriminierungsrichtlinien lediglich einen Mindeststandard hinsichtlich des Diskriminierungsschutzes gewährleisten und ausdrücklich die Möglichkeit, einen stärkeren Schutz auf der Ebene der nationalen Vorschriften zu implementieren, vorsehen. Greift man den Gedanken von messbaren Handlungsverpflichtungen seitens der Mitgliedstaaten auf, so kann man jedenfalls nicht dahingehend argumentieren, dass Art. 21 GRCh ein grundsätzliches Diskriminierungsverbot enthalte, welches die Mitgliedstaaten zu entsprechenden Verboten verpflichtet. Denn die Charta selbst kann nicht ihre eigene Anwendbarkeit auslösen.[646] Eine

641 *Rabe*, NJW 2013, 1407, 1408; *Winter*, NZA 2013, 473, 477; *Thym*, NVwZ 2013 889, 890; *Gooren*, NVwZ 2013, 564; *Streinz*, Editorial, NVwZ 2013, Heft 7.

642 *Weiß*, EuZW 2013, 287, 288 f; *Thym*, NVwZ 2013 889, 891; *Ohler*, NVwZ 2013, 1436.

643 *Winter*, NZA 2013, 473, 476.

644 BVerfG, Urteil v. 24.04.2013 – 1 BvR 1215/07, Tz. 91; NJW 2013, 1499; *Thym*, NVwZ 2013 889, 894.

645 *Thym*, NVwZ 2013 889, 894.

646 *Ladenburger*, in: Tettinger/Stern – GRCh, Art. 51, Rn. 34; *Ohler*, NVwZ 2013, 1433.

Handlungsverpflichtung seitens der Mitgliedstaaten könnte sich jedoch aus der Gesamtschau der Antidiskriminierungsrichtlinien ergeben. Insgesamt bezwecken diese Richtlinien die nationale Statuierung eines möglichst umfassenden Diskriminierungsschutzes. Dieser Zweck lässt sich gerade an denjenigen Artikeln festmachen, die darauf hinweisen, dass die Richtlinien selbst lediglich Mindestvorgaben enthalten. Beide angesprochenen Konkretisierungsversuche dürften somit zu der Annahme führen, dass die Kodifizierung von § 20 Abs. 2 S. 2 AGG im Rahmen der Umsetzung der Antidiskriminierungsrichtlinien in den Anwendungsbereich des Unionsrechts und damit der Unionsgrundrechte fällt.

e) *Zwischenergebnis*

Die bloße Übertragung der Aussagen in der Rechtssache „Parlament/ Rat" lässt keinen eindeutigen Schluss zu, ob der deutsche Gesetzgeber bei der Schaffung von § 20 Abs. 2 S. 2 AGG innerhalb eines von den Antidiskriminierungsrichtlinien vorgesehenen Beurteilungs- bzw. Ermessensspielraumes gehandelt hat. Die Heranziehung einer vom BVerfG entwickelten Definition, in welchen Fällen ein Beurteilungs- bzw. Ermessensspielraum vorliegt, hilft ebenfalls nicht weiter. Jedoch geben die Urteile des EuGH in den Rechtssachen „IP" und „Deponiezweckverband Eiterköpfe" einen Hinweis darauf, dass § 20 Abs. 2 S. 2 AGG als Regelung, die ein höheres als von den Antidiskriminierungsrichtlinien vorgesehenes Schutzniveau statuiert, am europäischen Primärrecht und damit auch an den Unionsgrundrechten zu messen ist. Vergegenwärtigt man sich nach Heranziehung der Rechtssache „Deponiezweckverband Eiterköpfe" nochmals den Wortlaut der Aussagen des EuGH in der Rechtssache „Parlament/ Rat", so dürfte die Kodifizierung von § 20 Abs. 2 S. 2 AGG zweifelsfrei als die Wahrnehmung eines Ermessensspielraumes, den die Richtlinie den Mitgliedstaaten belassen hat, angesehen werden. Denn der EuGH äußert sich in der Rechtssache „Parlament/ Rat" – wie bereits gesehen – dahingehend, dass die Mitgliedstaaten bei der Ausfüllung eines in der Richtlinie selbst vorgesehenen Beurteilungs- bzw. Ermessensspielraumes an die Unionsgrundrechte gebunden seien.[647] Wenn der EuGH im Hinblick auf Mindestanforderungen bereits davon ausgeht, dass die Unionsgrundrechte bei der Kodifizierung von verstärkten Schutzmaßnahmen, die auf Grundlage des Primärrechts ergangen waren, zu beachten sind, so dürften die Unionsgrundrechte bei einer Implementierung von verstärkten Schutzmaßnahmen auf Grundlage der Richtlinie selbst erst recht als Prüfungsmaßstab heranzuziehen sein, auch wenn es sich bei einer Richtlinie nicht um Primär- sondern

---

647 Siehe A.I.1.c)ii.(2)(d).

um Sekundärrecht handelt. Denn in dem Fall, in dem eine Richtlinie selbst die Grundlage für die Ermessensausübung setzt, liegt zweifelsfrei ein Beurteilungs- bzw. Ermessensspielraum vor, der sich innerhalb der Richtlinie bewegt.

Die Übertragung der in der Bartsch-Entscheidung enthaltenen Aussagen führen zu der Frage, wie der Rahmen einer Richtlinie zu bestimmen bzw. abzustecken ist. Ein enges Verständnis entspricht dabei nicht dem Verständnis des EuGH. Nachdem der Gerichtshof bereits klargestellt hatte, dass es nicht auf das zeitliche Moment ankommen kann, ob eine nationale Vorschrift in den Rahmen einer Richtlinie fällt, äußerte sich der EuGH in der Rechtssache „Åkerberg Fransson" implizit zu der Frage, welche inhaltlichen Anforderungen erfüllt sein müssen damit der Anwendungsbereich des Unionsrechts eröffnet ist. Ob diese inhaltlichen Anforderungen lediglich einen Anknüpfungspunkt zum Unionsrecht oder Handlungsverpflichtungen seitens der Mitgliedstaaten voraussetzen, kann letztlich dahinstehen. Jedenfalls ist davon auszugehen, dass der Gerichtshof grundsätzlich von einem weiten Verständnis bei der Frage, wann der Anwendungsbereich des Unionsrechts eröffnet ist, ausgeht.

Insgesamt lässt sich unter Zugrundelegung seiner Rechtsprechung feststellen, dass der EuGH § 20 Abs. 2 S. 2 AGG als eine Vorschrift ansehen dürfte, bei der Unionsrecht durchgeführt wird. Damit fällt sie auch in den Anwendungsbereich des Unionsrechts. Unter Zugrundelegung dieser Tatsache ist der Anwendungsbereich der GRCh gemäß Art. 51 GRCh eröffnet, womit auch § 20 Abs. 2 S. 2 AGG an den Unionsgrundrechten zu messen ist.

2. Art. 21 Abs. 1 GRCh

Hinsichtlich der in der GRCh statuierten Grundrechte kommt einzig ein Verstoß des § 20 Abs. 2 S. 2 AGG gegen Art. 21 Abs. 1 GRCh in Betracht. Art. 21 Abs. 1 GRCh normiert mittlerweile den vom EuGH in der Rechtssache „Mangold" benannten allgemeinen Grundsatz vom Verbot der Altersdiskriminierung.

a) Tatbestand

Gemäß Art. 21 Abs. 1 GRCh sind insbesondere Diskriminierungen wegen des Alters verboten. Zur Eröffnung des Tatbestands müsste § 20 Abs. 2 S. 2 AGG daher eine Diskriminierung wegen des Alters beinhalten. Fraglich ist, ob dies der Fall ist.

i. Schlussanträge der Generalanwältin in der Rechtssache „Test-Achats"

In ihren Schlussanträgen in der Rechtssache „Test-Achats" argumentierte die Generalanwältin *Juliane Kokott*, dass es ebenso wenig angebracht sei, Versicherungsrisiken am Geschlecht einer Person festzumachen wie an der Rasse oder ethnischen Herkunft einer Person.[648] Sie begründete dies u.a. damit, dass neben dem Merkmal Rasse/ ethnische Herkunft auch das Geschlecht ein Diskriminierungsmerkmal sei, welches untrennbar mit der Person des Versicherten verbunden ist, und auf das dieser keinerlei Einfluss habe.[649] In diesem Zusammenhang äußerte sie sich auch zu dem Diskriminierungsmerkmal Alter. Wörtlich stellte *Kokott* fest:

> *„Zwar ist auch das Alter ein untrennbar mit der Person verbundenes Merkmal, doch durchläuft jeder Mensch in seinem Leben verschiedene Altersstufen. Werden also Versicherungsprämien und -leistungen je nach Alter unterschiedlich berechnet, so lässt dies für sich genommen noch keine Benachteiligung des Versicherten als Person befürchten. Jedermann kann im Laufe seines Lebens altersbedingt in den Genuss von für ihn mehr oder weniger günstigen Versicherungsprodukten kommen.*“[650]

Mithin stuft die Generalanwältin am EuGH eine unterschiedliche Berechnung von Prämien aufgrund des Alters des Versicherungsnehmers nicht als Benachteiligung desselbigen ein, da jeder Mensch im Laufe seines Lebens mal von günstigen Prämien profitierte und mal nicht. Dahinter dürfte der bereits zu Beginn der Arbeit formulierte Gedanke stehen, dass eine Diskriminierung im jungen Alter oftmals als nicht besonders benachteiligend empfunden oder angesehen wird, da man davon ausgeht, dass einem selbst zukünftig, die gleiche Diskriminierung zugutekommt, sobald man eine fortgeschrittene Altersstufe erreicht.[651] Nach den vorbenannten Erwägungen der Generalanwältin beinhaltet § 20 Abs. 2 S. 2 AGG, der die angesprochene unterschiedliche Berechnung von Prämien und Leistungen aufgrund des Alters vorsieht, keine Diskriminierung aufgrund des Alters, wodurch bereits der Tatbestand von Art. 21 Abs. 1 GRCh nicht eröffnet wäre. Fraglich ist, ob diese Aussage der Generalanwältin *Kokott* im Ergebnis zutreffend ist.

---

648 Schlussanträge der Generalanwältin *Kokott* v. 30.09.2010 – Rs. C-236/09; Slg. 2011, I-773, 781, Tz. 49 (Test-Achats).
649 Schlussanträge der Generalanwältin *Kokott* v. 30.09.2010 – Rs. C-236/09; Slg. 2011, I-773, 781, Tz. 50 (Test-Achats).
650 Schlussanträge der Generalanwältin *Kokott* v. 30.09.2010 – Rs. C-236/09; Slg. 2011, I-773, 781, Tz. 50, Fn. 37 (Test-Achats).
651 Siehe § 2 A. dieser Arbeit.

ii. Würdigung der Aussagen der Generalanwältin

(1) Grundannahme

Zunächst ist die von *Kokott* vertretene Grundannahme zu untersuchen. Die Generalanwältin stellte zu Beginn ihrer Aussagen fest, dass jeder Mensch in seinem Leben verschiedene Altersstufen durchlaufe. Diese Aussage dürfte im Hinblick auf die Berechnung von Versicherungsprämien und -leistungen dahingehend zu verstehen sein, dass jeder Mensch in seinem Leben diejenigen Altersstufen durchläuft, die die Versicherer zur Berechnung der Prämien und Leistungen verwenden. Dies ist zwar glücklicherweise der normale Zustand; jedoch keineswegs zwingend der Fall.

Zum einen gibt es Personen, die etwa aufgrund von Unfällen oder Krankheiten bereits in jungem oder mittlerem Alter versterben. Diese Personen können daher nicht jegliche Altersstufen durchlaufen. Eine Person, die im Alter von 45 Jahren verstirbt und eine Privatversicherung abgeschlossen hatte, bei der die Altersgruppe der 60 bis 65-jährigen Versicherungsnehmer von den günstigsten Prämien und Leistungen profitieren, kommt gerade nicht mehr in den Genuss der günstigsten Versicherungsprodukte. Auch der umgekehrte Fall ist denkbar: Eine sich bereits im fortgeschrittenen Alter befindliche Frau entschließt sich zum Abschluss einer bestimmten Privatversicherung, die es bspw. noch nicht als Versicherungsprodukt gab, als sie jung war. Je nachdem, welche Art von Privatversicherung sie abschließt, kann sie nicht mehr in den Genuss von günstigen Prämien und Leistungen kommen[652] bzw. sie kommt gerade in den Genuss von günstigen Prämien und Leistungen.[653] Zum anderen lässt sich schon deshalb nicht sicher sagen, dass jeder Mensch in seinem Leben diejenigen Altersstufen durchläuft, die die Versicherer zur Berechnung der Prämien und Leistungen verwenden, weil die verwendeten Altersstufen aufgrund der Liberalisierung des Versicherungsmarktes je nach Versicherer und Art der Privatversicherung sehr unterschiedlich sein können. Denkbar ist daher auch, dass ein Versicherer eine Altersstufe verwendet, die die 85 bis 90-jährigen erfasst. Bei gewöhnlichem Lauf der Dinge erreichen Personen in Deutschland bereits nicht derartige Lebensalter.[654] Dies hat zur Folge, dass selbst beim normalen Verlauf des Lebens nicht

652 Z.B. bei der Berufsunfähigkeitsversicherung, bei der allgemein gesagt wird, es sei günstiger, sie in jungen Jahren abzuschließen, vgl. § 4 D.II.2. dieser Arbeit.

653 Dies ist bspw. bei der Kfz-Haftpflichtversicherung der Fall, vgl. § 4 D.I.2. dieser Arbeit.

654 Statistisches Bundesamt, demzufolge die Lebenserwartung in Deutschland für Neugeborene, die in den Jahren 2010 bis 2012 geboren wurden, bei 77,72 Jahren

jeder Mensch diejenigen Altersstufen durchläuft, die die Versicherer zur Berechnung der Prämien und Leistungen verwenden.

Aus den aufgezeigten Gründen ist folglich die von der Generalanwältin vertretene Grundannahme zumindest angreifbar.

(2) Wechselseitiger Ausschluss der Diskriminierung

Zweitens lässt die Generalanwältin in ihrer Aussage eine strikte Trennung zwischen dem Tatbestand und der Rechtfertigung einer Diskriminierung vermissen. Eine Benachteiligung bzw. Diskriminierung aufgrund des Alters einer Person liegt bereits vor, wenn diese Person gegenüber einer anderen Person aufgrund ihres Lebensalters ungleich behandelt wird.[655] Die Frage, ob dieselbe Person in ihrem späteren Leben von derselben Diskriminierung wiederum profitiert, lässt nicht den vorherig festgestellten Tatbestand der Diskriminierung entfallen, sondern ist allenfalls auf der Rechtfertigungsebene zu diskutieren.

Doch selbst wenn man davon ausgeht, dass die Generalanwältin sich lediglich unpräzise ausdrückte und die genannten Erwägungen deshalb auf die Rechtfertigungsebene verlagert, ist fraglich, ob die Benachteiligungen aufgrund des Alters aus den genannten Gründen gerechtfertigt werden können. Denn zu beachten ist, dass den Ausführungen der Generalanwältin nicht lediglich eine, sondern sogar zwei Diskriminierungen zugrunde liegen. Neben der ersten Diskriminierung, die – wie ausgeführt – auf der Ungleichbehandlung einer Person aufgrund ihres Alters beruht, gibt es noch eine weitere Ungleichbehandlung. Denn insgesamt dürfte die Aussage der Generalanwältin dahingehend zu verstehen sein, dass eine erste Ungleichbehandlung durch eine weitere zweite Ungleichbehandlung „wiedergutgemacht“ werden könne. Das Gleiche gelte für die zweite Ungleichbehandlung, die durch die erste Ungleichbehandlung „wiedergutgemacht“ werde. Die Ungleichbehandlungen bzw. Diskriminierungen rechtfertigten sich somit wechselseitig, womit eine Diskriminierung aufgrund des Alters der Versicherungsnehmer bei der Berechnung von Prämien und Leistungen in der Privatversicherung ausgeschlossen wäre.

Ein solcher Gedankenansatz kann nicht überzeugen. Denn es ist zu bezweifeln, ob eine erste Diskriminierung durch eine weitere Diskriminierung überhaupt gerechtfertigt werden kann. Vielmehr dürfte davon auszugehen sein, dass

---

für Männer und 82,80 Jahren für Frauen liegt, unter https://www.destatis.de/DE/ZahlenFakten/GesellschaftStaat/Bevoelkerung/Sterbefaelle/Tabellen/LebenserwartungDeutschland.html, zuletzt abgerufen am 28. Februar 2016.

655 Siehe § 2 B.III.3.b)ii. dieser Arbeit.

eine zweite Diskriminierung gerade zum zweiten Mal den Tatbestand von Art. 21 GRCh erfüllt. Eine Ungleichbehandlung kann jedoch nicht gleichzeitig den Tatbestand für die erste Diskriminierung erfüllen und zugleich die Rechtfertigung der zweiten Diskriminierung darstellen, wenn sich – wie vorliegend der Fall – die zweite Diskriminierung rechtlich in keiner Weise von der ersten Diskriminierung unterscheidet. Dies dürfte erst recht bei wechselseitigen Diskriminierungen bzw. Rechtfertigungen gelten. Insofern kann die erste Ungleichbehandlung nicht durch die zweite Ungleichbehandlung kompensiert werden. Vielmehr ist davon auszugehen, dass die zweite Ungleichbehandlung das bereits eingetretene Unrecht vertieft.

(3) Konflikt mit Privatautonomie

Schließlich dürfte das von der Generalanwältin vorgebrachte Argument der Kompensation einer Ungleichbehandlung durch eine spätere weitere Ungleichbehandlung in Konflikt mit dem Prinzip der Privatautonomie stehen. Dies zeigt sich bei Privatversicherungen, die günstige Prämien und Leistungen anbieten, wenn man sich dafür entscheidet, sie bereits in jungem Alter abzuschließen.[656] Wenn man sich als ältere Person dafür entscheidet, eine solche Privatversicherung abzuschließen profitiert man nicht mehr von den günstigen Prämien und Leistungen, sondern müsste ungünstigere Prämien und Leistungen hinnehmen. Konsequenz dieser Konstellation wäre nach der Ansicht der Generalanwältin, dass die Person die Privatversicherung entweder bereits in jungen Jahren abschließen muss, sodass sie auf diese Art auch von den günstigen Prämien und Leistungen profitierte und die späteren ungünstigeren Prämien „gerechtfertigt" wären oder, dass sie gänzlich auf die Privatversicherung verzichten muss. Denn schließt die Person erst in höherem Alter die Privatversicherung ab, so kann sie nicht mehr in den Genuss von günstigen Prämien und Leistungen kommen, weshalb auch eine „Rechtfertigung" ausscheidet. Beide Alternativen stellten einen Eingriff in das Prinzip der Privatautonomie dar. Auch aus diesem Grund ist die von *Kokott* aufgezeigte Argumentation abzulehnen.

iii. Zwischenergebnis

Die von der Generalanwältin *Kokott* getätigten Aussagen in den Schlussanträgen zur Rechtssache „Test-Achats" sind insgesamt nicht zutreffend und daher abzulehnen.

---

656 Dies ist bspw. bei der Berufsunfähigkeitsversicherung der Fall, siehe § 4 D.II.2. dieser Arbeit.

Wie vorangehend erläutert, ist richtigerweise eine Diskriminierung unionsrechtlich bereits in denjenigen Fällen zu bejahen, in denen eine Ungleichbehandlung vorliegt; auf eine mögliche Rechtfertigung kommt es nicht an.[657] Gemäß § 20 Abs. 2 S. 2 AGG ist eine unterschiedliche Behandlung wegen des Alters im Falle des § 19 Abs. 1 Nr. 2 nur zulässig, wenn diese auf anerkannten Prinzipien risikoadäquater Kalkulation beruht, insbesondere auf einer versicherungsmathematisch ermittelten Risikobewertung unter Heranziehung statistischer Erhebungen. Die gebotene Zusammenschau von § 19 Abs. 1 AGG und § 20 AGG führt zweifelsfrei zu dem Ergebnis, dass der Rechtfertigungstatbestand des § 20 Abs. 2 S. 2 AGG erst zu prüfen ist, nachdem eine Diskriminierung gemäß § 19 Abs. 1 AGG bejaht wurde. Die Norm setzt damit das Vorliegen einer Diskriminierung voraus. Der Wortlaut von § 20 Abs. 2 S. 2 AGG impliziert, dass eine unterschiedliche Behandlung aufgrund des Alters bereits stattgefunden hat. Folglich beinhaltet § 20 Abs. 2 S. 2 AGG eine Diskriminierung, wodurch der Tatbestand des Art. 21 Abs. 1 GRCh als erfüllt anzusehen ist.

b) Rechtfertigung

Die in § 20 Abs. 2 S. 2 AGG beinhaltete Diskriminierung könnte jedoch entgegen des Wortlauts von Art. 21 GRCh, der auf ein absolutes Diskriminierungsverbot hindeutet[658], objektiv gerechtfertigt sein. Wie bereits erläutert, wird im Rahmen der Rechtfertigung einer Diskriminierung eine Prüfung der Verhältnismäßigkeit vorgenommen.

i. Anwendbarkeit des Grundsatzes der Verhältnismäßigkeit

Fraglich ist, ob die Anwendung des Grundsatzes der Verhältnismäßigkeit im vorliegenden Fall der Rechtsprechung des EuGH in den Rechtssachen „IP" und „Deponiezweckverband Eiterköpfe" entgegensteht. In diesen Entscheidungen hatte es der Gerichtshof ausdrücklich abgelehnt, eine Prüfung anhand des Grundsatzes der Verhältnismäßigkeit vorzunehmen.[659] Zu beachten ist jedoch, dass der Gerichtshof die Anwendung des Grundsatzes der Verhältnismäßigkeit bei der Frage verneinte, ob Regelungen, die ein erhöhtes Schutzniveau statuieren bzw. verstärkte Schutzregelungen darstellen, in den Anwendungsbereich des Unionsrechts fallen.

---

657 Siehe § 2 B.III.3.b)ii. dieser Arbeit.

658 Siehe § 2 B.III.3.b)iii. dieser Arbeit.

659 EuGH, Urteil v. 17.12.1998 – Rs. C-2/97; Slg. 1998, I-8597, 8636, Tz. 40 (IP); EuGH, Urteil v. 14.04.2005 – Rs. C-6/03; Slg. 2005, I-2753, 2799, Tz. 63 f. (Deponiezweckverband Eiterköpfe), siehe A.I.1.d)i.(3)(a).

Dabei ging es konkret um die Anwendbarkeit des Grundsatzes auf das Verhältnis zwischen denjenigen Regelungen, die mindestens umgesetzt werden mussten und den verstärkten Schutzregelungen. Vorliegend geht es jedoch um die Frage der generellen Anwendbarkeit des Grundsatzes der Verhältnismäßigkeit nachdem der Anwendungsbereich des Unionsrechts bereits eröffnet ist. Folglich ist eine andere Ebene betroffen. Zudem schließt der Gerichtshof die Anwendbarkeit des Grundsatzes der Verhältnismäßigkeit lediglich aus,

> *„soweit nicht andere Bestimmungen des Vertrags*[660] *betroffen sind"*.[661]

Vorliegend ist jedoch eine andere Bestimmung des Vertrages betroffen, nämlich Art. 21 GRCh. Dass die GRCh nicht Bestandteil des AEUV geworden ist, sondern sich in einem eigenen Regelungswerk wiederfindet, steht dem nicht entgegen. Denn der Vertrag von Lissabon stellt die GRCh auf dieselbe rechtliche Ebene, auf der auch der AEUV und der EUV stehen. Damit dürfte unter die vom EuGH vorgenommene Bezeichnung *„des Vertrags"* mittlerweile auch die GRCh zu zählen sein. Die Aussagen des EuGH in den Rechtssachen „IP" und „Deponiezweckverband Eiterköpfe" stehen folglich einer Anwendung des Grundsatzes der Verhältnismäßigkeit im Rahmen der Rechtfertigung nicht entgegen.

ii. Verhältnismäßigkeitsprüfung

Gemäß Art. 52 Abs. 1 S. 2 GRCh dürfen Einschränkungen unter Wahrung des Grundsatzes der Verhältnismäßigkeit nur vorgenommen werden, wenn sie erforderlich sind und den von der Union anerkannten und dem Gemeinwohl dienenden Zielsetzungen oder den Erfordernissen des Schutzes der Rechte und Freiheiten anderer tatsächlich entsprechen. Wie bereits erläutert, muss in Anlehnung an diese Vorschrift eine besondere Anwendung des Grundsatzes der Verhältnismäßigkeit erfolgen, die zum einen der Nähe des Art. 21 Abs. 1 GRCh zur Menschenwürde und zum anderen dem konkreten Diskriminierungsmerkmal, vorliegend dem Alter, Rechnung trägt.[662] Unter Berücksichtigung dieser Aspekte müsste § 20 Abs. 2 S. 2 AGG zunächst ein legitimes Ziel verfolgen. Sodann müsste die Vorschrift zur Erreichung des mit ihr verfolgten Ziels geeignet, erforderlich und angemessen sein.

---

660 Gemeint ist hier der EGV, der mit dem Inkrafttreten des Lissabon-Vertrages durch den AEUV ersetzt wurde.

661 EuGH, Urteil v. 14.04.2005 – Rs. C-6/03; Slg. 2005, I-2753, 2799, Tz. 64. (Deponiezweckverband Eiterköpfe).

662 Siehe § 2 B.III.3.c) dieser Arbeit.

(1) Legitimes Ziel

(a) Grundlagen

Gemäß Art. 52 Abs. 1 S. 2 GRCh kann ein legitimes Ziel nur ein solches sein, welches einem von der Union anerkannten Gemeinwohl dient oder die Rechte und Freiheiten der Einzelnen schützt. Von der Union anerkannte Gemeinwohle sind die in Art. 2 EUV genannten grundlegenden Werte[663], die in Art. 3 EUV genannten Ziele der Union[664] sowie alle Interessen, die durch besondere Bestimmungen in den Verträgen geschützt sind.[665] Ferner sind diejenigen Schutzgüter, die die Charta durch Grundsätze schützt, als dem Gemeinwohl dienende Zielsetzungen anzusehen, worunter u.a. der Sozial-, Umwelt-, Gesundheits- und Verbraucherschutz zu zählen sind.[666] Unter den in Art. 2 EUV genannten grundlegenden Werten sind auch die Rechte und Freiheiten des Einzelnen zu verstehen, wobei hier vor allem kollidierende, durch die Charta geschützte Grundrechte in Betracht kommen.[667] Gemäß Art. 2 S. 2 EUV ist auch Nichtdiskriminierung als ein grundlegender Wert der Union anzusehen. Zudem gehört zu den in Art. 3 EUV genannten Zielen der Union u.a., soziale Ausgrenzung und Diskriminierungen zu bekämpfen. Insofern ist fraglich, ob überhaupt ein legitimes Ziel seitens des § 20 Abs. 2 S. 2 AGG bejaht werden kann, da diese Norm eine Diskriminierung vorsieht[668] und damit offensichtlich im Widerspruch zu den grundlegenden Werten und Zielen der Union steht. Zur Klärung dieser Frage müssen die Ziele von § 20 Abs. 2 S. 2 AGG genauer betrachtet werden.

(b) Verwirklichung von Differenzierungsfreiheit

Der deutsche Gesetzgeber verfolgte mit der Schaffung von § 20 Abs. 2 S. 2 AGG auf den ersten Blick lediglich das Ziel, den Versicherern die Möglichkeit zu geben, altersabhängige Risikobewertungen, die auf einer sicheren statistischen Grundlage beruhen, weiterhin vornehmen zu können. Damit sollte der Versicherungswirtschaft, die nach ungehinderter Differenzierungsfreiheit strebt, entgegen

---

663 Zu den in Art. 2 EUV genannten grundlegenden Werten gehören die Achtung der Menschenwürde, Freiheit, Demokratie, Gleichheit, Rechtsstaatlichkeit und die Wahrung der Menschenrechte einschließlich der Rechte der Personen, die Minderheiten angehören.

664 Zu den in Art. 3 EUV genannten Zielen der Union gehören u.a. den Frieden, ihre Werte und das Wohlergehen ihrer Völker zu fördern.

665 *Kingreen*, in: Calliess/Ruffert – EUV/AEUV, 4. Aufl. 2011, Art. 52 GRCh Rn. 67.

666 *Kingreen*, in: Calliess/Ruffert – EUV/AEUV, 4. Aufl. 2011, Art. 52 GRCh Rn. 16.

667 *Kingreen*, in: Calliess/Ruffert – EUV/AEUV, 4. Aufl. 2011, Art. 52 GRCh Rn. 67.

668 Vgl. soeben unter A.I.2.a).

gekommen werden.[669] Hierin dürfte jedoch ein wirtschaftliches Ziel, nämlich die wirtschaftliche Entlastung der Versicherer, zu sehen sein. Denn gestattet es der Gesetzgeber Differenzierungen nach dem Lebensalter vorzunehmen, so erlaubt er den Versicherern gleichzeitig, Risiken, die sich aus dem Lebensalter der Versicherungsnehmer ergeben, zu minimieren und damit Vermögensnachteile abzuwenden. Nach ständiger Rechtsprechung stellen wirtschaftliche Gründe jedoch (zumindest im Hinblick auf Beschränkungen von Grundfreiheiten) keine legitimen Ziele dar.[670]

(c) Stärkung des individuellen Äquivalenzprinzips als genereller Gerechtigkeitsaspekt

Jedoch verfolgte der deutsche Gesetzgeber mit der Schaffung von § 20 Abs. 2 S. 2 AGG noch ein weiteres Ziel. Die Norm soll nicht die erforderliche Differenzierung nach dem ex-ante beurteiltem individuellem Risiko unmöglich machen, da diese Differenzierung auch im Interesse der Versicherungsnehmer liege und als Grundprinzip der privatrechtlichen Versicherung gelte.[671] Damit verfolgte der deutsche Gesetzgeber eine Stärkung des individuellen Äquivalenzprinzips und somit einen generellen Gerechtigkeitsaspekt. Denn jeder Versicherungsnehmer soll möglichst genau diejenigen Beträge als Prämie zahlen, die sich aus seinen individuellen Risiken ergeben. Gemäß Art. 2 S. 2 EUV ist auch die Gerechtigkeit ein grundlegender Wert der Union. Die Ermöglichung und Verwirklichung von Gerechtigkeitsaspekten zählt ebenso zu den Werten der Union wie die Bekämpfung von Diskriminierungen. Folglich liegt § 20 Abs. 2 S. 2 AGG auch ein von der Union anerkanntes Gemeinwohl und damit ein legitimes Ziel zugrunde.

(2) Geeignetheit

Ferner müsste § 20 Abs. 2 S. 2 AGG geeignet sein, das zuletzt genannte legitime Ziel zu erreichen. Die Norm ist geeignet, wenn sie lediglich in irgendeiner Weise förderlich für die Erreichung des angestrebten Ziels ist.[672] § 20 Abs. 2 S. 2 AGG belässt im Ergebnis den Versicherern die Möglichkeit, das Alter als Risikofaktor

---

669 *Ambrosius/Klose/Braunroth*, in: Däubler/Bertzbach – AGG-Hk., 3. Aufl. 2013, § 20 Rn. 56; *Thüsing*, in: MüKo – AGG, 6. Aufl. 2012, § 20 Rn. 89.

670 EuGH, Urteil v. 28.04.1998 – Rs. C-120/95; Slg. 1998, I-1831, 1884, Tz. 39 (Decker) im Hinblick auf den freien Warenverkehr; EuGH, Urteil v. 28.04.1998 – Rs. C-158/96; Slg. 1998, I-1931, 1948, Tz. 41 (Kohll) im Hinblick auf den freien Dienstleistungsverkehr.

671 BT-Drucks. 16/1780, S. 45.

672 *Streinz/Michl*, in: Streinz – EUV/AEUV, 2. Aufl. -2012, Art. 52 GRCh Rn. 29.

zu berücksichtigen und damit einen höheren Differenzierungsgrad zu erreichen. Je höher der Grad an Differenzierung ist, desto eher wird dem individuellen Äquivalenzprinzip Rechnung getragen, was dazu führt, dass für jeden Einzelnen aufgrund seines individuellen Risikos ein gerechteres Ergebnis, d.h. eine gerechtere Prämienberechnung, erzielt wird. Demnach ist § 20 Abs. 2 S. 2 AGG geeignet, das legitime Ziel eines höheren Gerechtigkeitsniveaus für die einzelnen Versicherungsnehmer zu erreichen.

(3) Erforderlichkeit

Weiter müsste § 20 Abs. 2 S. 2 AGG erforderlich sein.[673] Die Regelung ist erforderlich, wenn es kein zur Erreichung des Ziels gleich geeignetes Mittel gibt, das für den Betroffenen weniger belastend wirkt.[674] Um zu einer Negierung der Erforderlichkeit zu gelangen, reicht es dabei nicht aus, dass das mildere Mittel überhaupt wirksam ist, sondern es muss das legitime Ziel mindestens ebenso wirksam erreichen wie die derzeit angewandte Methode bzw. Norm.[675] Fraglich ist, ob es ein gleich geeignetes Mittel gibt, welches für die Betroffenen, vorliegend die Versicherungsnehmer, weniger belastend wirkt.

(a) Altersstufen als milderes Mittel

Ein milderes Mittel könnte vorliegen, wenn nicht das exakte Lebensalter des Versicherungsnehmers zur Berechnung der Prämie herangezogen würde, sondern der Versicherer lediglich mehrere Altersstufen mit einer mehrjährigen Altersspanne zur Berechnung der Prämien aufstellte. Der Versicherungsnehmer müsste sodann nur mitteilen, welcher Altersstufe, z.B. 35 bis 45 Jahre, er zuzuordnen ist. Zumindest wäre eine solche Angabe im Hinblick auf die Persönlichkeitsrechte des Versicherungsnehmers zweifelsfrei weniger einschneidend, da er nicht sein genaues Lebensalter offenlegen müsste. Fraglich ist, ob eine Argumentation dahingehend, dass bei einer geringeren Differenzierung, d.h. etwa bei einer Einteilung der Versicherungsnehmer in eine Altersstufe mit zehnjähriger Altersspanne

---

673 Auch wenn der EuGH meist nicht streng zwischen der Erforderlichkeit und der Angemessenheit unterscheidet (vgl. EuGH, Urteil v. 20.05.2003 – verb. Rs. C-465/00, C-138/01 und C-139/01; Slg. 2003, I-4989, 5045 f., Tz. 82 ff. (Österreichischer Rundfunk u.a.)) soll vorliegend eine strenge Unterscheidung vorgenommen werden.

674 *Kingreen*, in: Calliess/Ruffert – EUV/AEUV, 4. Aufl. 2011, Art. 52 GRCh Rn. 69; *Koch*, Der Grundsatz der Verhältnismäßigkeit in der Rechtsprechung des Gerichtshofs der Europäischen Gemeinschaften, S. 211.

675 *Koch*, Der Grundsatz der Verhältnismäßigkeit in der Rechtsprechung des Gerichtshofs der Europäischen Gemeinschaften, S. 214.

wie in obigem Beispiel, ein milderes Mittel vorliegt, überhaupt Berechtigung finden kann.

Eine in der Literatur von *Ohler* vertretene Ansicht schlägt vor, dass die Intensität der grundrechtlichen Vorgaben aus der GRCh anhand des Maßes unionsrechtlicher Determinierung festgelegt werden sollte:[676] Ist das Maß unionsrechtlicher Determinierung gering, könne die Charta nur abgeschwächte Direktionskraft entfalten; ist das Maß unionsrechtlicher Determinierung hingegen hoch, so seien auch die grundrechtlichen Vorgaben der Charta gesteigert zu berücksichtigen.[677] Dieser variable Lösungsansatz, müsse sich innerhalb der Verhältnismäßigkeitsprüfung, insbesondere im Rahmen der Abwägungsentscheidung, auswirken.[678] Vorliegend dürfte das Maß an Determinierung als gering anzusehen sein, da der deutsche Gesetzgeber bei der Statuierung von § 20 Abs. 2 S. 2 AGG lediglich im Rahmen eines Ermessensspielraums über die Mindestvorgaben der Antidiskriminierungsrichtlinien hinausgegangen ist. Dieser geringe Grad an Determinierung könnte dazu führen, dass im Rahmen der Verhältnismäßigkeit die Verwendung von Altersstufen mit mehrjähriger Altersspanne durchaus als ein milderes Mittel anzusehen ist. Der geringe Grad an Determinierung führte im Ergebnis zu einer abgeschwächten Anwendbarkeit der in der Charta verbürgten Unionsgrundrechte. *Ohlers* Ansicht eines abgestuften Grundrechtsschutzes ist jedoch entgegenzuhalten, dass durch eine Berücksichtigung der Determinierung im Rahmen des Grundsatzes der Verhältnismäßigkeit nichts gewonnen wird. Die an und für sich entscheidende Frage, ob der Mitgliedstaat bei der Kodifizierung einer Norm Unionsrecht durchführt, wird auf die nunmehr entscheidende Frage, wie hoch bzw. gering der Grad an Determinierung im vorliegenden Fall ist, verlagert. Die von *Ohler* beanstandete Wertungsfrage, ob eine Determinierung vorliegt[679], lebt quasi an anderer Stelle wieder auf. Hierbei ist jedoch zu beachten, dass die Frage, wie hoch bzw. gering der Grad an Determinierung ist, weniger konturenscharf ist, als die Frage, ob überhaupt eine Determinierung vorliegt. Insofern bietet der vorgebrachte Lösungsansatz weniger Rechtssicherheit. Dem von *Ohler* aufgezeigten variablen Lösungsansatz ist daher nicht zuzustimmen. Selbst wenn man der Ansicht von *Ohler* folgt, dürfte sich der Grad der Determinierung auf die Prüfung der Angemessenheit auswirken, nicht hingegen auf die vorliegende Prüfung der Erforderlichkeit.

Fraglich ist jedoch, ob im Hinblick auf die Altersdiskriminierung die Einrichtung von entsprechenden Altersstufen durch die Versicherer im Gegensatz zur

676 *Ohler*, NVwZ 2013, 1433, 1437.
677 *Ohler*, NVwZ 2013, 1433, 1437.
678 *Ohler*, NVwZ 2013, 1433, 1437.
679 *Ohler*, NVwZ 2013, 1433, 1437.

Abfrage des derzeitigen Lebensalters überhaupt als milderes Mittel anzusehen wäre. Auch bei der Angabe, welcher Altersstufe man zuzuordnen ist, wird das Lebensalter als Diskriminierungsmerkmal unmittelbar berücksichtigt. Derjenige Versicherungsnehmer, der der Altersstufe 35 bis 45 Jahre zuzuordnen wäre, hätte – je nach Art der Versicherung – eine höhere bzw. geringere Prämie zu zahlen als ein Versicherungsnehmer, der einer anderen Altersstufe, z.B. 45 bis 55 Jahre, zuzuordnen wäre. Eine unmittelbare Diskriminierung aufgrund des Lebensalters wäre nach wie vor gegeben. Richtigerweise ändert sich also durch die Einrichtung von Altersstufen, denen etwa – wie im obigen Beispiel – eine zehnjährige Altersspanne zugrunde liegt, im Hinblick auf die Altersdiskriminierung nichts. Diese Annahme ist zweifelsfrei zwingend. Denn bei genauerer Betrachtung kommt man zu dem Ergebnis, dass auch bei der Angabe des derzeitigen Lebensalters Altersstufen verwendet werden. Ein Versicherungsnehmer, der gerade 30 Jahre alt geworden ist, wird in Bezug auf das Alter derselben Prämienkategorie zugeordnet wie ein Versicherungsnehmer, der kurz vor Vollendung seines 31. Lebensjahres steht. Die bei diesen Altersstufen verwendete Altersspanne liegt demnach nicht bei zehn Jahren wie im obigen Beispiel, sondern lediglich bei ca. einem Jahr. Somit führt die Einrichtung von Altersstufen mit einer mehrjährigen Altersspanne durch die Versicherer ebenso wie die Abfrage des tatsächlichen Lebensalters zu einer unmittelbaren Diskriminierung durch den Versicherer. Die Abfrage des tatsächlichen Lebensalters zur Berechnung der Prämie ist damit insgesamt vorzugswürdig, da sie auch zu einer stärkeren Differenzierung führt. Dadurch wird sie dem individuellen Äquivalenzprinzip eher gerecht und verfolgt somit auch eher das legitime Ziel der Ermöglichung und Verwirklichung von Gerechtigkeit. Die Einführung von (mehrjährigen) Altersstufen als milderes Mittel kommt demnach nicht in Betracht.

(b) Erfahrung als milderes Mittel

(i) Kfz-Haftplichtversicherung

Die Erfahrung könnte als milderes Mittel in Betracht kommen. Hierbei wird nicht das Alter des Versicherungsnehmers als Risikomerkmal verwendet, sondern seine Erfahrung als Fahrer eines Kfz. Im Rahmen der Kfz-Haftpflichtversicherung ist die Verwendung eines solchen Risikomerkmals durchaus denkbar. Dies zeigt der Vergleich einer 25-jährigen mit einer 50-jährigen Person. Eine 25-jährigere Person hat im Gegensatz zu einer 50-jährigen Person für gewöhnlich wenig Erfahrung als Kfz-Fahrer. Diese Annahme ist jedoch alles andere als zwingend. Ob eine Person viel Erfahrung als Fahrer eines Kfz gesammelt hat, hängt maßgeblich von zwei Dingen ab. Zum einen vom Alter, in dem die Person ihre Führerscheinprüfung absolviert hat und zum anderen von der durchschnittlichen Fahrleistung. Letzterer Punkt wird bereits in der Kfz-Haftpflichtversicherung als Risikomerkmal „Jährliche Kilometerleistung“ berücksichtigt.[680] Die Zeitspanne zwischen der erfolgreichen Absolvierung der Führerscheinprüfung und dem derzeitigen Lebensalter wird hingegen in den gegenwärtigen Versicherungsverträgen nicht berücksichtigt. Geht man von der gleichen jährlichen Kilometerleistung der 25- und 50-jährigen Person aus, so hängt die Erfahrung als Kfz-Fahrer entscheidend von der Zeitspanne zwischen dem Führerscheinerwerb und dem Lebensalter ab. Geht man von dem Normalfall aus, dass beide Personen ihren Führerschein in ihrem 19. Lebensjahr erworben haben, so ist das Ergebnis eindeutig. Die 50-jährige Person hat ca. viereinhalb Mal so viel Erfahrung als Fahrer eines Kfz gesammelt wie die 25-jährige Person. Es könnte jedoch auch sein, dass die 50-jährige Person ihren Führerschein erst mit 45 Jahren gemacht hat. In einem solchen Fall hätte die 25-jährige Person zwei Jahre mehr Erfahrung als Fahrer eines Kfz. Gerade letztgenanntes Beispiel verdeutlicht, dass die Berücksichtigung des Lebensalters als Risikomerkmal zu ungerechten Ergebnissen führen kann. Die Berücksichtigung des Lebensalters wäre nur dann vorzugswürdig, wenn es leichter feststellbar wäre. Jedoch dürfte die Berücksichtigung der Zeitspanne zwischen Führerscheinerwerb und derzeitigem Lebensalter ebenso leicht feststellbar sein wie das Lebensalter. Grundsätzlich kommt damit die Verwendung eines Merkmals „Erfahrung“ anstatt des Alters für die Berechnung der Prämien und Leistungen in der Kfz-Haftpflichtversicherung in Betracht.

(ii) Verwendung des Merkmals Alter als Indiz für weitere gefahrerhöhende Ursachen

Eine bloße Auswechselung des Merkmals Alter durch ein Merkmal „Erfahrung“ dürfte jedoch nicht dieselben Interessen wiederspiegeln bzw. die Interessen der Versicherer ebenso berücksichtigen. Denn Versicherer dürften das Merkmal Alter nicht lediglich als Indiz für die Fahrerfahrung einer Person verwenden. Auch andere Bereiche, in denen das Alter als ein Indiz für eine gefahrerhöhende Ursache in Betracht kommt, sind denkbar. So dürften die Versicherer das Risikomerkmal Alter etwa ebenso im Hinblick auf die Tatsache verwenden, dass junge Menschen typischerweise eine höhere Risikobereitschaft an den Tag legen und sich zudem eher selbst überschätzen als Erwachsene[681], wodurch ebenfalls die Unfallgefahr erhöht wird. Insofern könnte man argumentieren, dass die Verwendung des Merkmals

680 Siehe § 4 D.I.2. dieser Arbeit.

681 *Brühning/Kühnen/Berns*, in: Junge Fahrer und Fahrerinnen, S. 72.

Alter zulässig sei, da jüngere Personen aufgrund einer erhöhten Risikobereitschaft bzw. Selbstüberschätzung der Wahrscheinlichkeit zufolge mehr Unfälle verursachen, dadurch ein größerer Schaden entsteht und somit auch höhere Prämien gerechtfertigt seien. Neben generellen Bedenken, die geäußert werden, da man auf diese Weise pauschal ein unfallträchtiges Verhalten unterstellt,[682] ist fraglich, ob eine derartige Argumentation stichhaltig ist. Vergleicht man diese Argumentation mit den Argumenten der Versicherer hinsichtlich einer unterschiedlichen Tarifierung von Männern und Frauen in den Personenversicherungen vor dem Urteil des EuGH in der Rechtssache „Test-Achats"[683], so fällt auf, dass die oben genannte Argumentation auf einem Zirkelschluss beruht. Vor dem Urteil des EuGH in der Rechtssache „Test-Achats" haben die Versicherer bspw. höhere Prämien für Männer bei Todesfallversicherungen[684] mit deren – statistisch gesehen – geringerer Lebenserwartung gerechtfertigt.[685] Nach dem Urteil des EuGH scheidet eine derartige Argumentation im Hinblick auf das Merkmal Geschlecht aus. Entsprechende Gedanken müssen im Hinblick auf das Merkmal Alter Beachtung finden. Eine Rechtfertigung der Diskriminierung aufgrund des Alters mittels der typischen physischen Befindlichkeit von Personen in einem bestimmten Lebensalter kann keine Rechtfertigung im Rahmen der Verhältnismäßigkeitsprüfung darstellen, da mit der Verwendung der unterschiedlichen altersbedingten physischen Befindlichkeit die zu rechtfertigende Diskriminierung einhergeht. Eine Diskriminierung kann jedoch nicht mit Erwägungen gerechtfertigt werden, die die Diskriminierung gerade ausmachen.

(iii) Übertragbarkeit auf die Personenversicherungen

Fraglich ist jedoch, ob die Verwendung eines Risikomerkmals „Erfahrung" anstatt des Risikomerkmals Alter auch bei den Personenversicherungen als milderes Mittel in Betracht kommt. Die obigen Erwägungen beziehen sich explizit nur auf die Kfz-Haftpflichtversicherung. Dies hat seinen guten Grund. Denn auf die ebenfalls in der vorliegenden Arbeit untersuchten Personenversicherungen, d.h. Berufsunfähigkeitsversicherung, private Unfallversicherung, private Krankenversicherung und Lebensversicherung, kann ein Risikomerkmal „Erfahrung"

682 *Ambrosius/Klose/Braunroth*, in: Däubler/Bertzbach – AGG-Hk., 3. Aufl. 2013, § 20 Rn. 58b.

683 EuGH, Urteil v. 01.03.2011 – Rs. C-236/09; Slg. 2011, I-773 ff. (Test-Achats).

684 Zum Begriff, siehe § 4 D.V.1. dieser Arbeit.

685 Gesamtverband der Deutschen Versicherungswirtschaft e.V, Bericht über die neuen Unisex-Tarife unter http://www.gdv.de/2012/09/was-sie-ueber-die-neuen-unisex-tarife-wissen-sollten/, zuletzt abgerufen am 28. Februar 2016.

nicht übertragen werden. Bei der Kfz-Haftpflichtversicherung wird das Risikomerkmal Alter u.a. als Indiz der Fahrerfahrung verwendet. Bei den Personenversicherungen wird das Risikomerkmal „Lebensalter" als Indiz für den Eintritt von Krankheiten bzw. die Wahrscheinlichkeit der verbleibenden Lebensjahre verwendet. Die Verwendung eines Risikomerkmals „Erfahrung" kommt bei den Personenversicherungen demnach nicht in Betracht.

(c) Zwischenergebnis

In der Einrichtung mehrerer Altersstufen liegt kein milderes Mittel, da eine unmittelbare Altersdiskriminierung ebenso vorliegt, wie in den Fällen, in denen der Versicherungsnehmer sein tatsächliches Lebensalter mitteilen muss. Die Verwendung eines neuen Risikomerkmals „Erfahrung" kommt lediglich bei der Kfz-Haftpflichtversicherung in Betracht. Bei dieser ist die Verwendung eines solchen Risikomerkmals, bei der die Zeitspanne zwischen der erfolgreichen Absolvierung der Führerscheinprüfung und dem derzeitigen Lebensalter berücksichtigt wird, sogar vorzugswürdig. Bei den Personenversicherungen kommt die Verwendung eines Risikomerkmals „Erfahrung" hingegen nicht in Betracht. Andere mildere Mittel sind nicht ersichtlich. Somit ist § 20 Abs. 2 S. 2 AGG lediglich im Hinblick auf die Kfz-Haftpflichtversicherung nicht erforderlich. Hinsichtlich des weit überwiegenden Teils der Privatversicherungen, die als Personenversicherungen das Lebensalter meist als zentrales Risikomerkmal verwenden, ist § 20 Abs. 2 S. 2 AGG hingegen erforderlich.

(4) Angemessenheit

Schließlich müsste die Regelung des § 20 Abs. 2 S. 2 AGG angemessen sein. Angemessen ist eine Regelung, wenn die mit ihr auferlegten Belastungen nicht außer Verhältnis zu dem angestrebten legitimen Ziel stehen.[686] Damit ist eine Abwägung zwischen den Zielen der grundrechtsbeeinträchtigenden Regelung und ihren Auswirkungen auf den einzelnen Grundrechtsträger vorzunehmen.[687] Im Rahmen der gebotenen Abwägung ist anhand sämtlicher Umstände des jeweiligen Einzelfalls festzustellen, ob das rechtliche Gleichgewicht zwischen diesen Interessen gewahrt ist.[688] Vorliegend ist das von § 20 Abs. 2 S. 2 AGG verfolgte legitime Ziel zumindest auch die Ermöglichung und Verwirklichung von Gerechtigkeitsgesichtspunkten.

---

686 EuGH, Urteil v. 11.07.1989 – Rs. C-265/87; Slg. 1989, I-2263, 2269, Tz. 21 (Schräder/Hauptzollamt Gronau).

687 *Kingreen*, in: Calliess/Ruffert – EUV/AEUV, 4. Aufl. 2011, Art. 52 GRCh Rn. 70.

688 *Jarass*, in: ders. – GRCh, 2. Aufl. 2013, Art. 52 Rn. 40.

Dem stehen den Versicherungsnehmern auferlegte Belastungen in Form von Diskriminierungen aufgrund ihres Lebensalters gegenüber. Im Falle einer höheren Gewichtung der Gerechtigkeitsgesichtspunkte käme man zu dem Ergebnis, dass § 20 Abs. 2 S. 2 AGG angemessen und damit insgesamt als verhältnismäßig anzusehen ist. Fraglich ist, ob das Interesse der Ermöglichung und Verwirklichung von Gerechtigkeitsgesichtspunkten im vorliegenden Fall höher gewichtet werden kann als die den Versicherungsnehmern auferlegten Belastungen. Bei der Beantwortung dieser Frage ist maßgeblich zu berücksichtigen, ob die Ermöglichung und Verwirklichung von Gerechtigkeitsgesichtspunkten auch auf anderem Wege erreicht werden kann. Hierbei ist zwischen der Erlebensfallversicherung als spezieller Lebensversicherung und den übrigen Personenversicherungen zu differenzieren.

(a) Erlebensfallversicherungen

(i) Grundlagen

Zur Erinnerung: Eine Erlebensfallversicherung ist eine Lebensversicherung, bei der das versicherte Risiko das Erleben eines bestimmten Lebensalters ist.[689] Im Gegensatz zu den übrigen Personenversicherungen verwenden die Versicherer bei den Erlebensfallversicherungen für gewöhnlich das Alter als einziges Risikomerkmal.[690] Erst durch die Verwendung des (einzigen) Risikomerkmals wird dem individuellen Äquivalenzprinzip Rechnung getragen. Ein Außerachtlassen des Alters als Risikomerkmal führte letztlich zu einer Einheitsprämie, die dem individuellen Äquivalenzprinzip widerspricht.[691] Mit dem Wegfall des individuellen Äquivalenzprinzips könnten zugleich Gerechtigkeitsgesichtspunkte nicht verwirklicht werden, da das individuelle Äquivalenzprinzip die Gerechtigkeitsaspekte repräsentiert. Gleichzeitig führt jedoch auch erst die Verwendung des Merkmals Alter zu einer Diskriminierung. Daher begründet die Verwendung des Merkmals Alter erst die Möglichkeit einer Abwägung zwischen den auferlegten Belastungen der Versicherungsnehmer in Form von Diskriminierungen auf der einen Seite und den Gerechtigkeitsaspekten, repräsentiert durch das individuelle Äquivalenzprinzip, auf der anderen Seite. Welches der Güter im Rahmen einer Abwägung Vorrang zu genießen hat, ist fraglich.

---

689 *Prang*, in: van Bühren – Hdb. Versicherungsrecht, 6. Aufl. 2014, § 14 Rn. 6 ff., vgl. § 4 D.V.1. dieser Arbeit.

690 Siehe § 4 D.V.2. dieser Arbeit. Bei den Lebensversicherungen auf den Todesfall werden hingegen neben dem Alter noch weitere Risikomerkmale verwendet.

691 Siehe § 4 C.II.2. dieser Arbeit in Fn. 262.

(ii) Güterabwägung

Ein Vorrang des individuellen Äquivalenzprinzips als Repräsentant von Gerechtigkeitsaspekten könnte anzunehmen sein, wenn Erlebensfallversicherungen ohne die Verwendung des Risikomerkmals Alter als Finanzprodukt nicht weiter marktfähig wären. Eine Versicherung, die eine bestimmte Kapitalsumme oder eine Rente zahlt, falls der Versicherungsnehmer ein bestimmtes Lebensalter erreicht, dürfte nur angeboten werden, wenn man berücksichtigen kann, wie alt der potentielle Versicherungsnehmer ist. Denn das Risiko, welches der Versicherer eingeht, hängt maßgeblich von dem Alter des Versicherungsnehmers bei Abschluss des Vertrages ab. Wird bspw. die Auszahlung einer Kapitalsumme oder Rente an die Erreichung des 65. Lebensjahres geknüpft, so ist die Wahrscheinlichkeit, dass ein 64-jähriger potentieller Versicherungsnehmer dieses Lebensalter erreicht und damit einen Anspruch auf Auszahlung erhält ungleich höher als bei einem 25-jährigen Versicherungsnehmer. Eine höhere Gewichtung des Fehlens von Diskriminierungen hätte zur Folge, dass das Alter des Versicherungsnehmers zur Berechnung der Prämien und Leistungen nicht verwendet werden dürfte. Ohne die Möglichkeit der Berücksichtigung des Alters des potentiellen Versicherungsnehmers, dürfte sich ein Versicherer wohl nicht auf den Abschluss von Erlebensfallversicherungen einlassen. Eine solche entsprechende Abwägung hätte einen gravierenden Eingriff in den Markt zur Folge und könnte gegen eine höhere Gewichtung des Fehlens von Diskriminierungen gegenüber den aufgezeigten Gerechtigkeitsgesichtspunkten im Rahmen einer Güterabwägung sprechen. Denn im Rahmen einer Güterabwägung müssen auch die Rechtsfolgen einer vorzunehmenden Abwägung bedacht werden. Daher ist im Hinblick auf die Erlebensfallversicherungen davon auszugehen, dass die Verwirklichung des individuellen Äquivalenzprinzips als Repräsentant von Gerechtigkeitsaspekten höher zu gewichten ist als das Fehlen von Diskriminierungen aufgrund des Alters.

Dies bedeutet, dass im Rahmen der Erlebensfallversicherungen die Verwendung des Risikomerkmals Alter nach wie vor zulässig wäre und Diskriminierungen aufgrund des Alters, die sich zwangsläufig aus der Verwendung des Risikomerkmals ergeben, verhältnismäßig sind. Eine dementsprechende Güterabwägung dürfte lediglich dann ausscheiden, wenn die vollzogenen Diskriminierungen aufgrund des Alters aus ethischer Sicht untragbar sind. Dies ist jedoch bereits deshalb zu verneinen, da sich die potentiellen Versicherungsnehmer bewusst für diese Form der Lebensversicherung entscheiden und ihnen damit auch bewusst sein dürfte, dass die Berücksichtigung ihres Lebensalters zur Berechnung der Prämie notwendig ist. Die Verwendung des Risikomerkmals Alter ist bei den Erlebensfallversicherungen folglich angemessen und damit gerechtfertigt, womit

§ 20 Abs. 2 S. 2 AGG hinsichtlich seiner Anwendung auf Erlebensfallversicherungen nicht gegen Art. 21 Abs. 1 GRCh verstößt.

(b) Übrige Personenversicherungen

Wie bereits erläutert, bildet die Berücksichtigung des Lebensalters bei den übrigen Personenversicherungen lediglich eines von mehreren Risikomerkmalen zur Berechnung der Nettorisikoprämie, welche wiederum lediglich einen Bestandteil der (Brutto-)Prämie bildet.[692] Insofern ist bereits fraglich, ob erst mit der Verwendung des Risikomerkmals Alter Gerechtigkeitsgesichtspunkte verwirklicht werden.

(i) Verwirklichung des legitimen Ziels durch verstärkte Gewichtung anderer Risikomerkmale

Zum einen ist zu berücksichtigen, dass neben dem Risikomerkmal Alter noch weitere Risikomerkmale zur Berechnung der Prämie verwendet werden. Dabei handelt es sich vornehmlich um den Gesundheitszustand, den ausgeübten Beruf[693] sowie die Berücksichtigung einer Behinderung[694]. Auch diese Risikomerkmale tragen zum individuellen Äquivalenzprinzip und somit zur Verwirklichung von Gerechtigkeitsgesichtspunkten bei. Geht man von einem hypothetischen Wegfall des Risikomerkmals Alter aus, so führte dies unweigerlich zu einer höheren bzw. stärkeren Gewichtung der übrigen Risikomerkmale. Eine stärkere Gewichtung der übrigen Risikomerkmale aufgrund eines Wegfalls der Verwendung des Lebensalters als Risikomerkmal dürfte jedoch nicht zur Folge haben, dass das individuelle Äquivalenzprinzip und damit Gerechtigkeitsgesichtspunkte gänzlich nicht mehr verwirklicht wären. Vielmehr ist davon auszugehen, dass die weiteren verwendeten Risikomerkmale den potentiellen Wegfall des Risikomerkmals Alter kompensierten. In diesen Fällen werden Gerechtigkeitsgesichtspunkte somit nicht erst mit der Verwendung des Alters als Risikomerkmal verwirklicht. Somit bliebe auch ohne eine Verwendung des Risikomerkmals Alter das individuelle Äquivalenzprinzip gewahrt, womit auch den Gerechtigkeitsgesichtspunkten Rechnung getragen wäre.

692 Vgl. § 4 dieser Arbeit.

693 Etwa in der Berufsunfähigkeitsversichrung, siehe § 4 D.II.2. dieser Arbeit.

694 Etwa in der privaten Unfallversichrung, siehe § 4 D.III.2. dieser Arbeit.

(ii) Verwendung des Alters als Konterkarierung zum legitimen Ziel

Zum anderen könnte das legitime Ziel des § 20 Abs. 2 S. 2 AGG, d.h. die Verwirklichung von Gerechtigkeitsgesichtspunkten, zum Teil durch die Verwendung des Risikomerkmals Alter geradezu konterkariert werden. Die Möglichkeit der Konterkarierung resultiert aus der Überlegung, dass bei den übrigen Personenversicherungen neben dem Alter auch stets der Gesundheitszustand des Versicherungsnehmers zur Berechnung der Prämie verwendet wird. Im Rahmen der Erlebensfallversicherungen wurde aufgezeigt, dass die Verwendung des Alters als Risikomerkmal dazu führen kann, dass aufgrund dieser Verwendung Gerechtigkeitsaspekte verwirklicht werden. Tritt aber neben dem Alter auch der Gesundheitszustand als Risikomerkmal hinzu, so ist fraglich, ob dies immer noch der Fall ist.

In der Personenversicherung dürfte der Gesundheitszustand des Versicherungsnehmers das entscheidende Risiko für den Eintritt eines Versicherungsfalles sein und nicht das Alter desselbigen. Da sich die Höhe der Prämie an der Wahrscheinlichkeit eines Eintritts des Versicherungsfalles orientieren sollte, müsste sie sich primär an dem Gesundheitszustand des Versicherungsnehmers orientieren und nicht an dessen Alter. In diesem Falle würde dem individuellen Äquivalenzprinzip und damit den Gerechtigkeitsaspekten optimal Rechnung getragen. Eine Orientierung an dem Alter des Versicherungsnehmers neben dem Gesundheitszustand desselben, führte nur dann zu der gleichen Berücksichtigung des individuellen Äquivalenzprinzips, wenn das Alter ebenso gut wie der Gesundheitszustand dem individuellen Äquivalenzprinzip Rechnung trägt und sich dadurch die Gerechtigkeitsaspekte manifestierten. Dies wäre etwa der Fall, wenn das kalendarische Alter des Versicherungsnehmers mit dessen biologischem Alter übereinstimmt, denn das biologische Alter wird durch die Verwendung des Gesundheitszustandes als Risikomerkmal berücksichtigt. Unter dem biologischen Alter einer Person versteht man dasjenige Alter, dem normalerweise der Zustand ihrer Gewebe und Organe entspricht.[695] Nur in seltenen Fällen stimmt das kalendarische Alter jedoch mit dem biologischen Alter überein. Von der gerontologischen Forschung wird der Zusammenhang zwischen dem kalendarischen Alter und dem Abbau körperlicher und geistiger Leistungsfähigkeit zunehmend in Frage gestellt.[696] Die zeitliche Differenz zwischen dem biologischen und dem kalendarischen Alter kann bis zu

695 Bundesinstitut für Bevölkerungsforschung (Hrsg.), Mehrsprachiges demographisches Wörterbuch, S. 58.

696 *Ambrosius/Klose/Braunroth*, in: Däubler/Bertzbach – AGG-Hk., 3. Aufl. 2013, § 20 Rn. 58b.

zehn Jahre betragen.[697] Die Berücksichtigung des (kalendarischen) Alters des Versicherungsnehmers führt daher im Regelfall nicht zu einer Manifestation des individuellen Äquivalenzprinzips. In den meisten Fällen entscheidet das biologische Alter, ob ein Versicherungsfall eintritt, da das Eintreten einer Krankheit häufig vom Zustand des Gewebes und der Organe abhängt. Diese Tatsache in Verbindung mit der Tatsache, dass das biologische Alter von dem (kalendarischen) Alter in den meisten Fällen abweicht, führt dazu, dass das (kalendarische) Alter meist im Hinblick auf den Eintritt des Versicherungsfalles nicht maßgeblich ist. Vielmehr wirkt die Berücksichtigung des (kalendarischen) Alters in gewisser Weise dem biologischen Alter, damit zugleich dem Gesundheitszustand und somit dem individuellen Äquivalenzprinzip entgegen bzw. mildert dessen Wirkungen ab. Die Folge hiervon ist, dass bei einer Verwendung des Gesundheitszustandes die gleichzeitige Verwendung des (kalendarischen) Alters zur Berechnung der Prämie im Hinblick auf die Verwirklichung von Gerechtigkeitsgesichtspunkten untauglich ist. Eine Verwendung des Alters führt damit tatsächlich zu einer Konterkarierung des legitimen Ziels.

(iii) Unternehmerische Freiheit als höherwertiges Grundrecht?

Wie bereits erwähnt, ist im Rahmen der gebotenen Abwägung anhand sämtlicher Umstände des jeweiligen Einzelfalls festzustellen, ob das rechtliche Gleichgewicht zwischen den betroffenen Interessen, d.h. dem Interesse an einer Nichtdiskriminierung auf Seiten der Versicherungsnehmer und dem Interesse an einer hohen Differenzierung zur Verwirklichung des individuellen Äquivalenzprinzips auf Seiten der Versicherer, gewahrt ist. Zu den heranzuziehenden Umständen im Rahmen der Interessenabwägung können auch kollidierende Grundrechte zählen, die sich ebenfalls aus der GRCh ergeben.[698] Art. 16 GRCh besagt, dass die unternehmerische Freiheit nach dem Unionsrecht und den einzelstaatlichen Rechtsvorschriften und Gepflogenheiten anerkannt ist. Fraglich ist, ob die unternehmerische Freiheit der Versicherer gegenüber dem Diskriminierungsverbot aufgrund des Alters als höherwertig anzusehen ist.

Jedenfalls ist das Grundrecht der unternehmerischen Freiheit als Freiheitsrecht neben gemeinschaftsrechtlich gewährten Gleichheitsrechten – wie dem

---

697 *Ambrosius/Klose/Braunroth*, in: Däubler/Bertzbach – AGG-Hk., 3. Aufl. 2013, § 20 Rn. 58b.

698 Im nationalen Verfassungsrecht wird dieser Vorgang unter dem Begriff der *verfassungsimmanente Schranken* thematisiert, vgl. BVerfGE 28, 243, 261 (Zulässigkeit der Bestrafung wegen Dienstleistungsverweigerung vor Anerkennung als Kriegsdienstverweigerer); BVerfGE 2, 91, 109 (Feuerwehrdienstpflicht und Feuerwehrabgabe).

Diskriminierungsverbot aufgrund des Alters – anwendbar.[699] Auch ist der Schutzbereich von Art. 16 GRCh eröffnet. Denn die unternehmerische Freiheit bündelt alle geschützten Betätigungen, soweit sie durch Selbständige, d.h. Unternehmer, ausgeübt werden können.[700] Hierunter dürfte auch die unternehmerische Freiheit der Versicherer, eigene Kalkulationsgrundlagen für die Berechnung der Prämien zu verwenden, fallen. Auch ein Eingriff in die unternehmerische Freiheit läge vor. Denn die Unangemessenheit von § 20 Abs. 2 S. 2 AGG in Bezug auf die übrigen Personenversicherungen (ausschließlich Erlebensfallversicherungen) hätte zur Folge, dass die Versicherer ihre bisherigen Kalkulationsgrundlagen, die u.a. auf dem Risikomerkmal Alter beruhten, nicht mehr verwenden dürften und neue Kalkulationsgrundlagen ausarbeiten müssten. Der Eingriff in das Grundrecht aus Art. 16 GRCh müsste ferner gerechtfertigt sein. Ein Verbot Berechnungsgrundlagen zu verwenden, die das Risikomerkmal Alter beinhalten, stellte ein legitimes und geeignetes Ziel dar, Diskriminierungen aufgrund des Alters zu verhindern. Ein Verbot dürfte auch erforderlich sein, da mildere Mittel, die die Diskriminierungen aufgrund des Alters in gleicher Weise verhindern, nicht ersichtlich sind. Im Rahmen der Angemessenheit ist das Grundrecht der unternehmerischen Freiheit mit dem Diskriminierungsverbot aufgrund des Alters abzuwägen. Im Rahmen dieser Abwägung dürfte entscheidend sein, in welchem Maß die durch Art. 16 GRCh gewährleistete unternehmerische Freiheit durch ein Verbot der Verwendung des Risikomerkmals Alter zur Berechnung der Prämien betroffen wäre. Die Versicherer hätten auch nach einem Verbot die Möglichkeit ihre eigenen Kalkulationsgrundlagen zur Berechnung der Prämie zu verwenden – nur eben ohne das Risikomerkmal Alter. Sie könnten damit ihre unternehmerische Freiheit weiterhin auszuüben. Insofern tangiert ein Verbot zwar die unternehmerische Freiheit, jedoch bleibt die Beeinflussung gering. Im Gegensatz hierzu führte eine Angemessenheit von Prämienkalkulationen auf Grundlage des Alters der Versicherungsnehmer im Bereich der übrigen Personenversicherungen zu Diskriminierungen aufgrund des Alters. Soweit sich Vertreter auf den Standpunkt stellen könnten, dass auch in diesem Fall lediglich eine marginale Diskriminierung vorhanden sei bzw. die Zulassung von Prämienkalkulationen unter Zugrundelegung des Alters der Versicherungsnehmer selbige nur am Rande tangiere, ist festzuhalten, dass eine derartige Argumentation nicht zulässig sein dürfte. Der europäische Gesetzgeber

---

699 *Ruffert*, in: Calliess/Ruffert – EUV/AEUV, 4. Aufl. 2011, Art. 16 GRCh Rn. 6 i.V.m. Art. 15 Rn. 23.

700 *Ruffert*, in: Calliess/Ruffert – EUV/AEUV, 4. Aufl. 2011, Art. 16 GRCh Rn. 1.

unterscheidet nicht zwischen der Intensität einer Diskriminierung.[701] Eine intensive Diskriminierung ist genauso zu behandeln wie eine schwächere Diskriminierung. Die GRCh soll gerade jeglichen Diskriminierungen entgegentreten. Insofern statuiert Art. 21 GRCh, dass jegliche Diskriminierungen verboten sind, freilich unter der Maßgabe der fehlenden Rechtfertigung. Die Abwägung der kollidierenden Grundreche aus Art. 16 GRCh und Art. 21 GRCh führt folglich unter Zugrundelegung der Rechtsfolgen zu dem Ergebnis, dass das Diskriminierungsverbot aus Art. 21 GRCh Vorrang gegenüber der unternehmerischen Freiheit aus Art. 16 GRCh genießt.

(c) Mögliche Inkonsistenz der Abwägungsergebnisse

(i) Problemaufriss

Die Güterabwägungen im Hinblick auf die Berücksichtigung des Merkmals Alter zur Verwirklichung des individuellen Äquivalenzprinzips führen zu dem Schluss, dass Diskriminierungen aufgrund des Alters bei Erlebensfallversicherungen gerechtfertigt sind, bei den übrigen Personenversicherungen dies jedoch nicht der Fall ist. Diese Abwägungsergebnisse müssen auf eine mögliche Inkonsistenz hin überprüft werden. Denn auf den ersten Blick erscheint es widersprüchlich, dass Diskriminierungen aufgrund des Alters bei den Erlebensfallversicherungen gerechtfertigt sein sollen. Bei Erlebensfallversicherungen beträgt die Gewichtung des Merkmals Alter als alleinigem Risikomerkmal 100 %. Werden aber bspw. bei einer Personenversicherung, insgesamt vier Risikomerkmale, darunter auch das Alter, gleich stark gewichtet und zur Berechnung der individuellen Prämie verwendet, so beträgt die Gewichtung des Merkmals Alter lediglich 25 %. Das Hinzutreten von weiteren Risikomerkmalen schwächt die Wirkung der Diskriminierung aufgrund des Alters demzufolge ab, da die Gewichtung des Merkmals Alter im Verhältnis geringer ausfällt. Somit wiegt eine Diskriminierung aufgrund des Alters bei den Erlebensfallversicherungen ungleich schwerer als bei den übrigen Personenversicherungen, bei denen noch weitere Risikomerkmale zur Berechnung der individuellen Prämie hinzutreten. Warum also sollte eine schwächere diskriminierende Wirkung der Altersdiskriminierung unangemessen, eine stärkere Wirkung jedoch angemessen sein? Fraglich ist, ob aufgrund dieser Überlegungen das obige Ergebnis überhaupt Bestand haben kann.

701 Es wird lediglich zwischen einer unmittelbaren und mittelbaren Diskriminierung unterschieden.

(ii) Heranziehung der Gender-RL als Vergleichsmaßstab

Zur Beantwortung der aufgeworfenen Frage muss wiederum ein Vergleich mit dem Diskriminierungsmerkmal Geschlecht herangezogen werden. Wie bereits erläutert, sah Art. 5 Abs. 2 S. 1 Gender-RL vor, dass die Mitgliedstaaten vor dem 21. Dezember 2007 beschließen konnten, proportionale Unterschiede bei den Prämien und Leistungen dann zuzulassen, wenn die Berücksichtigung des Geschlechts bei einer auf relevanten und genauen versicherungsmathematischen und statistischen Daten beruhenden Risikobewertung ein bestimmender bzw. bedeutender[702] Faktor ist. Auffällig an dieser Regelung war, dass der Faktor bzw. das Risikomerkmal nur Berücksichtigung finden konnte, wenn es für die Berechnung der Prämie bestimmend war. War das Risikomerkmal hingegen nicht bestimmend, sondern lediglich einfach[703], so war eine Rechtfertigungsmöglichkeit nicht vorgesehen.

Fraglich ist, inwiefern die alleinige Verwendung des Merkmals Alter bei Erlebensfallversicherungen mit der Regelung des Art. 5 Abs. 2 S. 1 Gender-RL in Zusammenhang steht. Zur Beantwortung der Frage muss untersucht werden, welche Parameter für die Einordnung, ob ein Faktor bestimmend oder einfach ist, herangezogen werden können. Nach Ansicht des Verfassers kommen hierfür zwei Parameter in Betracht: Zum einen dürfte die Gewichtung der verwendeten Merkmale ausschlaggebend sein. Werden bspw. zur Berechnung der Prämie zehn Risikomerkmale unter der gleichen Gewichtung verwendet, so ergibt sich die berechnete Prämie zu jeweils zehn Prozent aus den Risikomerkmalen. Ein bestimmender Faktor dürfte in diesem Fall nicht auszumachen sein. Werden die zehn Risikomerkmale jedoch nicht gleich, sondern unterschiedlich stark gewichtet, so ergibt sich ein anderes Bild. Wird etwa ein Merkmal zu 65 % gewichtet und die übrigen neun Merkmale zu jeweils 5 %, dürfte anzunehmen sein, dass es sich bei dem einen Merkmal, welches zu 65 % gewichtet wird, um einen bestimmenden Faktor handelt. Zum anderen dürfte die Anzahl der verwendeten Risikomerkmale für die Beantwortung der Frage, ob ein bestimmender oder einfacher Faktor vorliegt, entscheidend sein. Werden lediglich zwei Merkmale unter der gleichen Gewichtung verwendet, so dürfte davon auszugehen sein, dass beide Merkmale bestimmende Faktoren sind. Wie bereits gesehen, dürfte diese Annahme bei der Verwendung von zehn Risikomerkmalen unter der gleichen Gewichtung ausscheiden. Je weniger Merkmale verwendet werden, desto eher kann davon

702 Siehe § 6 C.III.4.c) dieser Arbeit.

703 Zur Unterscheidung zwischen bestimmenden und einfachen Faktoren bzw. Risikomerkmalen, siehe § 6 C.III.4.c) dieser Arbeit.

ausgegangen werden, dass das Merkmal ein bestimmender Faktor zur Berechnung der Risikoprämie ist. Wird – wie im Bereich der Erlebensfallversicherungen[704] – lediglich ein Merkmal verwendet, so dürfte kein Zweifel daran bestehen, dass dieses Merkmal auch für die Berechnung der Prämie bestimmend ist.

(iii) Die Wirkung der Diskriminierung im Rahmen der Gender-RL

Auch bei der Frage, ob das zur Berechnung der Prämie verwendete Risikomerkmal ein bestimmender oder einfacher Faktor ist, geht es um die Wirkung der Diskriminierung. Denn ein bestimmender Faktor erzeugt eine stärkere Wirkung als ein einfacher Faktor. Ist der bestimmende Faktor zugleich ein Diskriminierungsmerkmal, so entfaltet dieser Faktor auch eine stärkere diskriminierende Wirkung. Vor diesem Hintergrund verwundert es, dass im Rahmen der Gender-RL eine Rechtfertigung möglich sein sollte, sofern das Geschlecht bei der Berechnung der Prämie ein bestimmender Faktor war. Dies gilt es recht, wenn man bedenkt, dass im Bereich von Privatversicherungen die Verwendung des Diskriminierungsmerkmals Rasse/ ethnische Herkunft zur Berechnung der Prämie weder bei einfachen noch bei bestimmenden Risikomerkmalen gerechtfertigt werden konnten. Unter dem Blickwinkel des Grundsatzes vom Diskriminierungsverbot wäre es nachvollziehbarer gewesen, die Möglichkeit der Rechtfertigung bei einfachen Risikomerkmalen zuzulassen, bei bestimmenden Risikomerkmalen hingegen eine Rechtfertigungsmöglichkeit zu versagen. Gleichwohl gilt, dass der europäische Gesetzgeber sich bei der Gender-RL dafür entschieden hatte, gerade bei Faktoren, die für die Berechnung der Prämien und Leistungen bestimmend sind, die Möglichkeit einer Rechtfertigung zuzulassen. Die Beweggründe für eine solche Ausgestaltung der Regelung lassen sich der Gesetzesbegründung zum AGG nicht entnehmen.[705] Anzunehmen ist, dass – genau wie bei der Schaffung des § 33 Abs. 5 S. 1 AGG[706] im Rahmen der Umsetzung des „Test-Achats"-Urteils – eine Schonung der Versicherungswirtschaft ausschlaggebend war.[707] Dennoch ist letztlich der ausdrückliche Wille des europäischen Gesetzgebers maßgeblich und zu akzeptieren.

---

704 Vgl. § 4 D.V.2.

705 Vgl. BT-Drucks. 16/1780.

706 § 33 Abs. 5 S. 1 AGG besagt, dass geschlechtsneutrale Tarife (Unisex-Tarife) nicht auf Verträge, die vor dem 21. Dezember 2012 geschlossen wurden, anzuwenden sind.

707 *Ambrosius/Klose/Braunroth*, in: Däubler/Bertzbach – AGG-Hk., 3. Aufl. 2013, § 20 Rn. 39b.

(iv) Beurteilung einer möglichen Inkonsistenz

Bei der Beurteilung einer möglichen Inkonsistenz geht es demnach um die gleiche Beurteilung, die sich im Rahmen des Art. 5 Abs. 2 S. 1 Gender-RL stellte: Ist nämlich das Merkmal Alter das einzig verwendete Risikomerkmal zur Berechnung der Prämien und Leistungen, wie dies bei den Erlebensfallversicherungen der Fall ist, so ist es in jedem Falle auch bestimmend. Wird nach der (ursprünglichen) Intention des europäischen Gesetzgebers für einen bestimmenden Faktor eine Rechtfertigungsmöglichkeit zugelassen, für einfache Faktoren hingegen nicht, so dürfte einem Abwägungsergebnis, demzufolge die Verwirklichung des individuellen Äquivalenzprinzips bei Privatversicherungen, die lediglich das Alter als Risikomerkmal verwenden, höher wiegt als das Fehlen von Altersdiskriminierungen nicht vorzuwerfen sein, es sei in sich nicht konsistent. Dies gilt umso mehr als dass das gegenteilige Abwägungsergebnis im Bereich der übrigen Personenversicherungen, bei denen das Merkmal Alter als einfacher Faktor für die Berechnung der Prämien und Leistungen verwendet wird, dazu führt, dass das Fehlen von Altersdiskriminierungen höher wiegt als die Verwirklichung des individuellen Äquivalenzprinzips. Hinsichtlich der Abwägungsergebnisse ist daher davon auszugehen, dass die vorgenommene Abwägung nicht nur in sich konsistent ist, sondern mit ihr zugleich dem Willen des (ursprünglichen) europäischen Gesetzgebers entsprochen wird.

(v) Auswirkungen aufgrund des EuGH-Urteils in der Rechtssache „Test-Achats"?

Fraglich ist, ob auch nach dem Urteil des EuGH in der Rechtssache „Test-Achats" an dieser Einschätzung festgehalten werden kann. Wie bereits erläutert hat der EuGH Art. 5 Abs. 2 Gender-RL für ungültig erklärt.[708] Der Gerichtshof hat sich dabei jedoch nicht zu der inhaltlichen Ausgestaltung von Art. 5 Abs. 2 Gender-RL geäußert. Dem Urteil des EuGH in der Rechtssache „Test-Achats" lässt sich gerade nicht entnehmen, dass die Verwendung von bestimmenden Faktoren zur Berechnung von Prämien und Leistungen nicht zu rechtfertigen ist, wohingegen bei der Verwendung von einfachen Merkmalen die Möglichkeit einer Rechtfertigung besteht bzw., dass die Verwendung von bestimmenden Faktoren zur Berechnung von Prämien und Leistungen ebenso nicht zu rechtfertigen ist. Vielmehr äußerte sich der EuGH lediglich zu der Norm im Gesamtzusammenhang mit den verfolgten Zielen der Richtlinie und erklärte sie deshalb für unvereinbar mit Art. 21 GRCh, da die Regelung in ihrer gesamten Ausgestaltung den Zielen

---

708 Siehe § 6 C.IV.1. dieser Arbeit.

von Art. 21 GRCh zuwider liefe.[709] Es ist daher davon auszugehen, dass die inhaltliche Ausgestaltung von Art. 5 Abs. 2 Gender-RL nicht zu beanstanden ist und vielmehr als Grundprinzip weiter Bestand haben solle.

(5) Zwischenergebnis

Bei einer vorzunehmenden Abwägung muss man folglich zwischen den Erlebensfallversicherungen und den übrigen Personenversicherungen differenzieren.

Bei den Erlebensfallversicherungen wiegt das individuelle Äquivalenzprinzip als Ausprägung der Gerechtigkeit stärker als die den Versicherungsnehmern auferlegten Belastungen in Form von Altersdiskriminierungen. Dies resultiert aus der Tatsache, dass eine entgegengesetzte Abwägung zwangsläufig dazu führen würde, dass Erlebensfallversicherungen nicht mehr marktfähig wären. Eine solch weitreichende Rechtsfolge ist im Rahmen der Abwägung zu berücksichtigen. Daraus resultiert, dass die Gerechtigkeitsgesichtspunkte höher zu gewichten sind als die Diskriminierungen aufgrund des Lebensalters, da unter Beibehaltung dieser Belastungen zumindest ein weitreichender Eingriff in den Markt verhindert wird und Erlebensfallversicherungen weiterhin als Finanzprodukte marktfähig sind. § 20 Abs. 2 S. 2 AGG ist hinsichtlich der Erlebensfallversicherungen folglich angemessen.

Anders sieht es bei den übrigen Personenversicherungen aus. Bei diesen führt ein Wegfall der Belastungen in Form von Altersdiskriminierungen nicht zum Wegfall des individuellen Äquivalenzprinzips, da letzteres aufgrund der weiteren verwendeten Risikomerkmale aufrecht erhalten bliebe. Ein Wegfall des Risikomerkmals Alter zur Berechnung der Prämie bedeutete sogar eine Stärkung des individuellen Äquivalenzprinzips, wodurch den von § 20 Abs. 2 S. 2 AGG verfolgten Gerechtigkeitsgesichtspunkten stärker entsprochen würde als nach der heutigen Praxis der Versicherer, die das Alter als Risikomerkmal verwenden. Auch eine Abwägung mit dem kollidierenden Grundrecht der unternehmerischen Freiheit führt zu keinem anderen Ergebnis. Somit wiegen bei den übrigen Personenversicherungen die den Versicherungsnehmern auferlegten Belastungen stärker als das individuelle Äquivalenzprinzip. § 20 Abs. 2 S. 2 AGG ist bei den übrigen Personenversicherungen folglich unangemessen und damit insgesamt unverhältnismäßig anzusehen.

---

709 Siehe § 6 C.IV.1. dieser Arbeit.

II. Vereinbarkeit mit den Antidiskriminierungsrichtlinien

Da § 20 Abs. 2 S. 2 AGG nicht auf Vorgaben in europäischen Richtlinien beruht, sondern auf einem Entschluss des deutschen Gesetzgebers im Zuge der Umsetzung der Antidiskriminierungsrichtlinien überschießende Regelungen zu schaffen, kann § 20 Abs. 2 S. 2 AGG nicht mit den Richtlinienvorgaben der Antidiskriminierungsmaßnahmen kollidieren. Insofern scheidet eine entsprechende Prüfung hinsichtlich der Vereinbarkeit von § 20 Abs. 2 S. 2 AGG mit den Antidiskriminierungsrichtlinien aus.

III. Vereinbarkeit mit der EuGH-Rechtsprechung

Das Urteil des EuGH in der Rechtssache „Test-Achats" wurde bereits ausführlich erörtert.[710] Das genannte Urteil untersagte seit dem 21. Dezember 2012 Prämienkalkulationen, die das Geschlecht des Versicherungsnehmers als Risikomerkmal berücksichtigen. Die Begründung des Urteils basierte auf einer Inkohärenz zwischen Art. 5 Abs. 1 und 2 Gender-RL. Fraglich ist, ob diese Rechtsprechung auch auf Prämienkalkulationen, die zumindest das Alter als Risikomerkmal verwenden, Anwendung finden kann. Eine Übertragbarkeit führte dazu, dass der deutsche Gesetzgeber die Regelung des § 20 Abs. 2 S. 2 AGG aufgrund einer möglichen entsprechenden entgegenstehenden EuGH-Rechtsprechung ebenso verwerfen bzw. eine Übergangsvorschrift statuieren müsste wie dies bei § 20 Abs. 2 S. 1 AGG a.F. der Fall war.

1. Übertragbarkeit der Rechtsprechung?

Eine Übertragung des EuGH-Urteils in der Rechtssache „Test-Achats" setzt voraus, dass beide Konstellationen vergleichbar sind. Eine Vergleichbarkeit liegt zumindest dahingehend vor, dass sowohl § 20 Abs. 2 S. 1 AGG a.F. als auch – nach dem oben gefundenen Ergebnis – § 20 Abs. 2 S. 2 AGG am Maßstab des Art. 21 GRCh zu messen sind. In Entsprechung zu Art. 21 GRCh statuierte sowohl § 20 Abs. 2 S. 1 AGG a.F. als auch die gegenwärtige Fassung des § 20 Abs. 2 S. 2 AGG ein relatives Diskriminierungsverbot. Jedoch gab es im Unterschied zu § 20 Abs. 2 S. 1 AGG a.F. für die Schaffung von § 20 Abs. 2 S. 2 AGG keine dem Art. 5 Abs. 1 und 2 Gender-RL entsprechende Richtlinienvorgabe. Zur Erinnerung sei gesagt, dass Art. 5 Abs. 1 Gender-RL als Grundprinzip ein absolutes Diskriminierungsverbot aufgrund des Geschlechts bei der Berechnung von Versicherungsprämien

---

710 Siehe § 6 C.IV. dieser Arbeit.

normierte[711], wohingegen Art. 5 Abs. 2 S. 1 Gender-RL Ausnahmen zu diesem Grundsatz als Rechtfertigungstatbestand vorsah[712]. Mangels Existenz einer Richtlinienvorgabe kann insofern selbige auch nicht in sich inkohärent sein, mit dem Ergebnis, dass der EuGH den rechtfertigenden Ausnahmetatbestand auch nicht aufgrund einer Inkohärenz für unvereinbar mit Art. 21 GRCh erklären könnte. Richtigerweise wirkt sich das Urteil in der Rechtssache „Test-Achats" daher nicht auf die in § 20 Abs. 2 S. 2 AGG genannten Merkmale aus.[713]

2. *Zwischenergebnis*

Folglich ist die Rechtsprechung des EuGH in der Rechtssache „Test-Achats" nicht übertragbar. Es ist im Hinblick auf § 20 Abs. 2 S. 2 AGG kein gleichgelagertes Urteil zu erwarten, da diese Vorschrift keine Richtlinienvorgabe hat, die in sich inkohärent ist, so dass eine Unvereinbarkeit mit Art. 21 GRCh aus diesem Grund angenommen werden könnte.

B. Vereinbarkeit mit dem Grundgesetz

Neben dem Unionsrecht könnte § 20 Abs. 2 S. 2 AGG auch mit dem Grundgesetz unvereinbar sein. Fraglich ist in diesem Zusammenhang zunächst, ob eine nationale Norm überhaupt sowohl an dem unionsrechtlichen Primärrecht als auch an den nationalen Grundrechten gemessen werden kann.

---

711 Der genaue Wortlaut von Art. 5 Abs. 1 Gender-RL ist: „*Die Mitgliedstaaten tragen dafür Sorge, dass spätestens bei den nach dem 21. Dezember 2007 neu abgeschlossenen Verträgen die Berücksichtigung des Faktors Geschlecht bei der Berechnung von Prämien und Leistungen im Bereich des Versicherungswesens und verwandter Finanzdienstleistungen nicht zu unterschiedlichen Prämien und Leistungen führt.*"

712 Der genaue Wortlaut von Art. 5 Abs. 2 S. 1 Gender-RL ist: „*Unbeschadet des Absatzes 1 können die Mitgliedstaaten vor dem 21. Dezember 2007 beschließen, proportionale Unterschiede bei den Prämien und Leistungen dann zuzulassen, wenn die Berücksichtigung des Geschlechts bei einer auf relevanten und genauen versicherungsmathematischen und statistischen Daten beruhenden Risikobewertung ein bestimmender Faktor ist.*"

713 So auch die Leitlinien zur Anwendung der Richtlinie 2004/113/EG des Rates auf das Versicherungswesen im Anschluss an das Urteil des Gerichtshofs der Europäischen Union in der Rechtssache C-236/09 (Test-Achats) v. 22. Dezember 2011, K(2011) 9497 endg. Rn. 18 ff., *Ambrosius/Klose/Braunroth*, in: Däubler/Bertzbach – AGG-Hk., 3. Aufl. 2013, § 20 Rn. 55.

I. Grundgesetz als Prüfungsmaßstab

1. Trennungsthese des BVerfG

Seit dem Solange II-Beschluss[714] verfolgt das BVerfG den Ansatz, die Anwendungsbereiche der europäischen und der deutschen Grundrechte strikt voneinander zu trennen.[715] Abgeleitetes Unionsrecht soll nicht an den deutschen Grundrechten zu prüfen sein und etwaige Vorlagen wurden als unzulässig angesehen.[716] In der Folge der Solange II-Rechtsprechung entwickelte das BVerfG Maßstäbe, bei welchen Sachverhalten die Unionsgrundrechte Anwendung finden und bei welchen die deutschen Grundrechte der richtige Prüfungsmaßstab sind. Diese Rechtsprechung wurde maßgeblich durch die erwähnten Beschlüsse zum Emissionshandel und zur Vorratsdatenspeicherung vorangetrieben[717] Die Beschlüsse enthielten jedoch keine ausdrückliche Verneinung hinsichtlich einer möglichen parallelen Anwendbarkeit der beiden Grundrechtsregime.[718] Nach dem Urteil des EuGH in der Rechtssache „Åkerberg Fransson"[719] sah sich das BVerfG jedoch dazu berufen, sich zu der angesprochenen Frage zu äußern. In dem Urteil zur Antiterrordatei[720], welches keine zwei Monate nach dem EuGH-Urteil in der Rechtssache „Åkerberg Fransson" erging, heisst es:

> *„Die Verfassungsbeschwerde gibt keinen Anlass für ein Vorabentscheidungsverfahren vor dem EuGH gem. Art. 267 AEUV zur Klärung der Reichweite des unionsrechtlichen Grundrechtsschutzes in Bezug auf einen Datenaustausch von verschiedenen Sicherheitsbehörden im Rahmen einer Verbunddatei, wie ihn das Antiterrordateigesetz regelt. […] Denn die europäischen Grundrechte der Grundrechte-Charta sind auf den zu entscheidenden Fall nicht anwendbar. Die angegriffenen Vorschriften sind schon deshalb an den Grundrechten des Grundgesetzes zu messen, weil sie nicht durch Unionsrecht determiniert sind. Demzufolge liegt auch kein Fall der Durchführung des Rechts der Europäischen Union vor, die allein die Bindung der Mitgliedstaaten an die Grundrechte-Charta nach sich ziehen könnte (Art. 51 Abs. 1 S. 1 GRCh)."*[721]

Damit bestätigte das BVerfG seine bisherige Rechtsprechung, nach der lediglich bei einer unionsrechtlichen Determinierung die Unionsgrundrechte als

---

714 BVerfG, Beschl. v. 22.10.1986 – 2 BvR 197/83; BVerfGE 73, 339 ff. (Solange II).

715 *Thym*, NVwZ 2013, 889, 892.

716 BVerfG, Beschl. v. 22.10.1986 – 2 BvR 197/83; BVerfGE 73, 339, 387 (Solange II).

717 Siehe hierzu A.I.1.c).ii.(1).

718 Vgl. auch *Thym*, NVwZ 2013, 889, 894, Fn. 82.

719 EuGH, Urteil v. 26.02.2013 – Rs. C-617/10; EWS 2013, 99 ff. (Åkerberg Fransson).

720 BVerfG, Urteil v. 24.04.2013 – 1 BvR 1215/07; NJW 2013, 1499 ff. (Antiterrordatei).

721 BVerfG, Urteil v. 24.04.2013 – 1 BvR 1215/07, Tz. 88; NJW 2013, 1499, 1500 (Antiterrordatei).

Prüfungsmaßstab anzuwenden sind. Bemerkenswert ist, dass das BVerfG formulierte, dass die Durchführung von Unionsrecht allein die Bindung der Mitgliedstaaten an die GRCh nach sich ziehen könnte. Damit könnte sich das BVerfG – bewusst oder unbewusst – auch zu der Frage einer möglichen Parallelgeltung von Unionsgrundrechten und nationalen Grundrechten geäußert haben. Denn eine alleinige Geltung der Charta hätte begriffslogisch den Ausschluss einer Anwendung der deutschen Grundrechte zur Folge. Übertragen auf den vorliegenden Fall bedeutete dies, dass § 20 Abs. 2 S. 2 AGG, der – wie bereits untersucht[722] – Unionsrecht durchführt, ausschließlich an den Unionsgrundrechten zu messen wäre. Allerdings ist fraglich, ob das BVerfG aufgrund seiner Rechtsprechung im Falle des § 20 Abs. 2 S. 2 AGG davon ausgehen würde, dass durch diese Norm Unionsrecht durchgeführt wird.

2. *These der Parallelgeltung*

In der Literatur wurde schon vor dem Urteil des BVerfG zur Antiterrordatei die entgegengesetzte Ansicht vertreten, nach der bei nationalen Regelungen, die aufgrund eines Ermessensspielraumes erlassen wurden, sowohl die Unionsgrundrechte als auch die nationalen Grundrechte als Prüfungsmaßstab heranzuziehen seien.[723] Auch nach dem Urteil des BVerfG wird an dieser Einschätzung festgehalten.[724] Eine ausführliche Begründung dieser Ansicht lässt sich der Literatur jedoch nicht entnehmen. Allgemein kann man den entsprechenden Fundstellen zum einen entnehmen, dass Regelungen, die aufgrund eines Umsetzungsspielraums erlassen wurden, weder der unionsrechtlichen Regelungssphäre noch der nationalen Regelungssphäre eindeutig zuzuordnen seien. Um letztlich nicht zu einem verkürzten Grundrechtsschutz zu gelangen, wendet man daher im Ergebnis beide Grundrechtsregime an. Zum anderen scheint sich in der Literatur vermehrt die Ansicht durchzusetzen, dass die Rechtsprechung des EuGH mit derjenigen des BVerfG schlichtweg nicht kompatibel ist.[725] Diese Inkompatibilität drückt sich insbesondere bei der Frage aus, wann Unionsrecht durchgeführt wird.[726] Da beide Gerichte nicht gewillt seien, ihre jeweilige Position aufzugeben, müsse notwendigerweise ein doppelter Grundrechtsschutz gewährt werden.[727]

---

722 Siehe hierzu A.I.1.e).

723 *Jarass*, EU-Grundrechte, § 3 Rn. 14; *Nowak*, in: Heselhaus/Nowak – Hdb. der europ. Grundrechte, § 6 Rn. 38; *Lindner*, EuZW 2007, 71, 73.

724 *Thym*, NVwZ 2013, 889, 895; *Ohler*, NVwZ 2013, 1433, 1437.

725 *Thym*, NVwZ 2013, 889, 895; *Ohler*, NVwZ 2013, 1433, 1437.

726 Zu dieser Frage, siehe A.I.1.c).

727 *Thym*, NVwZ 2013, 889, 895; *Ohler*, NVwZ 2013, 1433, 1437.

3. *Zwischenergebnis*

Es kann nicht davon ausgegangen werden, dass eines der beiden Gerichte seinen jeweiligen Standpunkt hinsichtlich der Frage, wann Unionsrecht durchgeführt wird, in der nahen Zukunft aufgeben wird. Allein aus diesem Umstand ist davon auszugehen, dass die nationalen Grundrechte neben den bereits erörterten Unionsgrundrechten zu prüfen sind. Daneben überzeugt der Standpunkt der Literatur, dass Regelungen, die aufgrund eines Umsetzungsspielraums erlassen wurden, sich in einer Sphäre zwischen den unionsrechtlichen Regelungen und den nationalen Regelungen befinden, so dass grundsätzlich beide Grundrechtsregime Anwendung finden müssen.

II. Verhältnis der Grundrechtsregime zueinander

Bejaht man eine parallele Anwendbarkeit von Unionsgrundrechten und nationalen Grundrechten, so stellt sich unweigerlich die Frage nach dem Verhältnis der beiden Grundrechtsregime zueinander.

Teilweise wird vertreten, dass ein strengerer nationaler Grundrechtsschutz Vorrang gegenüber den Unionsgrundrechten genieße.[728] Die Unionsgrundrechte bildeten in diesem Zusammenhang lediglich einen Mindeststandard, der von den Mitgliedstaaten einzuhalten sei, und nur in denjenigen Fällen, in denen der nationale Grundrechtsschutz hinter demjenigen der Unionsgrundrechte zurückbleibe, sei auf die Unionsgrundrechte zurückzugreifen.[729] Diese Ansicht kann nicht überzeugen. Der Anwendungsvorrang des Unionsrechts gegenüber den nationalen (Grund-)Rechtsordnungen ist eines der Grundprinzipien des Europarechts und muss uneingeschränkt gelten.[730] Es ist daher zwingend davon auszugehen, dass bei einer Parallelgeltung der beiden Grundrechtsregime, die Unionsgrundrechte vorrangig anwendbar sind.

---

728 *Nowak*, in: Heselhaus/Nowak – Hdb. der europ. Grundrechte, § 6 Rn. 38; *Ruffert*, EuGRZ 1995, 518, 528.

729 *Nowak*, in: Heselhaus/Nowak – Hdb. der europ. Grundrechte, § 6 Rn. 38; *Ruffert*, EuGRZ 1995, 518, 528.

730 Grundlegend: EuGH, Urteil v. 15.07.1964 – Rs. 6/64; Slg. 1964, 1251 ff. (Costa/E.N.E.L.). So auch *Rengeling/Szczekalla*, Grundrechte in der EU, § 4 Rn. 307, die zudem von einem Widerspruch zu dem Gebot der Einheit der Gemeinschaftsrechtsordnung sprechen.

III. Vereinbarkeit mit der Privatautonomie

§ 20 Abs. 2 S. 2 AGG könnte mit der in Art. 2 Abs. 1 GG kodifizierten allgemeinen Handlungsfreiheit in Form der Privatautonomie unvereinbar sein.

1. Anwendbarkeit

Hierzu müsste der die Privatautonomie gewährleistende Art. 2 Abs. 1 GG anwendbar sein. Dies ist nur dann der Fall, wenn auf der Ebene des europäischen Primärrechts, d.h. insbesondere in der Grundrechte-Charta kein entsprechendes Grundrecht statuiert ist. Art. 6 GRCh besagt, dass jeder Mensch das Recht auf Sicherheit und Freiheit hat. Hierunter könnte auch die Privatautonomie, insbesondere die Vertragsfreiheit als deren Bestandteil, zu fassen sein. Art. 6 GRCh ist jedoch eng auszulegen.[731] Unter der in Art. 6 GRCh genannten Freiheit ist lediglich die körperliche Bewegungsfreiheit zu verstehen.[732] Art. 6 GRCh schützt nicht die allgemeine Handlungsfreiheit.[733] Diese Auslegung ist darauf zurückzuführen, dass viele Mitgliedstaaten, anders als Deutschland, ein Recht der allgemeinen Handlungsfreiheit als eigenständiges Recht nicht kennen und damit mangels Verfassungstradition auch die Einbeziehung eines solchen Grundrechtes über Art. 53 GRCh[734] nicht in Betracht kommt.[735] Auch ist die Privatautonomie als Ausfluss der allgemeinen Handlungsfreiheit nicht den ungeschriebenen allgemeinen Unionsgrundrechten zuzuordnen. Der EuGH benannte die allgemeine Handlungsfreiheit zwar als allgemeinen Rechtsgrundsatz in einer Entscheidung aus dem Jahre 1987.[736] Jedoch traf er keine Aussage darüber, ob auch die Privatautonomie unter den europäischen Rechtsgrundsatz der allgemeinen Handlungsfreiheit fällt. Mangels Konkretisierung kann daher nicht davon ausgegangen werden, dass letzteres der Fall ist. Folglich ist ein europäisches

731 *Jarass*, in: ders. - GRCh, 2. Aufl. 2013, Art. 6 Rn. 6.

732 *Jarass*, in: ders. - GRCh, 2. Aufl. 2013, Art. 6 Rn. 6; *Tettinger*, in: Tettinger/Stern - GRCh, Art. 6 Rn. 12.

733 *Knecht*, in: Schwarze - EU-Kommentar, 3. Aufl. 2012, Art. 6 GRCh Rn. 4; *Jarass*, in: ders. - GRCh, 2. Aufl. 2013, Art. 6 Rn. 6; a.A. wohl *Callies*, in: Calliess/Ruffert - EUV/AEUV, 4. Aufl. 2011, Art. 6 GRCh Rn. 12, der von einem allgemeinen (Auffang-) Freiheitsrecht spricht.

734 Art. 53 GRCh verweist hinsichtlich des Schutzniveaus der Charta u.a. auf die Verfassungstraditionen der Mitgliedstaaten und ermöglicht dahingehend auch eine Einbeziehung von gemeinsamen Grundrechten unter die Charta.

735 *Knecht*, in: Schwarze - EU-Kommentar, 3. Aufl. 2012, Art. 6 GRCh Rn. 4.

736 EuGH, Urteil v. 21.05.1987 - verb. Rs. 133 bis 136/85; Slg. 1987, 2289, 2338 f., Tz. 15, 19. (Rau/Balm).

Grundrecht der Privatautonomie abzulehnen, womit der Anwendungsbereich für eine Prüfung anhand der nationalen Grundrechte gegeben ist.

2. *Schutzbereich*

Ein Verstoß gegen den Grundsatz der Privatautonomie setzt zunächst voraus, dass der Schutzbereich aus Art. 2 Abs. 1 GG eröffnet ist. Grundsätzlich ist der Schutzbereich von Art. 2 Abs. 1 GG weit auszulegen.[737] Auf nationaler Ebene ist die Privatautonomie als Bestandteil der allgemeinen Handlungsfreiheit grundrechtlich anerkannt.[738] Der Vertrag bildet das rechtliche Instrument zur Verwirklichung eines freien und eigenverantwortlichen Handelns, mit dem die Vertragspartner selbst bestimmen, wie ihre Interessen zueinander in einen angemessenen Ausgleich gebracht werden.[739] Diese individuellen Interessen hat der Staat grundsätzlich zu respektieren.[740] Vorliegend wirkt sich § 20 Abs. 2 S. 2 AGG jedenfalls auf die Ausgestaltung von Privatversicherungsverträgen aus, womit zumindest der Schutzbereich von Art. 2 Abs. 1 GG eröffnet ist.

3. *Eingriff*

Weiter müsste ein Eingriff in den Schutzbereich vorliegen. § 20 Abs. 2 S. 2 i.V.m. § 19 Abs. 1 AGG verpflichtet die Versicherer, ihre Versicherungsnehmer grundsätzlich gleich zu behandeln. Dies gilt auch für diejenigen Fälle, in denen die Versicherungsnehmer unterschiedlichen Alters sind. Eine unterschiedliche Behandlung ist nur unter bestimmten Voraussetzungen, nämlich einer auf anerkannten Prinzipien beruhenden risikoadäquaten Kalkulation zulässig. Dies bedeutet für die Versicherungsnehmer, dass sie trotz unterschiedlicher Eigenschaften gleich behandelt werden. Dies könnte diejenigen Versicherungsnehmer, die ein für die Berechnung der Versicherungsprämien und -leistungen ungünstigeres Alter haben als andere Versicherungsnehmer, von einer Vertragsunterzeichnung abhalten. Fraglich ist jedoch, ob in der bloßen Möglichkeit, potentielle Versicherungsnehmer von einer Vertragsunterzeichnung abhalten zu können, ein Eingriff zu sehen ist. Denn § 20 Abs. 2 S. 2 i.V.m. § 19 Abs. 1 AGG verlangt

---

737 BVerfG, Urteil v. 16.01.57 – 1 BvR 253/56; BVerfGE 6, 32, 36 (Elfes).

738 BVerfG, Beschl. v. 13.05.86 – 1 BvR 1542/84; BVerfGE 72, 155, 170. (Verfassungsrechtliche Determinanten des Minderjährigenschutzes).

739 BVerfG, Urteil v. 26.07.05 – 1 BvR 782/94, 957/96; BVerfGE 114, 1, 34. (Übertragung von Lebensversicherungsverträgen auf ein anderes Unternehmen).

740 BVerfG, Urteil v. 26.07.05 – 1 BvR 782/94, 957/96; BVerfGE 114, 1, 34. (Übertragung von Lebensversicherungsverträgen auf ein anderes Unternehmen).

lediglich, dass grundsätzlich nicht das Diskriminierungsmerkmal Alter für die Berechnung der Prämien und Leistungen verwendet wird; im übrigen aber die Beliebigkeit einen Vertrag abzuschließen nicht berührt wird.[741] Zudem ist zu berücksichtigen, dass die Intention des Gesetzgebers war, ein von Natur aus gegebenes Ungleichgewicht, nämlich das unterschiedliche Alter der Versicherungsnehmer, durch die Regelungen der § 20 Abs. 2 S. 2 i.V.m. § 19 Abs. 1 AGG auszugleichen und damit eine staatliche Schutzpflicht gegenüber potentiellen Versicherungsnehmern wahrzunehmen, um auf diese Weise erst eine umfassende Privatautonomie herzustellen.[742]

4. *Zwischenergebnis*

Die Regelung des § 20 Abs. 2 S. 2 AGG tangiert nicht den freien Entschluss der potentiellen Versicherungsnehmer einen Privatversicherungsvertrag abzuschließen. Daher ist der Regelung keine Eingriffsqualität zuzusprechen. § 20 Abs. 2 S. 2 AGG ist mit der aus Art. 2 Abs. 1 GG abgeleiteten Privatautonomie vereinbar, so dass aus diesem Grunde keine Verfassungswidrigkeit gegeben ist.

C. Fazit

Die Prüfung der Vereinbarkeit von § 20 Abs. 2 S. 2 AGG mit dem europäischen Primärrecht führt insbesondere zu einer Überprüfung der Norm anhand der Europäischen Grundrechte-Charta, in der das Verbot der Altersdiskriminierung kodifiziert ist. Voraussetzung dieser Überprüfung ist, dass zunächst die Anwendbarkeit der Grundrechte-Charta zu bejahen ist. Anhand der im Laufe der Zeit konkretisierten Rechtsprechung des EuGH, kommt man zu dem Ergebnis, dass insbesondere die in den Rechtssachen „Parlament/ Rat“ und „Bartsch“ getroffenen Aussagen bei der Frage weiterhelfen, ob § 20 Abs. 2 S. 2 AGG in den Anwendungsbereich der europäischen Antidiskriminierungsrichtlinien fällt. Verbindet man die Aussagen des EuGH in der Rechtssache „Parlament/ Rat“ mit denjenigen in den Rechtssachen „IP“ und „Deponiezweckverband Eiterköpfe“, so dürfte außer Frage stehen, dass ein Ermessensspielraum, den ein sekundärer Unionsrechtsakt selbst vorgibt, nur in Übereinstimmung mit den Unionsgrundrechten ausgefüllt werden kann. Verbindet man die Aussagen des EuGH in der Rechtssache „Bartsch“ mit denjenigen in der Rechtssache „Åkerberg Fransson“, so dürfte zudem außer Frage stehen, dass hinsichtlich der Frage, ob die Unionsgrundrechte

741 *Däubler*, in: Däubler/Bertzbach – AGG-Hk., 3. Aufl. 2013, Einleitung Rn. 73.
742 BT-Drucks. 16/1780, S. 40.

Prüfungsmaßstab sind, ein weites Verständnis zugrunde zu legen ist. Insgesamt ist daher der Anwendungsbereich der Grundrechte-Charta richtigerweise eröffnet. Im Rahmen der Prüfung der Vereinbarkeit von § 20 Abs. 2 S. 2 AGG mit Art. 21 Abs. 1 GRCh kommt es maßgeblich auf die mögliche Rechtfertigung von Altersdiskriminierungen an. Zwar verfolgt die Verwendung des Risiko- bzw. Diskriminierungsmerkmals Alter in § 20 Abs. 2 S. 2 AGG ein legitimes Ziel, nämlich eine Betonung bzw. Stärkung des individuellen Äquivalenzprinzips, welches die Berechnung der Prämien und Leistungen innerhalb von Privatversicherungen kennzeichnet. Jedoch ist sie im Rahmen der Kfz-Haftpflichtversicherung schon nicht erforderlich, da man bei dieser Art von Versicherung ebenso gut auf ein Merkmal abstellen kann, welches die Fahrerfahrung berücksichtigt. Die Prüfung der Angemessenheit erfordert eine Differenzierung zwischen Erlebensfallversicherungen, bei denen die Verwendung des Alters verhältnismäßig ist und damit gerechtfertigt werden kann und den übrigen in der Arbeit untersuchten Personenversicherungen, bei denen die Verwendung des Alters unverhältnismäßig ist und damit nicht gerechtfertigt werden kann. Eine Überprüfung der vorgenommenen Abwägungen führt zu dem Ergebnis, dass die Abwägungen dem ursprünglichen Willen des europäischen Gesetzgebers entsprechen. Damit ist die Verwendung des Risiko- bzw. Diskriminierungsmerkmals Alter in § 20 Abs. 2 S. 2 AGG teilweise mit Art. 21 GRCh unvereinbar.

Eine Prüfung der Verwendung des Merkmals Alter in § 20 Abs. 2 S. 2 AGG anhand der Antidiskriminierungsrichtlinien und der EuGH-Rechtsprechung scheidet aus. Mit dem Grundgesetz, insbesondere dessen Art. 2 Abs. 1, ist § 20 Abs. 2 S. 2 AGG hingegen vereinbar.

§ 9 Rechtsfolgen

A. Verfahren vor dem EuGH

Eine Überprüfung des § 20 Abs. 2 S. 2 AGG im Hinblick auf seine Vereinbarkeit mit Art. 21 GRCh setzt zunächst voraus, dass der EuGH als zuständiges Gericht angerufen wird. Fraglich ist, welches Verfahren hierfür das richtige ist.

I. Nichtigkeitsklage gemäß Art. 263 AEUV

Zunächst kommt eine Nichtigkeitsklage gemäß Art. 263 AEUV in Betracht. Diese ermöglicht die Überprüfung der Rechtmäßigkeit von Handlungen der Organe, Einrichtungen und sonstigen Stellen der Union durch die Unionsgerichtsbarkeit.[743] Bei § 20 Abs. 2 S. 2 AGG müsste es sich folglich um eine Unionshandlung handeln. § 20 Abs. 2 S. 2 AGG wurde zwar – wie bereits erläutert – im Hinblick auf europäisches Recht erlassen, fällt in den Anwendungsbereich der Antidiskriminierungsrichtlinien und ist auch an europäischem Recht zu messen. Jedoch bedeutet die Tatsache, dass eine Vorschrift am Unionsrecht zu messen ist nicht gleichzeitig, dass diese auch eine Unionshandlung darstellt. Denn auch Vorschriften, die aufgrund einer konkreten Richtlinienvorgabe in nationales Recht umgesetzt werden und dem Mitgliedstaat kein Ermessen einräumen, sind nationale Vorschriften – auch wenn sie am Unionsrecht zu messen sind. Bei § 20 Abs. 2 S. 2 AGG handelt es sich folglich nicht um eine Unionshandlung, sondern um einen nationalen Rechtsakt, der nicht mit der Nichtigkeitsklage gemäß Art. 263 AEUV angegriffen werden kann.

II. Vorabentscheidung gemäß Art. 267 AEUV

Ferner kommt ein Vorabentscheidungsverfahren nach Art. 267 AEUV in Betracht. Gemäß Art. 267 Abs. 1 AEUV entscheidet der Gerichtshof im Wege der Vorabentscheidung über die Auslegung der Verträge oder über die Gültigkeit und die Auslegung der Handlungen der Organe, Einrichtungen oder sonstigen Stellen der Union. Eine Unionshandlung ist – wie bereits festgestellt – vorliegend nicht gegeben. Ein nationales Gericht kann den EuGH jedoch hinsichtlich der Frage, ob das im Unionsrecht verankerte Altersdiskriminierungsverbot dahingehend auszulegen ist, dass es einer nationalen Regelung entgegensteht, nach der das Alter zur

---

743 *Cremer*, in: Calliess/Ruffert – EUV/AEUV, 4. Aufl. 2011, Art. 263 AEUV Rn. 1.

Berechnung von Prämien und Leistungen in einer Privatversicherung verwendet werden darf, anrufen. Im Rahmen einer solchen Anrufung geht es um die Auslegung des Unionsrechts, so dass ein Vorabentscheidungsverfahren mit der entsprechenden Vorlagefrage in Betracht käme.

B. Unvereinbarkeit mit Unionsrecht

I. Ungültigkeit bzw. Nichtigkeit oder Unanwendbarkeit?

Fraglich ist, welche Rechtsfolge sich aus einer der vorliegenden Prüfung entsprechenden und vom EuGH festgestellten Unvereinbarkeit von § 20 Abs. 2 S. 2 AGG mit Art. 21 GRCh ergäbe. Auf rein europarechtlicher Ebene, d.h. wenn eine europäische Regelung, z.B. eine Richtlinienvorgabe, an europäischem Primärrecht gemessen wird, hat die Unvereinbarkeit einer Vorschrift mit dem europäischen Primärrecht grundsätzlich die Ungültigkeit zur Folge, wenn das Verfahren der Vorabentscheidung beschritten wird.[744] Auf rein nationaler Ebene, d.h. wenn eine nationale Norm am Grundgesetz gemessen wird, hat die Unvereinbarkeit einer Vorschrift mit dem Grundgesetz grundsätzlich die Nichtigkeit derselben zur Folge.[745] Die unterschiedliche Verwendung der Begriffe „Nichtigkeit" und „Ungültigkeit" betrifft dabei jedoch nur die zeitliche Wirkung.[746] Ergibt hingegen die Auslegung des Unionsrechts, dass eine nationale Regelung mit dem europäischen Primärrecht unvereinbar ist, so gilt der bereits erwähnte Anwendungsvorrang des europäischen Rechts, wodurch die Regelung nicht unwirksam, sondern lediglich unanwendbar ist.

Vorliegend ist zunächst zu klären, welcher der drei genannten Fallgruppen die Unvereinbarkeit von § 20 Abs. 2 S. 2 AGG mit Art. 21 GRCh zuzuordnen ist. Die erstgenannte Fallgruppe, die einen rein europäischen Sachverhalt beinhaltet, scheidet aus, da es sich bei § 20 Abs. 2 S. 2 AGG um eine nationale Vorschrift handelt. Auch die zweitgenannte Fallgruppe, die einen rein nationalen Sachverhalt beinhaltet, scheidet aus, da Art. 21 GRCh zweifelsfrei keine nationale Vorschrift ist. Vorliegend ist die dritte Fallgruppe anwendbar, nach der § 20 Abs. 2 S. 2 AGG als nationale Norm mit europäischem Primärrecht unvereinbar ist. Dies hat zur

---

744 EuGH, Urteil v. 01.03.2011 – Rs. C-236/09; Slg. 2011, I-773, 816, Tz. 33 (Test-Achats); *Wegener*, in: Calliess/Ruffert – EUV/AEUV, 4. Aufl. 2011, Art. 267 AEUV Rn. 48.

745 Gemäß § 78 S. 1 BVerfGG erklärt das BVerfG das Gesetz für nichtig, wenn das BVerfG zu der Überzeugung kommt, dass Bundesrecht mit dem Grundgesetz unvereinbar ist.

746 Nichtigkeit bedeutet Ungültigkeit *ex tunc*, vgl. *Lechner/Zuck* – BVerfGG, 7. Aufl. 2015, § 78 Rn. 3.

Folge, dass die Regelung unanwendbar wäre, falls der EuGH im Rahmen seiner Auslegung zu einem der vorliegenden Prüfung entsprechenden Ergebnis käme.[747]

II. Abtrennbarkeit des unwirksamen Teils

Fraglich ist ferner, ob die gesamte Regelung des § 20 Abs. 2 S. 2 AGG von der Unvereinbarkeit bzw. Unanwendbarkeit betroffen wäre. Sowohl für den Fall, dass eine Norm im Rahmen eines Vorabentscheidungsverfahrens für ungültig erklärt wird als auch auf rein nationaler Ebene, wird eine Gesamtunwirksamkeit der Regelung jedoch abgelehnt, falls der unwirksame Teil der Regelung abtrennbar ist, ohne dass die Regelung ihren rechtlichen Inhalt verliert.[748] In diesen Fällen ist lediglich der abtrennbare Teil der Regelung als unwirksam anzusehen. Dieser Rechtsgedanke dürfte sich auf die vorliegende Konstellation übertragen lassen. Das in § 20 Abs. 2 S. 2 AGG enthaltene Merkmal Alter kann als Diskriminierungsmerkmal von der restlichen inhaltlichen Ausgestaltung der Regelung abgetrennt werden. Auch ohne die Nennung des Merkmals Alter ist § 20 Abs. 2 S. 2 AGG eine Regelung zu entnehmen, die einen bestimmten rechtlichen Inhalt hat. Folglich führt die Unvereinbarkeit mit Art. 21 GRCh dazu, dass der Anwendungsvorrang des Unionsrechts in Bezug zu § 20 Abs. 2 S. 2 AGG lediglich insoweit gilt, als es das Diskriminierungsmerkmal Alter und solche Privatversicherungen betrifft, die zwar unter § 19 Abs. 1 Nr. 2 AGG fallen, jedoch keine Erlebensfallversicherungen sind.

III. Bindungswirkung

Kommt der EuGH im Rahmen seiner Auslegung zu dem zutreffenden Ergebnis, dass § 20 Abs. 2 S. 2 AGG im Hinblick auf das Diskriminierungsmerkmal Alter – mit Ausnahme von der Anwendung des Merkmals auf Erlebensfallversicherungen – unanwendbar ist, so wäre zumindest das vorlegende Gericht aufgrund des Unionsrechts verpflichtet, die durch den EuGH vorgenommene Auslegung

---

747 Zu einer ähnlichen Konstellation äußerte sich der EuGH in der Rechtssache „Kücükdeveci“ (siehe Kapitel B.II.5.b)), in der der Gerichtshof lediglich konstatierte, dass die deutsche Regelung des § 622 Abs. 2 S. 2 BGB einem Verbot der Diskriminierung wegen des Alters entgegenstünde.

748 Im Hinblick auf einen rein europarechtlichen Sachverhalt bei einem Vorabentscheidungsverfahren: Schlussanträge der Generalanwältin *Kokott* v. 30.09.2010 – Rs. C-236/09; Slg. 2011, I-773, 781, Tz. 71 (Test-Achats) und im Hinblick auf einen rein nationalen Sachverhalt: BVerfG, Beschl. v. 12.11.58 – 2 BvL 4, 26, 40/56, 1, 7/57; BVerfGE 8, 274, 275 (Preisgesetz).

anzuwenden (*inter partes*- Wirkung).[749] Dies bedeutet, dass zumindest das vorlegende nationale Gericht § 20 Abs. 2 S. 2 AGG insoweit unangewendet lassen müsste. Ob auch eine allgemeine Bindung (*erga omnes*- Wirkung) von einem Urteil des EuGH, bei dem es um die Auslegung des Unionsrechts geht, ausgeht, ist noch nicht hinreichend geklärt. Der EuGH scheint dies jedoch anzunehmen.[750] In tatsächlicher Hinsicht ist jedenfalls von einer faktischen Bindungswirkung gegenüber allen Gerichten auszugehen, da Urteile des EuGH bei denen es um die Auslegung des Unionsrechts geht außerhalb des Ausgangsrechtsstreits zwar keine unmittelbare Bindung, jedoch aufgrund ihrer Leitfunktion eine tatsächlich bestehende rechtsbildende Kraft entfalten.[751]

C. Zeitpunkt der Unanwendbarkeit

Entscheidungen des EuGH im Vorabentscheidungsverfahren wirken grundsätzlich *ex tunc*.[752] Dies bedeutet, dass die betreffende Unionsvorschrift seit ihrem Inkrafttreten grundsätzlich als unwirksam zu behandeln ist.[753] Jedoch kann der EuGH die Wirkung eines Auslegungsurteils im Rahmen einer Vorabentscheidung auf die Zeit nach der Verkündung des Urteils begrenzen.[754] Eine zeitliche Begrenzung erfolgt jedoch nur, wenn und soweit die Grundsätze des Vertrauensschutzes oder der Rechtssicherheit dies gebieten.[755] Dabei hat der EuGH die zeitliche Einschränkung in dem Urteil selbst zu erwähnen.[756] Es besteht seitens des EuGH jedoch auch die Möglichkeit, von der generellen zeitlichen Begrenzung

749 EuGH, Urteil v. 06.10.1982 – Rs. C-283/81; Slg. 1982, 3415, 3430 f., Tz. 21 (C.I.L.F.I.T./Ministero della Sanità); *Schwarze*, in: ders. – EU-Kommentar, 3. Aufl. 2012, Art. 267 AEUV Rn. 71.

750 EuGH, Urteil v. 27.03.1980 – verb. Rs. 66, 127 und 128/79; Slg. 1980, 1237, 1260., Tz. 9 (Amministrazione delle Finanze dello Stato/Salumi).

751 *Schwarze*, in: ders. – EU-Kommentar, 3. Aufl. 2012, Art. 267 AEUV Rn. 71.

752 EuGH, Urteil v. 27.03.1980 – verb. Rs. 66, 127 und 128/79; Slg. 1980, 1237, 1260., Tz. 9 (Amministrazione delle Finanze dello Stato/Salumi); EuGH, Urteil v. 26.04.1994 – Rs. C-228/92; Slg. 1994, I-1445, 1471, Tz. 17 (Roquette Frères).

753 *Karpenstein*, in: Grabitz/Hilf/Nettesheim – Das Recht der EU, Bd. III – EUV/AEUV, Stand: Mai 2013, Art. 267 AEUV Rn. 116;

754 EuGH, Urteil v. 15.10.1980 – Rs. 145/79; Slg. 1980, 2917, 2947, Tz. 53 (Roquette Frerès/Französische Zollverwaltung).

755 EuGH, Urteil v. 08.04.1976 – Rs. 43/75; Slg. 1976, 455, 480, Tz. 74/75 (Defrenne/Sabena); EuGH, Urteil v. 27.05.1981 – verb. Rs. 142, 143/80; Slg. 1981, 1413, 1437, Tz. 34 (Amministrazione delle Finanze dello Stato/Essevi und Salengo).

756 EuGH, Urteil v. 06.03.2007 – Rs. 292/04; Slg. 2007, 1835, 1888, Tz. 36 (Meilicke u.a.).

zugunsten derjenigen Personen, die die Klage vor dem nationalen Gericht eingereicht haben oder entsprechend vor Erlass des Vorabentscheidungsurteils gehandelt haben, abzuweichen und eine *ex tunc*-Wirkung zuzulassen.[757]

Nach Ansicht des Verfassers sollte wegen der finanziellen Folgen eines etwaigen Urteils in Anlehnung an das EuGH-Urteil in der Rechtssache „Test-Achats" davon abgesehen werden, eine *ex tunc*-Wirkung des Urteils herbeizuführen. Vorzugswürdig ist eine zeitliche Einschränkung. Entgegen der Ansicht der Generalanwältin *Kokott* in der Rechtssache „Test-Achats"[758] und entsprechend der Leitlinien der Kommission zum „Test-Achats"-Urteil[759] sollten auch die bestehenden Verträge der Person, die die Klage vor dem nationalen Gericht erhoben hat oder von Personen, die vor dem Tag der Verkündung des Urteils entsprechend gehandelt haben, nicht angepasst werden. Vielmehr sollte eine für alle Personen und die Versicherer geltende Übergangsfrist geschaffen werden, in der sich die Versicherer auf die neue Rechtslage einstellen und ihre Prämien- und Leistungsberechnungen entsprechend anpassen können. Im „Test-Achats"-Urteil betrug die Übergangsfrist ca. ein Jahr und zehn Monate. Aufgrund der Erfahrungen der Versicherer im Hinblick auf die Umstellung ihrer Tarifkalkulationen auf Unisex-Tarife erscheint dem Verfasser im vorliegenden Fall eine Übergangsfrist von anderthalb Jahren als angemessen. Nach Ablauf dieser Frist müssten sodann „Uniage-Tarife" gelten.

D. Künftige Regelungen

Fraglich ist, wie eine künftig mögliche Regelung bei einem dem Ergebnis dieser Arbeit entsprechenden Urteil des EuGH im Hinblick auf das Diskriminierungsmerkmal Alter aussehen könnte. Die derzeit gültige Fassung lautet:

> *„Eine unterschiedliche Behandlung wegen der Religion, einer Behinderung, des Alters oder der sexuellen Identität ist im Falle des § 19 Abs. 1 Nr. 2 nur zulässig, wenn diese auf anerkannten Prinzipien risikoadäquater Kalkulation beruht, insbesondere auf einer versicherungsmathematisch ermittelten Risikobewertung unter Heranziehung statistischer Erhebungen."*

Bei der Ausarbeitung einer künftigen Regelung, die mit Art. 21 GRCh vereinbar ist, muss beachtet werden, dass eine unterschiedliche Behandlung aufgrund

757 EuGH, Urteil v. 26.04.1994 – Rs. C-228/92; Slg. 1994, I-1445, 1472 f., Tz. 25 ff. (Roquette Frères); *Schwarze*, in: ders. – EU-Kommentar, 3. Aufl. 2012, Art. 267 AEUV Rn. 72.

758 Schlussanträge der Generalanwältin *Kokott* v. 30.09.2010 – Rs. C-236/09; Slg. 2011, I-773, 797, Tz. 82 (Test-Achats).

759 Leitlinien zur Anwendung der Richtlinie 2004/113/EG des Rates auf das Versicherungswesen im Anschluss an das Urteil des Gerichtshofs der Europäischen Union in der Rechtssache C-236/09 (Test-Achats) v. 22. Dezember 2011, K(2011) 9497 endg. Rn. 10.

des Alters bei Erlebensfallversicherungen europarechtlich möglich, bei den übrigen Privatversicherungen, die unter § 19 Abs. 1 Nr. 2 AGG fallen, jedoch mit Art. 21 GRCh nicht zu vereinbaren ist. Die derzeitige Regelung des § 20 Abs. 2 S. 2 AGG ist daher hinsichtlich Erlebensfallversicherungen nicht zu beanstanden. Dennoch sollte zur besseren Übersichtlichkeit nicht die genannte differenzierte Ausgestaltung hinsichtlich des Merkmals Alter in die bestehende Regelung integriert werden. Vielmehr bietet sich die Herausnahme des Merkmals Alter aus der derzeitigen Regelung und die Erweiterung der Norm um einen dritten Satz an, in dem auf das Merkmal Alter und die Erlebensfallversicherungen eingegangen wird. Eine zukünftige Fassung des § 20 Abs. 2 S. 2 AGG ergänzt um einen dritten Satz könnte daher lauten:

> *„Eine unterschiedliche Behandlung wegen der Religion, einer Behinderung oder der sexuellen Identität ist im Falle des § 19 Abs. 1 Nr. 2 nur zulässig, wenn diese auf anerkannten Prinzipien risikoadäquater Kalkulation beruht, insbesondere auf einer versicherungsmathematisch ermittelten Risikobewertung unter Heranziehung statistischer Erhebungen. Satz 2 gilt entsprechend in Bezug auf eine unterschiedliche Behandlung wegen des Alters im Falle von Erlebensfallversicherungen.“*

Zudem müsste eine Übergangsvorschrift geschaffen werden. Hierbei bietet sich eine Anlehnung an § 33 Abs. 5 AGG an. Das Stichtagdatum wäre dasjenige Datum, welches nach anderthalb Jahren auf die zu treffende Entscheidung vom EuGH folgt. Eine entsprechende Vorschrift könnte somit lauten:

> *„Bei sämtlichen Versicherungsverhältnissen, die vor dem [•] begründet werden, ist eine unterschiedliche Behandlung wegen des Alters im Falle des § 19 Abs. 1 Nr. 2 nur zulässig, wenn diese auf anerkannten Prinzipien risikoadäquater Kalkulation beruht, insbesondere auf einer versicherungsmathematisch ermittelten Risikobewertung unter Heranziehung statistischer Erhebungen.“*

E. Fazit

Die Rechtsfolgen eines EuGH-Urteils hinsichtlich der Frage einer Vereinbarkeit von § 20 Abs. 2 S. 2 AGG im Hinblick auf das Diskriminierungsmerkmal Alter mit Art. 21 GRCh wären ähnlich wie bei dem Urteil in der Rechtssache „Test-Achats“. Im Unterschied zu diesem Urteil wäre jedoch nur die nationale Vorschrift nicht anzuwenden, die zusätzliche Ungültigkeit einer entgegenstehenden europäischen Vorschrift kommt mangels Existenz nicht in Betracht. Das anwendbare Verfahren vor dem Gerichtshof wäre dasjenige der Vorabentscheidung gemäß Art. 267 AEUV. Ein entsprechendes Urteil würde faktisch *erga omnes* wirken, d.h. das Urteil entfaltete gegenüber allen Gerichten eine Bindungswirkung. Schließlich sollte der EuGH eine angemessene Übergangsfrist von anderthalb Jahren zur Anpassung der Prämien- und Leistungen der Versicherer vorsehen.

§ 10 Gesamtergebnis

Ziel der vorliegenden Arbeit war es aufzuzeigen, inwiefern das Diskriminierungsmerkmal Alter im Bereich der Privatversicherungen Berücksichtigung findet und ob die derzeitige Berücksichtigung zu Konflikten mit dem nationalen und dem europäischen Recht führt.

Im Rahmen dieser Untersuchung wurde zunächst festgestellt, dass das Diskriminierungsmerkmal Alter im europäischen Primärrecht enthalten ist. Art. 21 GRCh statuiert ein relatives Verbot von Altersdiskriminierungen, demzufolge Diskriminierungen aufgrund des Lebensalters zwar grundsätzlich verboten sind, jedoch gerechtfertigt werden können. Im deutschen Verfassungsrecht wurde das Verbot der Altersdiskriminierung hingegen bislang vom BVerfG nicht als verfassungsrechtlicher Grundsatz anerkannt.

Anschließend wurde der Blick auf die rechtsphilosophischen Grundlagen des Diskriminierungsrechts gelegt. Hierzu wurden verschiedene in der Vergangenheit entwickelte Ansätze bzw. Gedankenexperimente untersucht und auf die Thematik der Arbeit übertragen. Es stellte sich heraus, dass die Rechtsphilosophie die Frage der Berücksichtigung des Alters in der Privatversicherung unter dem Begriff der Gleichheit diskutieren würde. Insgesamt dürfte sich aus rechtsphilosophischer Sicht die letztlich entscheidende Frage stellen, ob das Alter als ein Merkmal, auf das das Individuum keinen Einfluss hat und gewissermaßen angeboren ist, zum Nachteil des Individuums verwendet werden darf bzw. sollte. Aus den verschiedenen dargestellten Gedankenexperimenten und rechtsphilosophischen Erwägungen lässt sich der Schluss ziehen, dass eine Berücksichtigung eines solchen Merkmals zum Nachteil von Personen aus rechtsphilosophischer Sicht nicht zulässig sein dürfte.

Das Kapitel über die Privatversicherungen zeigt auf, inwiefern Prämien und Leistungen in der Privatversicherung berechnet werden und wie das Alter als Risikomerkmal die Berechnung beeinflusst. Dabei werden fünf verschiedene Arten von Privatversicherungen näher untersucht. Die Gewichtung des Alters als Risikomerkmal bei den untersuchten Privatversicherungen ist dabei sehr unterschiedlich und differiert zwischen einer untergeordneten Gewichtung etwa in der Kfz-Haftpflichtversicherung und einer hervorgehobenen Gewichtung etwa bei den Lebensversicherungen.

Maßgeblich für die juristische Fragestellung der Arbeit ist das Allgemeine Gleichbehandlungsgesetz. Ohne die Einbeziehung von Privatversicherungen in den Bereich des AGG wäre die Arbeit obsolet. Sowohl das Verständnis über die deutsche Umsetzung der dem AGG zugrunde liegenden Antidiskriminierungsrichtlinien als auch die Grundstruktur der §§ 19, 20 AGG, welche in den Kapiteln 5 und 6 erläutert werden, kann die zentrale These der Arbeit, nämlich die mögliche Unvereinbarkeit von § 20 Abs. 2 S. 2 AGG mit dem europäischen Primärrecht, nicht erfasst werden. In diesem Zusammenhang wurde auch die ursprüngliche Konzeption des deutschen Gesetzgebers bzgl. des Diskriminierungsschutzes bei Privatversicherungen erklärt und aufgezeigt, dass der Gesetzgeber bei Erlass des AGG im Jahre 2006 ein Drei-Stufen-Modell statuierte. Das Urteil des EuGH in der Rechtssache „Test-Achats" führte jedoch zu einer Aufhebung dieses Modells in seiner bisherigen Form.

In Kapitel 8 wurde aufgezeigt, dass § 20 Abs. 2 S. 2 AGG teilweise nicht mit Art. 21 GRCh vereinbar ist. Der Anwendungsbereich der Grundrechte-Charta ist jedenfalls eröffnet. § 20 Abs. 2 S. 2 AGG wurde im Rahmen der Umsetzung der Antidiskriminierungsrichtlinien erlassen und ist als Regelung anzusehen, die über die Mindestvorgaben der Richtlinien hinausgeht. Die Regelungen über Mindestvorgaben in den Antidiskriminierungsrichtlinien enthalten Ermessensspielräume, die einen weitergehenden Diskriminierungsschutz ermöglichen. Werden Ermessensspielräume innerhalb der Richtlinie ausgefüllt, so sind auch die Unionsgrundrechte als Prüfungsmaßstab für die erlassene nationale Regelung maßgeblich. Dieses Ergebnis steht zudem im Einklang mit dem weiten Verständnis des EuGH bezüglich des Anwendungsbereichs der Unionsgrundrechte, welches sich insbesondere aus dem Urteil in der Rechtssache „Åkerberg Fransson" ergibt.

Im Rahmen der Prüfung der Vereinbarkeit von § 20 Abs. 2 S. 2 AGG mit Art. 21 GRCh ist eine Differenzierung zwischen den untersuchten Privatversicherungen geboten, wobei es stets auf die Verhältnismäßigkeitsprüfung im Rahmen der Rechtfertigung der Altersdiskriminierung ankommt. Die Altersdiskriminierung bei der Kfz-Haftpflichtversicherung ist bereits nicht erforderlich und aus diesem Grunde unverhältnismäßig. Die Altersdiskriminierung bei den untersuchten Personenversicherungen ist weitestgehend unangemessen und damit nicht zu rechtfertigen. Einzig Altersdiskriminierungen bei Erlebensfallversicherungen sind angemessen und können somit gerechtfertigt werden.

Literaturverzeichnis

Adomeit, Klaus/ Mohr, Jochen, Allgemeines Gleichbehandlungsgesetz (AGG), Kommentar zum AGG und zu den anderen Diskriminierungsverboten, 2. Auflage, Stuttgart/ u.a. 2011

Altwicker, Tilmann, Menschenrechtlicher Gleichheitsschutz, Dissertation Mannheim 2010, Berlin/ Heidelberg 2011

Aquin, Thomas von, Summe der Theologie - Summa Theologica, Zweiter Band - Die sittliche Weltordnung, übers. v. Joseph Bernhart, Leipzig 1935

Aristoteles, Die Nikomachische Ethik - Ethica Nicomachea, übers. v. Olof Gigon, hrsg. v. Rainer Nickel, Düsseldorf/ Zürich 2005

Armbrüster, Christian, Bedeutung des Allgemeinen Gleichbehandlungsgesetzes für private Versicherungsverträge, VersR 2006, S. 1297–1306

Arndt, Hans-Wolfgang/ Fischer, Kristian/ Fetzer, Thomas, Europarecht, 11. Auflage, Heidelberg 2015

Balodis, Holger/ Hühne, Dagmar, Berufsunfähigkeit gezielt absichern, 5. Auflage, Düsseldorf 2013

Bamberger/ Roth, Bürgerliches Gesetzbuch, Kommentar, Band 2 - §§ 611–1296, AGG, ErbbauVO, WEG, 3. Auflage, München 2011

Bauer, Günter, Die Kraftfahrtversicherung : Systematik, Verfahren, Rechtsschutz, 6. Auflage, München 2010

Bauer, Jobst-Hubertus/ Göpfert, Burkard/ Krieger, Steffen, Allgemeines Gleichbehandlungsgesetz (AGG), Kommentar, 4. Auflage, München 2015

Beckmann, Roland Michael/ Matusche-Beckmann, Annemarie, Versicherungsrechts-Handbuch, 3. Auflage, München 2015

Benkel, Gert Andreas/ Hirschberg, Günther, Lebens- und Berufsunfähigkeitsversicherung : ALB- und BUZ-Kommentar, 2. Auflage, München 2011

Bleckmann, Moritz, Nationale Grundrechte im Anwendungsbereich des Rechts der Europäischen Union, Dissertation Köln 2010, Tübingen 2011

Boetius, Jan, Private Krankenversicherung, Kommentar, 1. Auflage, München 2010

Bogdandy, Armin von/ Bast, Jürgen, Europäisches Verfassungsrecht, 2. Auflage, Heidelberg u.a. 2009

Braun, Johann, Einführung in die Rechtsphilosophie - Der Gedanke des Rechts, 2. Auflage, Tübingen 2011

Bruck, Ernst/ Möller, Hans, Versicherungsvertragsgesetz, Kommentar, Band 9 – §§ 178–191 und AUB 2008, 9. Auflage, Berlin 2010

Brühning, Ekkehard/ Kühnen, Maria Antonia/ Berns, Susanne, Verkehrssicherheit junger Leute international, in: Junge Fahrer und Fahrerinnen (Heft M 52) – Berichte der Bundesanstalt für Straßenwesen (Hrsg.) – Unterreihe Mensch und Sicherheit, S. 72–79

Bühren, Herbert W. van, Handbuch Versicherungsrecht, 6. Auflage, Bonn 2014

Bundesinstitut für Bevölkerungsforschung (Hrsg.), Mehrsprachiges demographisches Wörterbuch, Boppard am Rhein 1987

Calliess, Christian, Europäische Gesetzgebung und nationale Grundrechte – Divergenzen in der aktuellen Rechtsprechung von EuGH und BVerfG?, JZ 2009, S. 113–121

Calliess, Christian/ Ruffert, Matthias, EUV, EGV: das Verfassungsrecht der Europäischen Union mit Europäischer Grundrechtecharta, Kommentar, 3. Auflage, München 2007

–, EUV, AEUV: das Verfassungsrecht der Europäischen Union mit Europäischer Grundrechtecharta, Kommentar, 4. Auflage, München 2011

Cicero, Marcus Tullius, De re publica – Vom Gemeinwesen, übers. und hrsg. v. Karl Büchner, Stuttgart 1979

Cremer, Wolfram, Grundrechtsverpflichtete und Grundrechtsdimensionen nach der Charta der Grundrechte der Europäischen Union, EuGRZ 2011, S. 545 – 554

Däubler, Wolfgang/ Bertzbach, Martin, Allgemeines Gleichbehandlungsgesetz (AGG), Handkommentar, 2. Auflage, Baden-Baden 2008

–, Allgemeines Gleichbehandlungsgesetz (AGG), Handkommentar, 3. Auflage, Baden-Baden 2013

De Cecco, Francesco, Room to Move? Minimum Harmonization and Fundamental Rights, Common Market Law Rev. 43 (2006), S. 9–30

Di Fabio, Udo, Richtlinienkonformität als ranghöchstes Normauslegungs-prinzip? – Überlegungen zum Einfluß des indirekten Gemeinschaftsrechts auf die nationale Rechtsordnung, NJW 1990, S. 947–954

Dreier, Horst, Grundgesetz, Kommentar, 3. Auflage, Tübingen 2013

Duden, Die deutsche Rechtschreibung, hrsg. v. der Dudenredaktion auf der Grundlage der aktuellen amtlichen Rechtschreibregeln, 25. Auflage, Berlin, Mannheim, Zürich 2009

Dworkin, Ronald, Sovereign Virtue – The Theory and Practice of Equality, Cambridge 2000

Ehlers, Dirk (Hrsg.), Europäische Grundrechte und Grundfreiheiten, bearbeitet v. Ulrich Becker, 4. Auflage, Berlin 2014

Eisenhardt, Ulrich, Deutsche Rechtsgeschichte, 6. Auflage, München 2013

Engeländer, Stefan, Untersuchung des § 172 Abs. 1 S. 1 VVG aus aktuarieller Sicht, VersR 2000, S. 274 – 284

Erman, Bürgerliches Gesetzbuch, Kommentar, Band 1 - §§ 1–758, AGG, 14. Auflage, Köln 2014

Europäische Kommission, Leitlinien zur Anwendung der Richtlinie 2004/113/EG des Rates auf das Versicherungswesen im Anschluss an das Urteil des Gerichtshofs der Europäischen Union in der Rechtssache C-236/09 (Test-Achats) v. 22. Dezember 2011, K(2011) 9497 endgültig, http://www.antidiskriminierungsstelle-datenbanken.de/SharedDocs/Downloads/DE/newsletter_pdf/nl_01_2012_leitlinien_.pdf?__blob=publicationFile

–, Vorschlag für eine Richtlinie des Rates zur Anwendung des Grundsatzes der Gleichbehandlung ungeachtet der Religion oder der Weltanschauung, einer Behinderung, des Alters oder der sexuellen Ausrichtung, KOM (2008) 426 endgültig, http://eur-lex.europa.eu/LexUriServ/LexUriServ.do?uri=COM:2008:0426:FIN:DE:PDF

–, Begründung zum Richtlinienvorschlag KOM (2008) 426 endgültig, http://eur-lex.europa.eu/LexUriServ/LexUriServ.do?uri=COM:2008:0426:FIN:DE:PDF

Europäische Kommission und Europäisches Statistikamt Eurostat, Demografiebericht der EU-Kommission und des Europäischen Statistikamtes Eurostat aus dem Jahre 2010, http://ec.europa.eu/social/main.jsp?langId=de&catId=502&newsId=1007&furtherNews=yes (englisch)

Europäischer Konvent, Entwurf des Europäischen Verfassungskonvents für Artikel des Vertrags über eine Verfassung für Europa – CONV 528/03 v. 06.02.2003, http://european-convention.europa.eu/pdf/reg/de/03/cv00/cv00528.de03.pdf

Fahr, Ulrich/ Kaulbach, Detlef/ Bähr, Gunne W./ Pohlmann, Petra, Versicherungsaufsichtsgesetz (VAG), Kommentar, 5. Auflage, München 2012

Farny, Dieter, Versicherungsbetriebslehre, 5. Auflage 2011, Karlsruhe 2011

Frankfurt, Harry G., Gleichheit und Achtung, in: Gleichheit oder Gerechtigkeit: Texte der neuen Egalitarismuskritik, hrsg. v. Angelika Krebs, Frankfurt am Main 2000

Fredman, Sandra, Discrimination Law, Oxford 2011

Frowein, Jochen/ Peukert, Wolfgang, Europäische Menschenrechtskonvention (EMRK), Kommentar, 3. Auflage, Kehl am Rhein 2009

Gesamtverband der Deutschen Versicherungswirtschaft e. V. (Hrsg.), Die deutsche Versicherungswirtschaft, Jahrbuch 2012, Berlin 2012

–, Pressemitteilung vom 10. September 2012, http://www.gdv.de/wp-content/uploads/2012/09/PD41_GDV-Typklassen-2012.pdf

–, Bericht über die neuen Unisex-Tarife, http://www.gdv.de/2012/09/was-sie-ueber-die-neuen-unisex-tarife-wissen-sollten/

Gosepath, Stefan, Gleiche Gerechtigkeit, Frankfurt am Main 2004

Gooren, Paul, Anmerkung zum Urteil des EuGH v. 26.2.2013 in der Rechtssache C-617/10 (Åkerberg Fransson), NVwZ 2013, S. 564

Grabitz, Eberhard/ Hilf, Meinhard/ Nettesheim, Martin, Das Recht der Europäischen Union, Kommentar, Band I (EUV/EGV), 40. Ergänzungslieferung – Stand: Oktober 2009, München 2009

–, Das Recht der Europäischen Union, Kommentar, Band I (EUV/AEUV), 57. Ergänzungslieferung – Stand: August 2015, München 2014

–, Das Recht der Europäischen Union, Kommentar, Band III (EUV/AEUV), 57. Ergänzungslieferung – Stand: August 2015, München 2014

Groeben, Hans von der/ Schwarze, Jürgen, Hatje, Armin, Europäisches Unionsrecht (EUV, AEUV, GRC), Kommentar, Band 1, 7. Auflage, Baden-Baden 2015

Haratsch, Andreas/ Koenig, Christian/ Pechstein, Matthias, Europarecht, 9. Auflage, Tübingen 2014

Harsanyi, John C., Can the Maximum Principle Serve as a Basis for Morality? A Critique of John Rawls's Theory, American Political Science Review 69 (1975), S. 594–606

Herdegen, Matthias, Völkerrecht, 14. Auflage, München 2015

Heselhaus, Sebastian, Nowak, Carsten (Hrsg.), Handbuch der europäischen Grundrechte, München u.a. 2006

Hoffmann, Jochen, Die Umsetzung des EuGH-Urteils „Test Achats“ in Deutschland – Kritische Anmerkungen zum Entwurf des VAG-Änderungsgesetzes, VersR 2012, S. 1073–1078

Huster, Stefan, Gleichheit im Mehrebenensystem: Die Gleichheitsrechte der Europäischen Union in systematischer und kompetenzrechtlicher Hinsicht, EuR 2010, S. 325–338

Jarass, Hans Dieter, EU-Grundrechte – Ein Studien- und Handbuch, München 2005

–, Charta der Grundrechte der Europäischen Union, Kommentar, 2. Auflage, München 2013

–, Die Bindung der Mitgliedstaaten an die EU-Grundrechte, NVwZ 2012, S. 457–461

Jauernig, Othmar, Bürgerliches Gesetzbuch mit Allgemeinem Gleichbehandlungsgesetz (Auszug), Kommentar, 15. Auflage, München 2014

Kahler, Björn, Unisextarife im Versicherungswesen – Grundrechtsprüfung durch den EuGH, NJW 2011, S. 894–897

Kant, Immanuel, Die Metaphysik der Sitten, Werkausgabe – Band VIII, hrsg. v. Wilhelm Weischedel, Frankfurt am Main 1977

–, Grundlegung zur Metaphysik der Sitten, eingeleitet und erläutert v. Jens Timmermann, Sammlung Philosophie Band 3, Abschnitt II, hrsg. v. Jens Timmermann, Göttingen 2004

–, Kritik der reinen Vernunft, Kommentar – Erster Band, kommentiert v. Hans Vaihinger, hrsg. v. Raymund Schmidt, Stuttgart 1922

–, Kritik der reinen Vernunft, Ein systematischer Kommentar, kommentiert v. Holm Tetens, Stuttgart 2006

Karpenstein, Ulrich, Harmonie durch die Hintertür? Geschlechtsspezifisch kalkulierte Versicherungstarife und das Diskriminierungsverbot, Kurzbesprechung der Schlussanträge der Generalanwältin Juliane Kokott vom 30.9.2010 – C-236/09 (Association Belge des Consommateurs Test-Achats ASBL u.a.), EuZW 2010, S. 885–886

Kaufmann, Arthur/ Hassemer, Winfried/ Neumann, Ulfrid, Einführung in Rechtsphilosophie und Rechtstheorie der Gegenwart, 8. Auflage, Heidelberg 2011

Kingreen, Thorsten, Die Gemeinschaftsgrundrechte, JuS 2000, S. 857–865

Kloth, Andreas, Private Unfallversicherung, 2. Auflage, München 2014

Koch, Oliver, Der Grundsatz der Verhältnismäßigkeit in der Rechtsprechung des Gerichtshofs der Europäischen Gemeinschaften, Dissertation Göttingen 2002, Berlin 2003

Körner, Marita, Europäisches Verbot der Altersdiskriminierung in Beschäftigung und Beruf, NZA 2005, S. 1395–1398

Kraftfahrtbundesamt, Jahresbilanz des Fahrzeugbestandes, Stand: 1. Januar 2015, unter http://www.kba.de/DE/Statistik/Fahrzeuge/Bestand/bestand_node.html

Krebs, Angelika, Einleitung: Die neue Egalitarismuskritik im Überblick, in: Gleichheit oder Gerechtigkeit: Texte der neuen Egalitarismuskritik, hrsg. v. Angelika Krebs, Frankfurt am Main 2000

Kühling, Jürgen/ Bertelsmann, Klaus, Höchstaltersgrenzen bei der Einstellung von Beamten, NVwZ 2010, S. 87–94

Kurzendörfer, Volker, Einführung in die Lebensversicherung, 3. Auflage, Karlsruhe 2000

Laars, Reinhard, Versicherungsaufsichtsgesetz (VAG), Kommentar, 2. Auflage, Baden-Baden 2013

Ladwig, Bernd, Gerechtigkeitstheorien zur Einführung, Hamburg 2011

Landmann, Katrin, Handbuch der Berufsunfähigkeit, 2. Auflage, Bremen 2009

Lechner, Hans/ Zuck,Rüdiger, Bundesverfassungsgerichtsgesetz (BVerfGG), Kommentar, 7. Auflage, München 2015

Lindner, Franz Josef, Grundrechtsschutz gegen gemeinschaftsrechtliche Öffnungsklauseln - zugleich ein Beitrag zum Anwendungsbereich der EU-Grundrechte, EuZW 2013, S. 71–75

Looschelders, Dirk, Aktuelle Auswirkungen des EU-Rechts auf das deutsche Versicherungsvertragsrecht unter besonderer Berücksichtigung der geschlechtsspezifischen Tarifierung, VersR 2011, S. 421–429

Löwe-Rosenberg, Die Strafprozessordnung und das Gerichtsverfassungsgesetz, Kommentar, 26. Auflage, Berlin 2012

Mager, Ute, Altersdiskriminierung – Eine Untersuchung zu Konzept und Funktionen eines ungewöhnlichen Diskriminierungsverbots, in: Festschrift für Franz Jürgen Säcker, S. 1075–1091

Mahlmann, Matthias, Gleichbehandlungsrecht – Handbuch, hrsg. v. Beate Rudolf und Matthias Mahlmann, Baden-Baden 2007

–, Rechtsphilosophie und Rechtstheorie, 3. Auflage, Baden-Baden 2015

Malik, Alexander, Risikomanagement in der Berufsunfähigkeitsversicherung, Dissertation Köln 2011, Köln 2011

Manetti, Giannozzo, Über die Würde und Erhabenheit des Menschen – De dignitate et excellentia hominis. Übers. v. Hartmut Leppin; hrsg. und eingeleitet v. August Buck, Hamburg 1990

Mangold, Herrmann von/ Klein, Friedrich/ Starck, Christian, Grundgesetz, Kommentar, 6. Auflage, München 2010

Maunz,Theodor/ Dürig, Günter, Grundgesetz, Kommentar, 70. Ergänzungslieferung – Stand: Dezember 2013, München 2013

Mayer, Christian/ Schürnbrand, Jan, Einheitlich oder gespalten? – Zur Auslegung nationalen Rechts bei überschießender Umsetzung von Richtlinien, JZ 2004, S. 545–552

Meier-Reimer, Georg, Das Allgemeine Gleichbehandlungsgesetz im Zivilrechtsverkehr, NJW 2006, S. 2577–2583

Meinel, Gernod/ Heyn, Judith/ Herms, Sascha, Allgemeines Gleichbehandlungsgesetz (AGG), Kommentar, 1. Auflage, München 2007

Meyer, Hans Dieter, Einheitliche Tarifstrukturen im Bereich der Kfz-Haftpflichtversicherung zur Beseitigung von Diskriminierungen und als Voraussetzung für einen EU-Binnenmarkt, in: Verbraucherschutz durch und im Internet bei Abschluss von privaten Versicherungsverträgen (VersWissStud, Band 24), Baden-Baden 2003

Meyer, Jürgen, Charta der Grundrechte der Europäischen Union, Kommentar, 4. Auflage, Baden-Baden 2014

Meyer, Ulrich, Tarifierung in der Kraftfahrthaftpflichtversicherung, in: Verbraucherschutz durch und im Internet bei Abschluss von privaten Versicherungsverträgen (VersWissStud, Band 24), Baden-Baden 2003

Miller, David W., Grundsätze sozialer Gerechtigkeit, übers. V. Ulrike Berger, Frankfurt am Main 2008

Münchener Kommentar, Bürgerliches Gesetzbuch, Band 1 – Allgemeiner Teil, Halbband 2 – AGG, 5. Auflage, München 2007

–, Bürgerliches Gesetzbuch, Band 1 – Allgemeiner Teil, §§ 1–240, AGG, 6. Auflage, München 2012

–, Bürgerliches Gesetzbuch, Band 1 – Allgemeiner Teil, §§ 1–240, AGG, 7. Auflage, München 2015

–, Bürgerliches Gesetzbuch, Band 4 – Schuldrecht-Besonderer Teil II, §§ 611 – 704 EFZG, TzBfG, KSchG, 6. Auflage, München 2012

Münchener Kommentar (VVG), Versicherungsvertragsgesetz, Kommentar, Band 1 – Systematische Darstellungen, Erläuterungen zum EGVVG, §§ 1–99 VVG, 1. Auflage, München 2010

–, Versicherungsvertragsgesetz, Kommentar, Band 2 – §§ 100–191 VVG, 1. Auflage, München 2011

–, Versicherungsvertragsgesetz, Kommentar, Band 3 – §§ 192–215 VVG, 1. Auflage, München 2009

Neuhaus, Kai-Jochen, Berufsunfähigkeitsversicherung, 3. Auflage, München 2014

Ohler, Christoph, Grundrechtliche Bindungen der Mitgliedstaaten nach Art. 51 GRCh, NVwZ 2013, S. 1433–1438

Oppermann, Thomas/ Classen, Klaus Dieter/ Nettesheim, Martin, Europarecht – ein Studienbuch, 6. Auflage, München 2014

Palandt, Bürgerliches Gesetzbuch, Kommentar, 75. Auflage, München 2016

Pernice, Ingolf, Gemeinschaftsverfassung und Grundrechtsschutz Grundlagen, Bestand und Perspektiven, NJW 1990, S. 2409 – 2420

Picker, Eduard, Antidiskriminierung als Zivilrechtsprogramm?, JZ 2003, S. 540–545

Platon, Protagoras, übers. v. Bernd Manuwald, Sammlung Philosophie Band 6, hrsg. v. Jens Timmermann, Göttingen 2006

Plötscher, Stefan, Der Begriff der Diskriminierung im europäischen Gemeinschaftsrecht : zugleich ein Beitrag zur einheitlichen Dogmatik der Grundfreiheiten des EG-Vertrages, Dissertation Bayreuth 2001, Berlin 2003

Pötters, Stephan/ Traut, Johannes, Eskalation oder Burgfrieden: Mangold vor dem BVerfG, ZESAR 2007, S. 267–276

Preis, Ulrich, Verbot der Altersdiskriminierung als Gemeinschaftsgrundrecht – Der Fall „Mangold" und die Folgen, NZA 2006, S. 401–410

Prölss, Erich R., Versicherungsaufsichtsgesetz, Kommentar, 12. Auflage, München 2005

Prölss, Erich R./ Martin, Anton, Versicherungsvertragsgesetz, Kommentar, 29. Auflage 2015

Pufendorf, Samuel von, Über die Pflicht des Menschen und des Bürgers nach dem Gesetz der Natur – De officio hominis et civis iuxta legem naturalem, übers. und hrsg. v. Klaus Luig, Frankfurt am Main/ Leipzig 1994

Purnhagen, Kai, Nach dem Ablauf der Übergangsfrist des Unisex-Urteils – Rechtsfolgen für das Versicherungsvertragsrecht, NJW 2013, S. 113–118

Rabe, Hans-Jürgen, Grundrechtsbindung der Mitgliedstaaten, NJW 2013, S. 1407–1408

Ranacher, Christian, Die Bindung der Mitgliedstaaten an die Gemeinschaftsgrundrechte, Reichweite – Konsequenzen – Perspektiven ZÖR 2003, S. 21–104

Rat der Europäischen Union, Erörterung v. 21. Juni 2012 zum Richtlinienvorschlag KOM (2008) 426 endgültig, http://www.europarl.europa.eu/oeil/popups/summary.do?id=1213884&t=e&l=en (englisch)

Raulf, Markus, Unisex in der betrieblichen Altersversorgung oder: Nach dem Urteil ist vor dem Urteil, NZA-Beilage 2012, S. 88–99

Rawls, John, A Theory of Justice, Oxford 1971

–, Eine Theorie der Gerechtigkeit, übers. v. Hermann Vetter, Frankfurt am Main 1975

Raz, Joseph, Strenger und rhetorischer Egalitarismus, in: Gleichheit oder Gerechtigkeit: Texte der neuen Egalitarismuskritik, hrsg. v. Angelika Krebs, Frankfurt am Main 2000

Reichhold, Hermann/ Hahn, Oliver/ Heinrich, Martin, Neuer Anlauf zur Umsetzung der Antidiskriminierungs-Richtlinien: Plädoyer für ein Artikelgesetz, NZA 2005, S. 1270–1276

Rengeling,Hans-Werner/ Szczekalla, Peter, Grundrechte in der Europäischen Union – Charta der Grundrechte und allgemeine Rechtsgrundsätze, Köln u.a. 2004

Römer, Wolfgang/ Langheid, Theo, Versicherungsvertragsgesetz (VVG) mit VVG-Informationspflichtenverordnung, Kommentar, 4. Auflage, München 2014

Ruffert, Matthias, Die Mitgliedstaaten der Europ. Gemeinschaft als Verpflichtete der Gemeinschaftsgrundrechte, EuGRZ 1995, S. 518–530

Rust, Ursula/ Falke, Josef, Allgemeines Gleichbehandlungsgesetz (AGG) mit weiterführenden Vorschriften, Kommentar, 1. Auflage, Berlin 2007

Säcker, Franz-Jürgen, „Vernunft statt Freiheit!" - Die Tugendrepublik der neuen Jakobiner - Referentenentwurf eines privatrechtlichen Diskriminierungsgesetzes, ZRP 2002, S. 286–290

Scheuing, Dieter H., Zur Grundrechtsbindung der EU-Mitgliedstaaten, EuR 2005, S. 162–191

Schiek, Dagmar, Allgemeines Gleichbehandlungsgesetz (AGG) – Ein Kommentar aus europäischer Perspektive, München 2007

Schlosser, Hans, Grundzüge der Neueren Privatrechtsgeschichte, 10. Auflage, Heidelberg 2005

Schmidt-Bleibtreu, Bruno/ Hofmann, Hans/ Henneke, Hans-Günther, Grundgesetz, Kommentar, 13.Auflage, Köln 2014

Schwarze, Jürgen, EU-Kommentar, 3. Auflage, Baden-Baden 2012

Seelmann, Kurt, Rechtsphilosophie, 6. Auflage, München 2014

Stadler, Martin, Die Kfz-Versicherung, 2. Auflage, Karlsruhe 2008

Statistisches Bundesamt, Tabelle zur Lebenserwartung von Neugeborenen in Deutschland, https://www.destatis.de/DE/ZahlenFakten/GesellschaftStaat/Bevoelkerung/Sterbefaelle/Tabellen/LebenserwartungDeutschland.html

Staudinger, Bürgerliches Gesetzbuch mit Einführungsgesetz und Nebengesetzen, Kommentar, §§ 562–580a, Anhang zum Mietrecht, AGG, Neubearbeitung 2014

Stein, Torsten/ Buttlar, Christian von, Völkerrecht, 13. Auflage, München 2012

Streinz, Rudolf, Vertrag über die Europäische Union und Vertrag über die Arbeitsweise der Europäischen Union, Kommentar, 2. Auflage, München 2012

–, Editorial, NVwZ 2013, Heft 7

Streinz, Rudolf/ Herrmann, Christoph, Der Fall Mangold – eine „kopernikanische Wende im Europarecht, RdA 2007, S. 165–169

Temming, Felipe, Der Fall Palacios: Kehrtwende im Recht der Altersdiskriminierung?, NZA 2007, S. 1193–1200

–, Freie Rechtsschöpfung oder nicht: Der Streit um dic EuGH-Entscheidung Mangold spitzt sich zu, NJW 2008, S. 3404–3406

Tettinger, Peter Josef/ Stern, Klaus, Die Europäische Grundrechte-Charta im wertenden Verfassungsvergleich, Kommentar, München 2006

Thumfart, Alexander, Giannozzo Manetti: "Wir sind für die Gerechtigkeit geboren". Der Entwurf einer politisch-sozialen Würde des Menschen, in: Des Menschen Würde – entdeckt und erfunden im Humanismus der italienischen Renaissance, hrsg. v. Rolf Grölschner, Stephan Kirste und Oliver W. Lembcke, Tübingen 2008

Thüsing, Gregor, Blick in das europäische und ausländische Arbeitsrecht, RdA 2008, S. 51–56

Thüsing, Gregor/ Hoff, Konrad von, Private Versicherungen und das Allgemeine Gleichbehandlungsgesetz, VersR 2007, S. 1–10

Thym, Daniel, Die Reichweite der EU-Grundrechte-Charta – Zu viel Grundrechtsschutz?, NVwZ 2013, S. 889–896

Tugendhat, Ernst, Vorlesungen über Ethik, Frankfurt am Main 1993

Vedder, Christoph/ Heintschel von Heinegg, Wolff, Europäisches Unionsrecht – EUV, AEUV, Grundrechte-Charta, Handkommentar, Baden-Baden 2012

Verband der Privaten Krankenversicherung, Zahlenbericht 2012, https://www.pkv.de/service/broschueren/daten-und-zahlen/zahlenbericht-2012/

Versicherungsarchiv.de, Versicherungslexikon, http://www.versicherungsarchiv.de/versicherungsvergleich/leistungsdauer

Wagner, Fred (Hrsg.), Gabler Versicherungslexikon, 1. Auflage, Wiesbaden 2011

Wallrab, Annette, Die Verpflichteten der Gemeinschaftsgrundrechte – Umfang und Grenzen der Bindung der Europäischen Gemeinschaft und der Mitgliedstaaten an die Grundrechte des Europäischen Gemeinschaftsrechts, Dissertation Freiburg 2000, Baden-Baden 2004

Walter, Joachim Thomas, Zur Anwendung von Verallgemeinerten Linearen Modellen zu Zwecken der Tarifierung in der Kraftfahrzeug-Haftpflichtversicherung, Dissertation Mannheim 1998, Karlsruhe 1998

Wandt, Manfred, Diskriminierung und Versicherung, in: Karlsruher Forum 2004: Haftung wegen Diskriminierung nach derzeitigem und zukünftigem Recht, hrsg. v. Egon Lorenz, Karlsruhe 2005

–, Versicherungsrecht, 5. Auflage, Köln 2010

Weber, Albrecht, Die Europäische Grundrechtscharta - auf dem Weg zu einer europäischen Verfassung, NJW 2000, S. 537–544

Weiler, Joseph H. H., Fundamental Rights and Fundamental Boundaries: On Standards and Values in the Protection of Human Rights, in: The European Union and Human Rights, hrsg. v. Nanette A. Neuwahl und Allan Rosas, Den Haag 1995

Weiß, Wolfgang, Grundrechtsschutz durch den EuGH: Tendenzen seit Lissabon, EuZW 2013, S. 287–292

Wendeling-Schröder, Ulrike/ Stein, Axel, Allgemeines Gleichbehandlungsgesetz (AGG), Kommentar, 1. Auflage, München 2008

Wernsmann, Rainer, Bindung Privater an Diskriminierungsverbote durch Gemeinschaftsrecht, JZ 2005, S. 224–233

Winter, Regine, Deutliche Worte des EuGH im Grundrechtsbereich, NZA 2013, S. 473–477

Wittmann, Roland, Zum Gedanken der Gleichheit in der Kantschen Ethik, in: Diskriminierung - Antidiskriminierung, hrsg. v. Jan C. Joerden, Berlin 1996

Ziegenhorn, Gero, Kontrolle von mitgliedstaatlichen Gesetzen „im Anwendungsbereich des Unionsrechts" am Maßstab der Unionsgrundrechte, NVwZ 2010, S. 803–808

Abkürzungsverzeichnis

a.A.	andere Ansicht
abgedr.	abgedruckt
ABl.	Amtsblatt der Europäischen Union
Abs.	Absatz
a.E.	am Ende
AEUV	Vertrag über die Arbeitsweise der Europäischen Union
a.F.	alte Fassung
AGG	Allgemeines Gleichbehandlungsgesetz
AKB	Allgemeine Bedingungen für die Kfz-Versicherung
ALB	Allgemeine Lebensversicherungsbedingungen
Alt.	Alternative
ÄndBeschl.	Änderungsbeschluss
ÄndG	Änderungsgesetz
ÄndRL	Änderungsrichtlinie
ArbG	Arbeitsgericht
Art.	Artikel
ASBL	Association sans but lucratif (dt. Vereinigung ohne Gewinnerzielungsabsicht)
AUB	AllgemeineUnfallversicherungsbedingungen
Aufl.	Auflage
Ausg.	Ausgabe
BaFin	Bundesanstalt für Finanzdienstleistungsaufsicht
Bd.	Band
ber.	berichtigt
Beschl.	Beschluss
BGB	Bürgerliches Gesetzbuch
BGBl. I	Bundesgesetzblatt Teil I, welcher vornehmlich Bundesgesetze enthält
BGBl. II	Bundesgesetzblatt Teil II, welcher die zur Inkraftsetzung der völkerrechtlichen Übereinkünfte und Verträge erlassenen Rechtsvorschriften und Bekanntmachungen enthält
BMF	Bundesministerium der Finanzen
BNotO	Bundesnotarordnung
bspw.	beispielsweise
BT-Drucks.	Bundestagsdrucksache

BUV	Berufsunfähigkeitsversicherung (selbstständig)
BUZ	Berufsunfähigkeitsversicherung (als Zusatzversicherung)
BVerfG	Bundesverfassungsgericht
BVerfGE	Entscheidungssammlung des Bundesverfassungsgerichts
BVerwGE	Entscheidungssammlung des Bundesverwaltungsgerichts
BvF	Abstrakte Normenkontrolle (Registerzeichen beim BVerfG)
BvL	Konkrete Normenkontrolle (Registerzeichen beim BVerfG)
BvR	Verfassungsbeschwerden (Registerzeichen beim BVerfG)
bzw.	beziehungsweise
C	Reihe C des Amtsblatts der Europäischen Union, welche Mitteilungen und Bekanntmachungen enthält
Ca	Arbeitsrechtliche Verfahren (Registerzeichen beim Arbeitsgericht)
ca.	cirka
CEEP	Centre européen des entreprises à participation publique et des entreprises d'intérêt économique general
d.h.	das heisst
ders.	derselbe
dies.	dieselbe
dt.	deutsche/e
EG	Europäische Gemeinschaft
EGB	Europäischer Gewerkschaftsbund
EGV	Vertrag zur Gründung der Europäischen Gemeinschaft
Einf.	Einführung
EMRK	Europäische Menschenrechtskonvention
endg.	endgültig
EU	Europäische Union
EuGH	Europäischer Gerichtshof
EuGRZ	Europäische Grundrechte-Zeitschrift
EuR	Europarecht (Zeitschrift)
Europ.	Europäisches/ Europäische
EUV	Vertrag über die Europäische Union
EuZW	Europäische Zeitschrift für Wirtschaftsrecht
e.V.	eingetragener Verein
evtl.	eventuell
EWG	Europäische Wirtschaftsgemeinschaft
EWS	Europäisches Wirtschafts- und Steuerrecht (Zeitschrift)
f.	folgende
ff.	fortfolgende

Fn.	Fußnote
FS	Festschrift
GDV	Gesamtverband der Deutschen Versicherungswirtschaft e.V.
geb.	geboren
GG	Grundgesetz für die Bundesrepublik Deutschland
GRCh	Charta der Grundrechte der Europäischen Union
grds.	grundsätzlich
Hdb.	Handbuch
Hk.	Handkommentar
Hrsg.	Herausgeber
hrsg.	herausgegeben
Hs.	Halbsatz
i.E.	im Ergebnis
IPbpR	Internationaler Pakt über bürgerliche und politische Rechte
i.S.d.	im Sinne des
i.S.v.	im Sinne von
i.V.m.	in Verbindung mit
Jh.	Jahrhundert
JuS	Juristische Schulung (Zeitschrift)
JZ	Juristenzeitung (Zeitschrift)
K bzw. KOM	Europäische Kommission
KalV	Kalkulationsverordnung
Kfz	Kraftfahrzeug
L	Reihe L des Amtsblatts der Europäischen Union, welche Rechtsvorschriften wie Verordnungen, Richtlinien, Entscheidungen und Beschlüsse, Empfehlungen und Stellungnahmen der Organe der Europäischen Union enthält
lit.	littera (dt. Buchstabe)
LPartG	Lebenspartnerschaftsgesetz
Mio.	Millionen
Mrd.	Milliarden
MüKo	Münchener Kommentar
Neubearb.	Neubearbeitung
n.F.	neue Fassung
NJW	Neue Juristische Wochenschrift
Nr.	Nummer
NVersZ	Neue Zeitschrift für Versicherung und Recht
NVwZ	Neue Zeitschrift für Verwaltungsrecht
NZA	Neue Zeitschrift für Arbeitsrecht

NZA-RR	Neue Zeitschrift für Arbeitsrecht – Rechtsprechungs-Report
PflVG	Pflichtversicherungsgesetz
RdA	Recht der Arbeit (Zeitschrift)
Rev.	Review
RL	Richtlinie
Rn.	Randnummer
Rs.	Rechtssache beim EuGH
S.	Satz bzw. Seite
SEPA	Single Euro Payments Area (dt. Einheitlicher Euro-Zahlungsverkehrsraum)
Slg.	Sammlung
sog.	sogenannte(n)
StPO	Strafprozessordnung
Tz.	Teilzeichen
TzBfG	Teilzeit- und Befristungsgesetz
u.	und
u.a.	und andere / unter anderem
übers.	übersetzt
UN	United Nations
UNICE	Union of Industrial and Employers' Confederation of Europe
Unterabs.	Unterabsatz
UNTS	United Nations Treaty Series
u.U.	unter Umständen
v.	vom/ von
VAG	Versicherungsaufsichtsgesetz
v. Chr.	vor Christus
verb.	verbundene
VersR	Versicherungsrecht (Zeitschrift)
VersStG	Versicherungssteuergesetz
VersWissStud	Versicherungswissenschaftliche Studien
vgl.	vergleiche
Vorbem.	Vorbemerkung
VVG	Versicherungsvertragsgesetz
www	world wide web
z.B.	zum Beispiel
ZESAR	Zeitschrift für europäisches Sozial- und Arbeitsrecht
Ziff.	Ziffer
ZÖR	Zeitschrift für öffentliches Recht
ZRP	Zeitschrift für Rechtspolitik